中国法律史学文丛

民国时期永佃权研究

何莉萍　著

商務印書館
创于1897 The Commercial Press

2015年·北京

图书在版编目(CIP)数据

民国时期永佃权研究/何莉萍著.—北京:商务印书馆,2015
(中国法律史学文丛)
ISBN 978-7-100-11230-7

Ⅰ.①民… Ⅱ.①何… Ⅲ.①租佃关系—研究—中国—民国 Ⅳ.①F329.06

中国版本图书馆CIP数据核字(2015)第083579号

中国法律史学文丛
民国时期永佃权研究
何莉萍 著

商 务 印 书 馆 出 版
(北京王府井大街36号 邮政编码100710)
商 务 印 书 馆 发 行
北京市艺辉印刷有限公司印刷
ISBN 978-7-100-11230-7

2015年7月第1版　　开本 880×1230 1/32
2015年7月北京第1次印刷　印张 7 7/8

定价:36.00元

总 序

随着中国的崛起，中华民族的伟大复兴也正由梦想变为现实。然而，源远者流长，根深者叶茂。奠定和确立民族复兴的牢固学术根基，乃当代中国学人之责无旁贷。中国法律史学，追根溯源于数千年华夏法制文明，凝聚百余年来中外学人的智慧结晶，寻觅法治中国固有之经验，发掘传统中华法系之精髓，以弘扬近代中国优秀的法治文化，亦是当代中国探寻政治文明的必由之路。中国法律史学的深入拓展可为国家长治久安提供镜鉴，并为部门法学研究在方法论上拾遗补阙。

自改革开放以来，中国法律史学在老一辈法学家的引领下，在诸多中青年学者的不懈努力下，这片荒芜的土地上拓荒、垦殖，已历 30 年，不论在学科建设还是在新史料的挖掘整理上，通史、专题史等诸多方面均取得了引人注目的成果。但是，目前中国法律史研究距社会转型大潮应承载的学术使命并不相契，甚至落后于政治社会实践的发展，有待法律界共同努力开创中国法律研究的新天地。

创立已逾百年的商务印书馆，以传承中西优秀文化为己任，影响达致几代中国知识分子及普通百姓。社会虽几度变迁，世事人非，然而，百年磨砺、大浪淘沙，前辈擎立的商务旗帜，遵循独立的出版品格，不媚俗、不盲从，严谨于文化的传承与普及，保持与学界顶尖团队的真诚合作始终是他们追求的目标。遥想当年，清末民国有张元济（1867—1959）、王云五（1888—1979）等大师，他们周围云集一批仁人志士与知识分子，通过精诚合作，务实创新，把商务做成享誉世界的中国品牌。

抗战风烟使之几遭灭顶，商务人上下斡旋，辗转跋涉到重庆、沪上，艰难困苦中还不断推出各个学科的著述，中国近代出版的一面旗帜就此屹立不败。

近年来，商务印书馆在法律类图书的出版上，致力于《法学文库》丛书和法律文献史料的校勘整理。《法学文库》已纳入出版优秀原创著作十余部，涵盖法史、法理、民法、宪法等部门法学。2008年推出了十一卷本《新译日本法规大全》点校本，重现百年前近代中国在移植外国法方面的宏大气势与务实作为。2010年陆续推出《大清新法令》(1901—1911)点校本，全面梳理清末法律改革的立法成果，为当代中国法制发展断裂的学术脉络接续前弦，为现代中国的法制文明溯源探路，为21世纪中国法治国家理想追寻近代蓝本，并试图发扬光大。

现在呈现于读者面前的《中国法律史学文丛》，拟收入法律通史、各部门法专史、断代法史方面的精品图书，通过结集成套出版，推崇用历史、社会的方法研究中国法律，以期拓展法学规范研究的多元路径，提升中国法律学术的整体理论水准。在法学方法上致力于实证研究，避免宏大叙事与纯粹演绎的范式，以及简单拿来主义而不顾中国固有文化的媚外作品，使中国法律学术回归本土法的精神。

何　勤　华

2010年6月22日于上海

序

传统中国社会，在近代以前虽无法典形式的民法。却有着丰富的民事法律规范，20世纪初的《大清民律草案》开启了中国近代民法典的先河，中西法律观念和法律制度在近代以降的民法移植中开始了与传统法的接触、碰撞和交融的过程。自西方而来的民法、民事权利和物权等概念逐渐为人所知，中国传统的典、佃和业等习惯也得以存续。中国近代民法和近代物权制度得以开始建构，但这个过程并非简单的拿来主义和民律的颁布可以概括的，也非单向的习惯保留和非此即彼的司法认定可以解释得清楚，它需要我们收集近百年来更多的立法司法史料和做更微观细致的分析。

何莉萍博士的新著《民国时期永佃权研究》正是从微观角度对以往学界相关研究薄弱点的探讨和补充，全书观点鲜明，史料详实丰富，具有理论上的前瞻性与创新性。从书中所述“古代土地物权制度：均田与兼田背景下的永佃制”，“习俗与法典交织下的民国永佃权”和“永佃权的当代意义：与土地承包经营权的比较”三部分内容均可以得见。

该书以中国近代土地永佃权发展变迁为关注点，着重梳理了民国时期永佃权的立法和司法的发展脉络，细致分析了典型案例中与永佃权相关的大理院和司法院判解，探究了民国永佃权制度发展演变中的社会诸多内在作用因素，认为传统永佃制已经跨越历史的沧桑变化，呈现出新的形态，蕴含着新的生机。这些解读颇多新意。

农地永佃权是中国物权特有种类，古代社会有之，名曰“永佃”、“佃权”,这项传统民事制度的发展完善一直延续到民国时期。研究永佃权在民国的发展演变,既是中国近代物权法律制度研究的重要内容之一,又是对中国当下物权制度的完善,具有重大的法律文化借鉴价值。土地物权制度作为民法重要制度,是关乎中国社会稳定的关键性制度。中国《物权法》颁布以来,并没有很好解决土地权属稳定的问题,反显立法不足之处颇多:除却既有的社会体制问题,立法前的调研不足问题,特别是立法过程中的轻视、忽视中国近代法律文化中已经行之有效、合宜社会民众“心性”的法律传统等诸问题。颇值得深思。

本书无疑是对中国传统法律研究的弘扬,可补中国近代以来民法制度研究之诸多缺失,具有值得法律史学界及司法实务界关注的理论意义及现实借鉴意义。当然,作者囿于史料和经历所限,书中不无可商榷之处,寄望于以后的补正。

是为序。

赵晓耕

2015年初于京西

目　　录

附表目录

导　　论

一、问题的提出

之所以选择农地永佃权这个研究范畴，是基于对中国土地问题的长期关注，基于对农村土地和农民权益问题的关注；之所以选择民国永佃权为研究对象，是因为其处在中国永佃权发展中的独特阶段和地位。书中有不少篇幅谈及土地问题，原因无他，正是由于历史上土地占有问题的久拖不决、循环效应，土地利用方面才会有突破口，才会在不直接触及土地占有问题的情况下，产生租佃制和永佃制的经营模式，才会有土地私有制下农业生产经营模式的多样化，以及土地所有权和使用权的分离。历史已经充分证明，永佃权作为东西方都存在的一项制度，是古今中外开发利用土地、提高生产效率的一种有效方式，也是解决中国农村土地问题的一剂良药，它使农民可以获得长期而稳定的耕作权，使其安心生产，地尽其利，无论是古代的乡村僻野，还是现代的新农村，永佃权制度始终存在并运行着。

中国历史上的土地问题主要包括土地占有和土地利用两类问题，却始终没有得到很好的解决。土地占有不均始终是主导性的土地问题，历史上曾经有过多种解决方案，却常常事与愿违，效果不佳。[①] 土

① 土地占有和分配的问题就是土地归谁所有的问题，土地所有形态无非土地公有和土地私有，土地公有包括土地国有和土地团体（集体）所有，土地私有包括地主土地私有和自耕农土地私有，中国历史上先后出现过氏族土地公有、土地王（国）有、土地私有和土地国有并存、

地利用问题的严重性相对较小，土地利用的分散和贫乏似乎是小农经济土地利用的基本特点，小规模、有限的自耕、佃耕、雇工等方式无法与资本主义集约化的大农场相比，但就是这种被称为落后、脆弱的小农经营模式却支撑了中国农村经济数千年的发展，小农经济不等于低效率，集约化大生产也不等于高效率，历史已经证明小农经济也能创造出高效率的农商经济。而在土地占有问题未能有效解决的前提下，土地利用问题开始成为新的突破口，如何使农业生产利益最大化，做到“地尽其利”，使地主和佃户双方都能各取所需、各有所得，土地所有权和土地使用权相分离的方式能很好地解决此问题。单纯的自耕方式必然要发生改变，农地租佃制也应运而生，并在此基础上发展出农地永佃制，当农民获得了长期而稳定的耕作权时，其生产的积极性和创造力自然就发挥出来。明清以来，江浙等省永佃制习惯的发达、一田两主的盛况以及佃农村的出现，江南一带农业生产和商品经济的繁荣发达都充分地说明了这点。

今日之中国农村，农村土地问题（或农地问题）依然是核心，在集体土地所有制不变的前提下，农村土地的利用问题成为关注的焦点，如何调动农民的生产积极性，发挥土地的经济效益，合理调节国家、集体和个人的利益分配关系？历史再次发出类似的声音，几经曲折之后，土地承包经营权在中国民间自发产生，并得到国家的认可和推广，这种新型的农地生产经营方式，因与历史上的永佃制有不少共性，又与民国永佃权有着千丝万缕的联系，被称为“新永佃权”、“集体永佃权”，被认为是永佃权制度在发展中断后的再续，我们不妨将“永佃制—民国永佃权—

土地国有和集体所有并存这几个阶段，不管所有制形态如何变化，朝代的更迭似乎都与此有着密切的联系，旧的朝代被推翻，新的朝代就会更加关注此问题。土地问题的出现似乎不可避免但又无法彻底地解决，随着朝代的更替，土地占有问题的历史怪圈周而复始地进行着。

土地承包经营权”看成是同一个制度发展的不同表现形式，将土地承包经营权看成是永佃权在当今的发展形态，不管现行立法是否采纳“永佃权”这个名词，是否承认它们之间的内在关联，永佃权制度本身是客观存在和运行的，农地永佃权的历史意义和现实价值是不容忽视和否认的。

永佃权制度在古代东西方都曾存在和发展过，到近现代则呈现衰落之势，目前只在少数国家和地区中有立法的规定，如意大利、日本、中国台湾地区，有的即使有法律规定但实际存在和运作的永佃权也不多，部分学者据此认为“永佃权失去了其存在的现实价值、永佃权制度消亡了”。那些认为永佃权消亡的证据又何在呢？种种“永佃权封建落后和衰亡”之说又是从何而来？传统永佃制在民国又是如何地发展演变？在当今的中国是否还有迹可寻？从传统永佃制到民国永佃权的发展变化颇值得探究，而只有理清了永佃权制度在民国的发展演变，才有可能对上述疑问有所解释。学界目前研究重点主要集中于传统永佃制和新永佃权（土地承包经营权）这两个范畴，侧重的是传统永佃制的产生和发展，关注的是永佃权的历史意义和现实价值，但对本土永佃制和外来永佃权之间的发展演变则相对缺乏研究，从初始的永佃→成熟的一田两主→民国永佃权→土地承包经营权，出现了“民国永佃权”这一研究的薄弱点。而反对永佃权的观点也不少，其中一个重要的理由就是：永佃权已是一个落后淘汰的制度，还用它作什么呢？这其中是否另有原因？因此，本书试图以永佃权在民国的发展和演变为视角，从法学、经济史学和社会学角度来研究传统永佃制和西方永佃权在民国的初次交锋，分析个中变化的原因，理清永佃权制度发展的基本线索，展示民国永佃权的真实发展状况。永佃权在民国时期的发展变化是消亡还是萎缩？是必然还是偶然？是制度本身发展的结果，还是外力强加所致？上述种种疑问都是本书试图要分析和解释的。

传统永佃制曾被广泛认为是一种封建剥削的土地制度，这其实是一种偏见。永佃权制度作为一种社会经济制度，其本身并不反映任何一种社会意识形态，反映的是“是否发展生产力”的问题，判断问题的关键还在于永佃权制度到底有没有用、为谁所用？永佃权在东西方都是自发形成的制度，关键在于如何用这个概念来架构土地公权结构下的制度运作，让农民拥有长期稳定或“永远不变”的土地经营权，同时又不妨碍和影响到土地公有的性质，取得双赢的局面。在这样的时代大背景下，永佃权这个沾满历史尘埃的概念再次浮出水面，为各界所关注。

新永佃权(土地承包经营权)是新中国农村自发产生的一种土地制度，真正体现了永佃权制度的价值功能，是建立和完善农村集体土地使用制度的需要，要解决农村的土地问题，就是要真正明晰农村的土地权属关系，真正实现集体土地所有权和农户家庭承包经营权的有效分离，赋予土地权利人真正的权益，调动农民的生产积极性。

现代民法物权以物的“利用”为中心，改变传统的以物的“占有”为中心的观念，充分体现物尽其用、效益利用的原则。永佃权作为一种典型的用益物权，更是着眼于土地所有权人的占有权和使用权的权能分离，着眼于农村土地的使用和农民收益的最大化，具有观念上的可行性。永佃权人对土地本身虽没有法律上的最终处分权，但其依法享有的法定权利和自由，不会轻易地受到干扰。

二、基本概念

之所以要将“永佃制、永佃权和土地承包经营权”这些基本概念加以分析，在于它们之间有着千丝万缕的联系，彼此关联又各有所属。这其中不仅有习惯与制定法、固有法与外来法的差别，而且还涉及到传统与现代、国家与社会、习俗与法典间的复杂对应关系。学界对此缺乏统一的认识，概念表达和处理都显得有些混乱①，大概要将产生于乡土社会的永佃制用西方法律术语来表达，实在有些勉为其难，也因此造成学界对这几个概念的不同诠释，体现出永佃制习惯的多元化和对永佃制研究的多元化现象，而当民国政府试图以“规范划一”的永佃权概念将“多元化”的永佃制习惯单一化时，永佃制与永佃权之间的矛盾冲突当然不可避免。至于传统永佃制、民国永佃权与土地承包经营权的关系，学界一般都认可三者之间的内在联系，但对传统永佃制如何过渡到民国永佃权研究得不多，尤其是以清末民国作为起点，将清末、民国和新中国作为三个不同的时段来研究永佃权制度的不多。②下文试图对这几个基本概念从范畴上宏观地加以区分，试图理清它们之间的界限。

（一）永佃制：习惯和固有法的范畴

1. 永佃制的内容和范畴

永佃制的出现被认为是中国“物权”观念的一次革命，永佃制作为一种田制被中国和日本的经济史学者研究颇多，其产权意义上的功能价值不可否认③，相关的研究很深入，争论也不少，因而对永佃制的定

① 学界对永佃和一田两主、永佃权和田面权等概念一直混淆不清，学者们对此已有所意识并试图加以理清。杨国桢明确指出了永佃和一田两主的差别，即土地能否由佃户自由转让，能够自由转让的就是一田两主。梁治平精辟地区分了永佃、一田两主和永佃权三个概念：永佃和一田两主是我国习惯法上的概念名词，发轫于租佃契约关系，永佃是典型的债权，后来才发展为具有独立产权性质的一田两主（即田面权），而永佃权是来源于罗马法上的概念，是典型的他物权，于清末修律时引进到中国，是典型的外来法。在此，梁治平清楚地区分了概念彼此间的界限，但对于精确的概念定义也是避重就轻。（参照梁治平：《清代习惯法：社会与国家》，中国政法大学出版社 1996 年，第 88—89 页）

② 出于资料和观念上的考虑，学者侧重对明清永佃制的研究，对民国永佃权则关注较少，或是视永佃制为腐朽没落的一种租佃制度，其研究视角稍显单一，观点有些也过于偏激。

③ 这是所谓的“产权意义上的永佃制”，侧重经济学之意义：永佃制的出现是中国社会产权史上的大事，从秦废封建开阡陌以来，产权观念的发展趋势是由模糊逐渐明晰化，中间几度转折，由于土地制度的变革，土地产权也几度变得模糊。永佃制的出现就是这种转折之一。每当产权观念陷入模糊状态时，法律纠纷就会层出不穷。赵冈：《永佃制研究》，中国农业出版社 2005 年，第 11 页。

义尚未形成一致结论。造成不一致的原因也是多样化的:作为习俗的永佃制起源殊途同归,起源方式多样化,各地名称也多样化,如田底田面、田骨田皮、大苗小苗、粮业质业;永佃制本身也历经起源、过渡和发展成熟几个阶段;有的概念关注永佃制的初始阶段,即长期永久的耕作权,属债权性质,有的概念关注的是永佃制发展后期的统一形态,即物权性质的佃权、一田两主,是双重所有权或分割所有权。基于以上原因,难以言简意赅地对其下定义,只能有所侧重、分阶段和分层次地来表述。有时为了表达方便,诸如"永佃制"、"永佃权"、"佃权"等字眼会在下文中不时出现,各个词语自有其不同的内涵和侧重,在不同的上下文中可互相替代或加以区别。

永佃制的范畴,有的学者认为永佃制包括"国家的单行法令和实际起法的作用的民间习惯"[①],对永佃制的理解也有狭义和广义之分,狭义的永佃制就是永佃(即长期永久耕作),而广义的永佃制还包括一田两主和一田三主等内容。也有的认为"中国的永佃权,旧称为佃,清朝《户部则例》中有规定,而早期欧洲注释法学者曾依据罗马法将土地所有权分为上级和下级,与此相似的中国有田面权(永佃权)与田底权(土地所有权)之称"[②],把中国式的田面权等同于永佃权。"永佃制者,佃户不独享受绝对使用权及一部分收益权,并有一部分所有权。业主仅享受一部分之收益兼有一部分之所有权而已"。[③] 而戴炎辉所指的中国式永佃权就是狭义的永佃,后来才发展到"小租权"(即"田面权")。梁治平并没有明确提出永佃制,而是着重区分了基本概念,"永佃权与'永佃'",虽仅一字之差但其渊源、内涵及意义等相去甚远。'永佃'乃

① 赵晓耕:《中国传统法律文化研究》(第三卷),"身份与契约:中国传统民事法律形态",中国人民大学出版社 2011 年,第 514 页。

② 参照史尚宽:《物权法论》,中国政法大学出版社 2000 年,第 206 页。

③ 唐启宇:"永佃制有无存在价值",《地政月刊》,第 3 卷第 5 期,1935 年。

清代民间契约用语,直接反映某种租佃关系。永佃权的确定内涵首先来自现代民法,渊源又可追溯至古代罗马”。[①]

本书中将我国民间有关永佃权的习俗惯例统称为永佃制,借鉴了赵冈在《永佃制研究》一书中的观点,将永佃制的发展分为三个不同的阶段(参见表1),即初始阶段、过渡阶段和成熟阶段。从范围上而言,永佃制包括永佃和一田两主、一田三主的内容,即通常所说的狭义的永佃(仅指永久耕种权,债权性质)和田面权(独立的产权概念,物权性质),初始形态的永佃和成熟形态的一田两主是我们经常看到的,中间交杂着过渡形态的永佃制。

本书认为,永佃制属于传统法律角度的习惯和固有法的范畴,虽然也表现为一些国家法令(如清朝的《户部则例》中),但整体上呈现的还是典型的民间习惯。固有法中的永佃制有其独特性,也有与外来法之永佃权的共性,二者共性在于都是永久的土地使用权,二者个性在于差别,表现为不同的法律文化场景(中西方法律之分)、不同的法律性质(租佃制、双层所有权和他物权)、权属关系(出租人、佃客和永佃权人)和内在的结构差异。

表1 永佃制的发展阶段[②]

初始形态	过渡性安排	最终形态
只有耕作权,不是完整产权,限于特定农户,不得转让	逐渐可以自由转让,私相授受	是独立产权,称为田皮业主,与田骨业主合称一田二主

作为习惯法上的永佃制,具有自身的一些基本特征:(1)产生方式和来源途径的多样化。(2)具体名称的多样化。(3)权利义务的约定俗成。不像永佃权法律关系的法定模式,永佃制下的权利义务靠的是双

① 梁治平:《清代习惯法:社会与国家》,中国政法大学出版社1996年,第88页。

② 赵冈在此运用了阶段划分的研究方法,通过一个表格清楚地表达出永佃制度发展的各个环节。赵冈:《永佃制研究》,中国农业出版社2005年,第2页。

方对习俗的认可和信赖,并非完全以书面契约来确定,有时只要有长久耕作的事实即可认定主佃双方的业佃关系。永佃制下的权利义务具体包括:(1)租额固定,且较之普通租佃稍低,不许增租夺佃;(2)期限长,永久的承佃权或耕种权;(3)佃权可以流转,包括转租、转让、典卖等;(4)佃权不因土地所有权人的变更而消灭,“倒东不倒佃”。

2.永佃和一田两主

二者作为我国永佃制发展的不同阶段,在权利义务上具有一般共性,也呈现出各自的特性和差异。

(1) 性质的不同。这是纯粹以西方民法理论来定性分析传统的永佃制。一个是债权,受债权法律调整,一个是物权,受物权法律调整,法律调整的模式完全不同。而在民间看来,两者无非就是可否自由转让、自由转佃和撤佃的差别,是主佃关系深浅的不同,是主佃间利益分配的不同而已。但正是这种物权性的田面权利过于强大,几乎要威胁到田主的所有权,威胁到官府的田赋征收,同时也违背了西方民法之所有权绝对单一原则,“田面权”最终没有被近代三部民律所采纳,而是采用了西方的永佃权,用永佃权来整体性地改造传统永佃制。

(2)主佃间关系深浅厚薄的不同。通过开荒加工、长期耕作和贱卖图耕等方式,永佃权人与田主之间有着各种各样的人情和恩情关系,而田面权除了上述几种产生方式外,还有直接通过购买田皮而产生的,而在价购田面权的关系中,主佃之间更多的是经济性的契约关系,非经济性的人身关系已经变得比较薄弱,主佃之间纯粹是买卖田皮关系,田皮主与原田主之间并不存在什么特殊关系。

(3)佃权可否自由转让的不同。永佃来源于永佃契约或长久以来的习俗,永佃户拥有的是对土地永久的耕种权,其转租和转佃必须事先征求田主的同意。而一田两主是成熟形态的永佃制,已经具有了独立产权的性质,田面权和田底权各自独立运转,互不干涉。大多数学者将此作为二者的主要差别。

总体而言，习惯上的永佃制来源于民间下层，是约定俗成的乡俗惯例，即使发生纠纷也多是民间的内部处理，只有在永佃纠纷影响到国家税收时，官方才会出面，如清朝的福建、甘肃等省，就会有地方的“省例、政要、办法”之类的来加以调整，到清朝时期反而出现了一些少有的、成文法意义上的永佃法规。即使永佃纠纷闹到官府衙门，地方官断案时也会经常考虑到“乡规民约”这些真正“永佃法律”，否则地方官的判决不会令人信服，得不到百姓的遵从。可见，永佃制关系一般无须国家律法的介入，靠的是习惯的自发调节，因而，古代国家法对永佃制的法律调整始终是不那么必要或欠缺的，直到清朝的《户部则例》中才有“旗地永佃”条文的正式出现。

3. 一田两主和一田三主

一田两主到一田三主是传统永佃制发展的必然结果，至于何时开始发展起来，似乎没有确切的时间和地点，大致应该在明末清初，一田三主已经开始出现在富裕和租佃发达的江南地区，有的认为，福建漳州府所属的龙溪、南靖以及平和等县在明代就产生了“一田三主”。[①] 那些二地主由于各种原因（寻租、资金紧张、另谋他业、放弃可惜等），再次将永佃田转租（佃）给他人，时间也是无限期或无固定期限，使得原本复杂不规范、不符合西方物权理论的一田二主愈加复杂和多层次，法律关系也愈加多元化。概言之，一田两主、一田三主与永佃有共同点，但差异也是明显的，一田两主和一田三主下的佃户除享有永佃户的权利外，可以自由地处分田皮，更能适应永佃权制度发展的需要，更能反映土地商品化的特点。

---

① 仁井田陞，“明清时代的一田两主习惯及其成立”，刘俊文：《日本学者研究中国史论著选译》（第八卷，法律制度），中华书局 1992 年，第 435 页。

(二) 永佃权:国家法和外来法的范畴

1.罗马法上的永佃权

人们大多知道永佃权来自罗马法,而其实罗马法上的永佃权并非最早产生于罗马,而是源自古希腊的一种土地租让关系。永佃权(emphyteusis)一词最早起源于希腊文(emphyteu),指永借地上种植的草木。作为一种土地租借关系,一方只要按期缴付租金就可使用土地、获得收益,而剥夺土地继承人的出租权或土地租借人的租借权就是不合法的,这种做法逐渐地对双方当事人都具有了约束力。此时的“永佃权”主要指将未开垦的土地长期或永久地出租给个人,由个人承担开发和改良土地的义务,随着希腊的灭亡和罗马帝国的扩张,这种做法也超越希腊的地域范围而流传下来,当时大量的国有土地和僧侣团体土地都急需人来耕作,于是永佃或永租土地的形式开始广泛出现在这类关系中,后来对荒地的开垦也采取类似的做法,渐渐地这种关系成为一种固定的制度,并渗入到一般的民事关系中,到“君士坦丁时代确立了两种特殊的租赁制度,一种是表现为长期租让并要求交纳固定地租的永租权,另一种是表现为永久租让并允许根据具体情况而变更地租的永佃权。在公元5世纪,这两种制度合二为一,形成永佃权制度,这一制度在查士丁尼法中得到进一步的完善,成为一种独立的物权。”①

在查士丁尼法中,永佃权被定义为“一种可以转让的并可转移给继承人的物权,它使人可以充分享用土地同时负担不毁坏土地并交纳年金的义务”②,民国民法将永佃权定义为“以支付租佃,永久在他人土地上为耕作或牧畜之权”,周枏将其表述为“永租权”:支付租金,长期或永久地使用、收益他人的不动产的权利,这种权利最初仅适用于土地,称

① 丘汉平:《罗马法》,中国方正出版社2004年,第239页之勘校者注。

② 〔意〕彼德罗·彭梵得著:《罗马法教科书》,黄风译,中国政法大学出版社1992年,第267页。

为永佃权，后来也扩大到房屋，统称永租权[①]，这里永租权的范围还包括房屋。关于罗马法之永佃权的概念，我国学者也有多种表述，内容大同小异。“永佃权者，谓在他人土地上有永久用益之权利以支付租金为报酬也。简言之，永佃权乃永久之租地权”[②]，“长期或永久对他人不动产土地行使充分权利而以每年向土地所有人给付租金为条件者，即称之为永佃权或永借权”[③]。可见，在古罗马公有土地的利用过程中，这种对公地的长期使用权最初并没有定性为物权，直至查士丁尼法之后，它才由债权领域过渡到物权领域，由公法规范过渡到私法规范，说明永佃权在由最初的习惯发展到法定物权这一过程中，官方的认可和采纳起了非常关键的促进作用，而这一点正是我国永佃制发展所缺乏的，也是它不能由民间习俗发展到习惯法和制定法的主要原因，也是不能由古代的债权跨度到近现代物权领域的原因之一。由于观念上的近似性和就近拿来的便利，更重要的是彼此辗转继承的关系，罗马法上的永佃权经由法国民法典和德国民法典的采纳，最终成为近代民法的组成部分。

2. 近代的永佃权

罗马帝国灭亡后，罗马法曾经被遗忘过一段时期，之后随着罗马法的复兴，充分适应商品经济发展需要的永佃权也随之焕发了生机和活力，“永佃权经中世纪民法学家演绎而为一些近现代国家立法所采纳”[④]，确切地说是为大陆法系国家所采纳。“近代意大利、葡萄牙、西班牙、日本的民法都采用了永佃权，德国民法和瑞士民法则以用益权来

① 周枏：《罗马法原论》上册，商务印书馆2002年，第414页。

② 丘汉平：《罗马法》，中国方正出版社2004年，第239页。

③ 江平、米健：《罗马法基础》，中国政法大学出版社1987年，第177页。

④ 梁治平：《清代习惯法：社会与国家》，中国政法大学出版社1996年，第89页。

'兼有其效用'"。[①] 英美法中虽没有严格的物权和债权划分，但英美法中类似于永佃权的租地权，即"leasehold"一直保存下来，尽管地主和租赁人之间是租赁关系，但租地权（leasehold estate）的地位相当于大陆法系的自物权，在同一块土地上，几个人可以同时享有对 estate 的权利。我国近代的三部民律中，即 1911 年的《大清民律草案》、1926 年的《民国民律草案》和 1929 年的《民国民法》都规定了永佃权的内容，永佃权在近代国家的普及和广泛适用，充分反映它产生和存在的坚实基础，近代时期也是永佃权继罗马法之后的又一兴盛时期。《大清民律草案》的制定既考虑与国际接轨，又要适合中国自身的社会民情需要，被认为是兼顾了国际化和本土化的双重追求，《民国民律草案》和《民国民法》则继续坚持了这样的基本宗旨，在部分内容则偏重习俗或是西方法理。[②]

永佃权虽然在近代这些国家中重新被采用，但在适用范围和具体内容方面与罗马法上的永佃权又有所差别。(1)适用范围的缩小。在日本民法和南京国民政府的民法中，永佃权人的权利范围比罗马法上永佃权的范围要小，其所指的永佃权是在他人土地上的耕作权或畜牧权，而罗马法上的永佃权则不限于此，其标的物是不动产（包括土地和房屋），其权利也不局限于耕作和畜牧，还包括种植竹木、建造房屋等，这些可以从罗马法之永佃权概念得知。(2)具体内容的变化。如永佃权的存续期间，罗马法对此没有限制，长期或永久都可以，具体期限由当事人通过契约来规定，日本 1896 年的《民法典》[③]对永佃权的具体时限设定为 20 年以上 50 年以下，若有超过 50 年的，应缩短为 50 年，《大

---

① 参照史尚宽：《物权法论》，中国政法大学出版社 2000 年，第 206 页。

② 曹全来：《中国近代法制史学教程》，2012 年，第 178－193 页。

③ 南洋公学译书院初译、商务印书馆编译所补译：《新译日本法规大全》点校本第一卷，商务印书馆 2007 年。

清民律草案》[①]和《民国民律草案》[②]也采用设定期限的永佃权，为 20 至 50 年。而现代时期的 1997 年的《意大利民法典》则中和了两种模式的做法，其规定的永佃权存续期限为永久或附期限，附期限的永佃权一般不少于 20 年。立法者意图提供多种可能选择来调和差别，既符合永佃权的永久长期之本意，也考虑到当事人意志的变化可以定个期限。(3) 名称上的变化。在罗马法早期的永租权制度中，还有永租人、所有人和租金的称呼。而日本民法称永佃权为“永小作权”[③]，永佃权人为“永小作人”[④]，地租(租金)为“小作料”，建立了自己特色的永佃权制度。

3. 现代的永佃权：土地承包经营权

罗马法上的永佃权产生于奴隶制经济基础之上，在尘封几个世纪后，又在欧洲大陆上得以重新焕发，说明在性质不同的经济制度上，永佃权都能找到其生存发展的空间。而 20 世纪中叶以后，永佃权的适用范围和影响力却在日渐缩小，迄今为止，只有日本、意大利和中国台湾地区的民法中尚有永佃权的明文规定，实际中人们直接适用永佃权的机会概率也是微乎其微，难怪有人会说“永佃权衰落了，过时了”。事实到底是怎样？真的找不到永佃权的影子？还是它已经发生变迁，其合理内涵为别的权利或制度所接纳吸收，更新换代为一种新的权利或制度？或者说古老的永佃权制度已发展到今天的新阶段？

从永佃权的制度层面和实然层面来看，其存在的基础似乎已被动

---

① 杨立新点校：《大清民律草案 民国民律草案》，吉林人民出版社 2002 年。

② 同上。

③ 南洋公学译书院初译、商务印书馆编译所补译：《新译日本法规大全》点校本第一卷，商务印书馆 2007 年，第 298 页。此外，“永小作权指佃户对于地主有永久耕治之权利而言”，参见南洋公学译书院初译、商务印书馆编译所补译：《新译日本法规大全》点校本法规解字，商务印书馆，第 84 页。

④ “小作即租田耕作之佃户”，“小作料指纳于地主之租”，参见南洋公学译书院初译、商务印书馆编译所补译：《新译日本法规大全》点校本法规解字，商务印书馆，第 52 页。

摇，变得非常薄弱，在现实生活中难以寻觅其直接适用的踪影，而其思想层面的东西却从未减弱和消失过，反而是在加强。各国或是用其他名称的物权来调整永佃权内容（如英国的租地权、德国的地上权、法国的地役权等），或是将永佃权的实质内容纳入到新的制度权利中去（如中国的土地承包经营权）。20 世纪 50 年代的土地改革，使中国台湾地区实现了“耕者有其田”，建立了自耕农的土地制度，绝大多数农民获得自己的土地。日本的情况也大致相同，日本在二战后进行“创设自耕农”和“改善租佃关系”的农地改革以后，永佃权逐渐失去其存在的社会基础。但中国台湾地区和日本改革后的小农场制度并未有效地提高生产效率，推动农业生产的现代化，于是日本和中国台湾地区又进行了第二次土地改革，允许恢复租佃制生产，如台湾地区《农业发展条例》中的“农业用地租赁”和“委托代耕”的方式都是租佃制方式的回归，这种回归说明了租佃制的长久生命力。永佃权制度其实从未真正消失过，只是换了副面孔而已，这方面张五常在其代表作《租佃论》中有关于租佃制的详细论述。①

（三）永佃制和永佃权：东西方永佃权制度的比较与交锋

相比之下，永佃权是西方民法中的他物权，属于国家法和制定法的范畴，而我国的永佃制习惯也有着一田两主和一田三主的独特模式，千百年来大家各行其是。近代西法东渐，《大清民律草案》中首次引入永佃权，本是外来物的它却巧合地找到对应物，虽明知彼此的差异，但从简单省事的角度会理所当然地认为，既然名称相似，内容也相近，于是也理所当然地全盘接受，没有太多的争论、比较和质疑，典型的拿来主义。其实，二者的差异是客观存在的，它们处于不同的文化场景中，永

---

① 张五常：《佃农理论——应用于亚洲的农业和台湾的土地改革》，商务印书馆 2002 年。

佃制是中国传统社会中一种独特的租佃关系，因为租佃期限永久或不固定而从一般的租佃权变成独立产权并兼具双层所有权性质的一种制度，而永佃权则是民法物权中的用益物权，具有物权的一般特性。

1. 概念的比较

(1)永佃制与永佃权

永佃制特指传统法上的永佃习惯制度，包括永佃、一田两主和一田三主的内容，表现形式上以习惯为主。永佃权指民法上的、具有物权性质的他物权，国家制定法是其主要的表现形式。罗马法之永佃权最早产生于古希腊的地方习惯，但随后被纳入到罗马法中，成为一种法定的权利，完成了从地方习惯到国家法的转变，从债权到物权的转变。而永佃制在中国延续了数千年，却始终是民间的一种习俗，由此导致永佃权制度在东西方的不同命运。

永佃权与永佃制间的异同值得关注。首先，二者的共性不少，否则也不会造成混淆和误用。二者都是在他人土地上的一种租佃行为，期限都是长期或永久，佃户对承佃土地享有占有权、使用收益权和处分权等多项权能。其次，二者的差别也是不容忽视的。从概念上讲，永佃权简单划一，永佃制则内容复杂；从范畴而言，两者分别对应于制定法与习惯法、外来法与固有法、成文法与不成文法；从产生方式而言，永佃权为法定产生，包括契约、遗嘱和取得时效等，永佃制则有多种产生途径，包括开荒加工、贱卖图耕、久佃成业等；从产生地域而言，永佃权起源于古代希腊，发展定型于古罗马，影响扩展到欧洲大陆，成为近代大陆法系国家民法典中的用益物权，永佃制则是中国传统社会的习惯，产生发展于唐宋年间，盛行于明清时期，为我国所独有。从土地的用途而言，永佃权所指的土地用途只能是耕作和牧畜，而永佃制下的土地用途，除此之外，还可以建房修坟等。可见，永佃权作为外来词，虽仅与“永佃制”一词之差，却极易引起混淆和误用，所以经济史学家赵冈将其代表作特取名为《永佃制研究》[1],以示与永佃权的区别。

若要细致区分的话,永佃权似乎与初始形态的永佃相似。比如,两者都不能随意转租,租额固定,租期都是永久无期限。但彼此间的差别也是明显的,永佃毕竟只是一种永久地耕作权,"长耕"、"世耕",属于债权范畴,来源于口头或书面的永佃契约,由于没有得到国家律法的明令认可,始终只是民间的一种习俗,得到的只是债权性的保护。而永佃权则是一种法定物权,具有法定的权利义务内容,其权利属性和内容较之永佃制更为宽泛,罗马法上的永佃权人依法享有使用权、转让权和地役权,并且转让流通土地而无须征得田主同意,只需履行通知义务或交付手续费即可。

(2) 一田两主与永佃权

一田两主与永佃权实质是东西方地权观念的激烈碰撞。永佃权是土地所有权中派生出来的一项他物权,其权利有所限制,不具有与所有权同等的地位,而一田两主中的田面权按照习惯上的运作,是与田底权同等地位的一种所有权,享有所有权人的一切权利,是一种双重所有权或分层所有权,田面权人也是如同田底主一样的业主。西方民法中的所有权绝对单一原则完全不能理解和接受中国田面权的双重所有权观念,同一块土地上不允许同时存在两个性质相当、地位相等、独立运转的田底权和田面权,因为有违所有权的独占唯一性。基于这个根本理念的不同,民国民法中的永佃权追寻西方民法最新的学理民情,否认一田两主,构建的是西方意义的永佃权法律体系。其实,"之前欧洲的注释法学者曾依据罗马法上 actio directa 和 actio utilis 的区别,将土地所有权分为上级和下级两等,普鲁士和奥地利民法也有类似规定和思想,

---

① 赵冈:《永佃制研究》,中国农业出版社 2005 年。

我国也有田面权(永佃权)与田底权(土地所有权)之称”[①],说明罗马法上也曾有过分割所有权的说法或事实,只是后来被近代民法所改造反而不为人所知了。

2.交锋的实况

(1)基本理念和范畴的异同

我国的永佃制和西方的永佃权都产生于民间的习惯,是各自独立发展起来的一种制度,因为这种实质上的两权分离模式有利于所有权人和使用权人,有利于土地的开发利用,因而在民间产生并逐渐成型,但两者的产生时间、产生地域和发展历程及对后世的影响却并不一样。它们属于不同的范畴却具有相似的理念和实践性操作。罗马永佃权产生于奴隶制经济基础之上,而中国的永佃制发轫于成熟的封建地主制经济;永佃权很早就具有了法定物权的性质,为国家法所认可,权利义务皆由法定,而永佃制始终是一种地方习俗,大多时间被排除在国家律法之外,官方的态度始终不明朗,由最初的限制否定到随后的无奈默认,直到《大清民律草案》中引入永佃权,传统永佃制才得以“特别习惯”的方式登堂入律,可还是处于被永佃权改造的附属地位。清末民初永佃权的引入使两者有了接触和交锋的可能性,反映了外来法和固有法、制定法和习惯法、现代和传统观念的冲突,而官方始终是这场冲突的主导者。[②] 当然永佃制也会以其自身的长久惯性来应对这场冲突,因而近代两者的交锋必然表现为两个层面的内容:一是立法和司法上的调整和变化,一是乡土民间永佃制实施情况的调整和变化,只有把握好这两方面的内容,才能对这场交锋获得一个比较完整的认识。

---

① 参照史尚宽:《物权法论》,中国政法大学出版社2000年,第207页。

② 民国南京政府《民法物权编立法原则》的内容,充分说明官方物权立法的基本理念,即物权法定、物权绝对原则,坚持所有权的排他独占,故势必对传统永佃制进行改造。

(2)现实交锋

永佃制和永佃权的初步接触始于清末,贯穿于整个民国时期,“接触”其实是表象,用“试图规范、替代”更为准确[①],这个“接触、规范和替代”的过程也是民国永佃权的发展演变过程。清末修律中,日本法学家松冈义正(1870—1951)借鉴德国和日本民法,首次在大清民律中引入永佃权,自此,中国近代三部“民法”中都规定了永佃权,使传统永佃制的生存环境发生了变化,固有习俗和外来法的冲突不可避免。应该说,自《大清民律草案》开始,自官方采纳“永佃权”这个概念起,永佃制注定了要被永佃权规范和改造的命运,以适应西方法律体系。由于中西方观念和理论范畴的不同,三部民律在引进永佃权的同时,不可避免地要对传统习惯表明态度,或承认或忽视或限制打压,而它们对永佃制的态度也并非很明朗,经常是承认之中有否认,否认之中又有着各种合理的解释,发展出一些新变化和新理由,反映立法者矛盾的心态,反映司法者在诸多价值取向中的左右为难,反映民国永佃权立法理念和司法实践在时代变化中的取舍考量。在永佃权和永佃制、外来法和固有法、制定法和习惯法、现代和传统理念的取舍中,占据主导的始终是前者,是官方的永佃权,是国家制定法,是现代意义的物权理念,而在制定法和传统习俗的交融冲突中,上述这些矛盾、困惑和变化都可以在永佃权的法条和大理院、司法院的具体判解中找到答案。

3.范畴的差异和调和

研究民国永佃权一般要涉及到几个代表性的范畴,如习惯法与国家法、固有法与外来法、社会与国家、习俗和法典、小传统和大传统等,

---

① 永佃制在明清律法中少有见到,清朝《户部则例》中有旗地永佃的规定。作为一种民间习惯,它主要还是见之于地方条例中,如《福建省例》、《西江政要》等。清末民律草案引入了永佃权,对永佃制习惯有所提及,但以永佃权为主导、永佃制习惯居附属地位的态势已经非常明显,故民初大理院的判解中也结合两者来考虑。

其中最为重要的还是“习惯法与国家法”这对范畴。据梁治平的观点，习惯法是在乡民长期的生活与劳作过程中逐渐形成的一套地方性规范，被用来分配乡民之间的权利义务，调整和解决他们之间的利益冲突，并且主要在一套关系网络中被予以实施，其效力来源于乡民的熟悉和信赖，其维护靠一套特定的舆论机制。作为小传统的习惯法从来是自主的但并不足以自足，它是在与包括国家法在内的其他知识传统和社会制度的长期作用中逐渐形成的，它与国家法之间既渗透配合，又彼此抵触冲突，两者之间的界限有时也变得模糊。[①] 这套理论运用到永佃制和永佃权的关系中也是同样的道理，传统永佃制在乡土民间具有较强的适应性和通行力，局部地区甚至占据主导地位，佃户对土地的永久耕作权，最后演化为一种近乎所有权性质的物权——田面权，这是“一田两主”制下的分割所有权，与所有权的独占唯一理念违背。因此，在谈到民国永佃权时，它其实是一个包容性的概念，既有国家法意义的，也有习惯法意义的，既有立法上的永佃权，也有实际中的田面权，而其具体确切的含义，关键在于上下文的理解，这也可以一定程度解释为何永佃权和田面权在民国的文章和著作中有那么多的混淆和误用。

三、学术研究回顾

（一）研究现状

1. 研究概述

有关永佃制和永佃权的研究曾经是一个热点问题，相关学术专著和论文资料不少。日本汉学家，仁井田陞、草野靖、寺田浩明、高桥芳郎等，主要致力于从经济史和法史学角度来研究明清永佃和一田两主的形成，成果颇丰。经济史学家赵冈则借助章有义的研究视角和观点，并

① 参照梁治平：《清代习惯法：社会与国家》，中国政法大学出版社 1996 年，第 166 页。

以章有义的《中国近代农业史》[①]之统计资料为基础，通过从明清的鱼鳞册上挑出或认定享有永佃权的农户并将其与普通农户对比，得出一些更细致、准确的数据和计量统计分析，侧重永佃制在农业方面的经济影响，并在研究方法上有所突破。西方学者中，黄宗智[②]一直对永佃和一田两主的研究很感兴趣，涉及经济史学、社会学和法史学多个领域，既有纯经济史的内容，也有明清民国时期田面权审判的内容。国内相关研究多侧重制度层面的叙述分析，如清人笔记中的有关永佃或一田两主习惯的叙述，民国时期真正作此研究、具有代表性的应该是费孝通和陈翰笙等人，以及民国地政官员和学者的著作论文研究。之后出现一批有关租佃制、明清契约的著作，涉及较多的是永佃制的研究资料，如杨国桢的《明清土地契约文书研究》、周远廉、谢肇华的《清代租佃制研究》等。总之，相比法史其它领域的研究，永佃权的研究成果并不算很多，而有关民国永佃权的专门研究更少，以下仅选择有代表性著作和论文加以整理和分析。[③]

(1)从研究者的身份、地域和国籍而言，古今中外，近代现代皆有。

---

① 章有义编:《中国近代农业史资料》第1—3辑，三联书店1957年。

② 黄宗智对明清以来的中国近代民事法律颇有研究，有三本相关著作:《过去和现在:中国民事法律实践的探索》，法律出版社2009年;《法典、习俗与司法实践:清代与民国的比较》，上海书店出版社2003年;《清代的法律、社会与文化:民法的表达与实践》，上海书店出版社2001年。

③ 整体而言，永佃权研究中具有代表性的著作包括有《清代地租剥削形态》、杨国桢《明清土地契约文书研究》，周远廉、谢肇华《清代租佃制研究》、赵冈《永佃制研究》和《历史上的土地制度与地权分配》，梁治平《清代习惯法:社会与国家》，黄宗智《法典、习俗与司法实践:清代与民国的比较》，日本学者森田成满《清代中国土地法研究》等。有分量的论文包括有日本学者仁井田陞《明清时代的一田两主习惯及其成立》、寺田浩明《田面田底惯例的法律性质——以概念性的分析为中心》、高桥芳郎《宋代官田的"立价交佃"和"一田两主制"》，以及民国地政学者兼官员的唐启宇《永佃制有无存在之价值》、郑震宇《中国之租佃制度与佃农保障》，赵冈《从另一个角度看明清时期的土地租佃》、周子良《永佃权的历史考察与当代价值》，杨立新、尹艳《我国他物权制度的重新构造》，以及赵晓力硕士论文《中国近代农村土地交易中的契约、习惯与国家法》、张弛博士论文《永佃制的历史发展及其法律实践》等。

日本法史学者仁井田陞、滋贺秀三(1921—2008)、寺田浩明(1953—)、森田学满、高桥芳郎等对宋明以来的土地制度,尤其是一田两主制颇有研究,美籍学者黄宗智、赵冈等人对田面权也颇有研究,近代民国学者的研究成果也不少,著作类的如史尚宽的《物权法论》、胡长清的《中国民法总论》、曹杰的《中国民法物权论》等,对民法上的永佃权有所论及,民国有关租佃制的论文也不少,多为关注民国土地政策的实施,而唐启宇《永佃制有无存在之价值》一文,是少有的专门论及"永佃制存废"问题的文章,该文指出了民国中后期永佃制,尤其是田面权被忽视的现实状况,强调只要租佃制度存在,永佃制就有其存在价值,这番观点对本选题很有参考价值。相比近代学者所关注的范围,如明清的永佃和一田两主、永佃权的权利义务内容,现代学者更多关注永佃权的现实意义和价值,侧重考察永佃权和土地承包经营权制度的内在关联和制度构建。

(2)从研究范围和领域而言,广泛而全面。从永佃制和永佃权的概念定性、发展变化和异同比较,到永佃权制度本身的意义、价值和功能都有所涉猎;从研究内容所属的领域而言,涉及经济史学、法史学、法社会学、经济学等领域。经济史学主要从社会经济发展史角度,研究永佃制的产生和发展演变,如杨国桢、仁井田陞等,这个领域的研究占据主导,成果也最丰富;法史学侧重从习俗与法典、社会与国家这个角度,对永佃制习惯与永佃权异同进行比较;法社会学综合了法学和社会学的研究优势,侧重法理思辨和分析实证的方法,对永佃权进行多层次多方位的研究探讨,如梁治平、黄宗智等,经济学侧重量化定性分析的方法,通过对永佃制史料的图表展示,进行经济成本的分析比较,说明租佃制生产方式的效率高低,开创了一个独特的研究视角,如赵冈《永佃制研究》、张五常《佃农理论》、米璨《清末民初永佃制扩展及衰落的新制度经济学分析》、张弛论文《永佃制的历史发展及其法律实践》等。

(3)从研究角度和内容而言，研究者从不同的视角对永佃权制度进行深度挖掘，如土地契约、土地产权、永佃制的法文化观念、习惯与法典、立法与司法的比较、清代与民国的比较等。从研究内容而言，或宏观整体地研究永佃制的发展线索，进行制度性的梳理，如《永佃制》、《清代租佃制度研究》，或微观细致地研究某一方面的内容，如《明清土地契约文书研究》、《清代习惯法：社会与国家》等。尤为值得一提的是，日本学者对一田两主的研究开创了该领域研究的先河，仁井田陞的《明清时代的一田两主习惯及其成立》和寺田浩明的《田面田底惯例的法律性质——以概念性的分析为中心》就是典型代表。

(4)从研究成果所涉的时间段而言，大概分为古代、近代和现代三部分，古代部分侧重从历史发展的角度对永佃制进行全方位的研究，涉及永佃制的起源、发展和演变等内容，近代部分则以清末民国为背景，侧重对传统永佃制的改造和西方永佃权引入的研究，现代部分是从永佃权的现实意义和价值入手，为当代的物权立法和农村土地改革献计献策，基本遵循“宋元明清→民国→现代”的线索来追根溯源，探究永佃权制度的发展脉络。

2. 代表性著作和观点的述评

(1)从契约和债权角度来考察永佃制

永佃契约清楚地记载了主佃双方的权利义务，由永佃契约的类别和名称足以把握永佃制的基本内容。杨国桢的《明清土地契约文书研究》，着重从明清土地契约角度对永佃制下的土地交易，尤其是一田两主的买卖进行分析探讨，展现动态的农村土地交易市场，其中对永佃及一田两主的发展演变有详尽的介绍，其主要特点在于：①分析了永佃制，尤其是一田两主的形成、发展和演变，指出永佃和一田两主的差异，纠正长期以来将二者混淆等同的错误观念。②充分展示了明清永佃契约多样化和格式化的特点，其多样化在于永佃契约的名称，如永远租契、招佃契、过佃字据、安佃契等，格式化在于契约内容和条款的逐渐定型，与当今的格式合同颇为相似。通过这一具体的契约，足以了解明清永佃制的基本内容，可谓视角独特，富有新意。

(2)从产权和物权角度来研究一田两主

赵冈、黄宗智、张五常等华裔学者擅于运用经济学上的产权制度来研究永佃制，展现制度经济学的分析优势。赵冈的《历史上的土地制度与地权分配》和《永佃制研究》，侧重从土地产权来研究传统永佃制的发展演变，说明永佃发展到一田两主的必然，认为田面权就是一种独立产权，通过对田皮、田骨交易市场的定量分析，反映明清田皮、田骨市场的运转实况，认为在西方永佃权引入之前，中国已独立发展出具有产权功能的田皮产权和田皮市场，一改永佃制研究中仅有历史分析的单一和不足，在关注永佃制的起源和发展的同时，也不忽视田面权可能带来的经济上的影响。日本的仁井田陞对“明清时代的一田两主习惯和成立，以及一田三主在福建的出现分布”自有精辟深刻的分析，森田学满则从“业”的角度来分析，认为只有“收益源具有长期性并确立了物权性”的佃户才被称为“业”，永佃权、典权那样的权利就可用“业”来表达，因此会出现一块土地的两种经济权能分别成立“业”的情况，若以“业”作为民地支配的基本要素(虽然官方并不认可)，则可以理解为一块土地上有两个所有权存在，而至于具体的田面权人、田地权人的哪一方中拥有所有权这种有关权原的判断，是官方怎样评判的问题，而通常称田地权人为田主。①

(3)从习惯和习惯法角度来研究永佃制与永佃权

梁治平的《清代习惯法：社会与国家》，从法社会学立场出发，探讨了永佃制习惯的渊源、流变、形态及功用，从社会与国家、习惯法与成文

① 森田学满：《清代中国土地法研究》，牛杰译，法律出版社2012年，第25—26页。

法角度来论及永佃与一田两主、永佃与永佃权的不同，指出分割所有权与西方所有权绝对原则的冲突，以及中西方永佃权制度的差异，尤其是该书指出了学界对相关概念的混淆和误解之处，特别强调永佃和永佃权所属的不同范畴，起到正本清源之用，当然还有史料性的习惯汇编。而日本学者森田学满在《清代中国土地法研究》一书中对永佃制习惯或风俗的结构和特性考查得很仔细，认为习惯的规范性有强弱之分，有关婚姻家庭的习惯规范性较强、较稳定，而有关所有权的习惯属于较弱的部分，如一田两主那样的民间秩序自然就表现出一定的不稳定性。①

(4)从法典与习俗冲突的角度来研究田面权

黄宗智的《法典、习俗与司法实践：清代与民国的比较》和《清代的法律、社会与文化：民法的表达与实践》，以田面权为视角，侧重从习俗与法典冲突的角度，通过选取地方司法个案来分析田面权不被官方接受的原因，直接展示司法实践中永佃权和田面权的对抗冲突，指出这其中既有田面权与所有权民法理论上的冲突，也有实践中因田面权辗转转佃带来的“田赋难以征收”的纠纷。

除上述著作外，费孝通（1910—2005）在《江村经济》②、陈翰笙（1897—2004）在《现代中国的土地问题》③中对民国永佃习惯都有所涉及，用大量的事实说明田面权在20世纪30年代中国农村的运行状况。戴炎辉的《中国法制史》详细介绍传统永佃成立的原因和性质，还有民国时期吴文晖的《中国土地问题及其对策》、吴尚鹰的《土地问题与土地法》，当代张晋藩的《清代民法综论》，赵晓耕的《中国古代土地法制述略》，蒲坚的《中国历代土地资源法制研究》，滋贺秀三的《明清时期的民

---

① 森田学满：《清代中国土地法研究》，牛杰译，法律出版社2012年，第144页。

② 费孝通：《江村经济》（《中国农民的生活》），江苏人民出版社1986年。

③ 陈翰笙：《现代中国的土地问题》，“国立中央研究院”1933年。

事审判与民间契约》,以及朴凯的《中国农家经济》、《中国土地利用》等相关著述都对永佃制问题有所研究。此外,民国时期兼有资料和研究性质的统计报告,如《全国土地调查报告纲要》、《中国租佃制统计分析》,以及当代章有义的《中国近代史农业资料》等也涉及到永佃权的内容。现代民法学界涉及到永佃权的著作也不少,如高富平《中国物权法:制度设计和创新》[①]、王利明《物权法论》[②]等。

3.现有学术研究的评述

上述研究成果展现了我国永佃制习惯的产生和发展,分析了永佃制存在的社会价值和经济功能,具有很好的学术参考价值。但也应该看到,由于资料的缺乏,导致在一些基本性的问题上,如永佃制的产生时间、永佃制的概念和内容、永佃向一田两主的转化过程、永佃制与永佃权的差异等,还没有理清,学界还缺乏主流的定论,或者有些领域还少有人研究,如永佃权在民国的发展和演变。

学界目前对永佃权的研究主要集中于两大方面:一方面是对传统永佃制的产生方式、发展变化和交易流转等基础性问题的研究,侧重的是习惯上的永佃制,另一方面是从土地承包经营权角度来回溯和比较中西方永佃权,关注的是土地承包经营权与永佃权的内在关联,侧重的是永佃权的现实意义和价值,但这两方面对本土永佃制和外来永佃权在民国时期的发展演变相对缺乏研究,从初始的永佃→成熟的一田两主→民国永佃权→土地承包经营权,出现了"民国永佃权"这一个研究领域的相对空白,传统的永佃制在民国到底经历了怎样的发展演变,它与外来的永佃权又是如何交锋激战的,在历经民国前期立法和司法调整后的永佃权又是怎样的一番状况,中国台湾地区的永佃权又是如何

① 高富平:《中国物权法:制度设计和创新》,中国人民大学出版社2005年。
② 王利明:《物权法论》,中国政法大学出版社2008年。

延续发展的，永佃权制度这种种的变化，正是学界目前少有关注和涉及的，也是本书重点研究的内容。

（二）参考文献

本书主要以民国永佃权的发展演变为主要内容，因而更加侧重民国资料的收集，而这段时期的资料由于零散且缺乏整理，相对较少，为本选题的资料收集带来一定的困难，以有限之资料试图作全面之探究，难免会有些以偏概全，其中有些资料的客观与否、正确与否还有待商榷，所以对这些不同来源和途径的资料必须客观看待，这些可以从资料性质、来源途径以及重要与否等方面来考量。

1. 清末民初民商事习惯调查活动中的原始资料

由于正逢朝代变迁和社会巨变，有三个版本的民事习惯调查汇编，一是 1923 年由施沛生、鲍荫轩、吴桂辰等人共同编撰的《中国民事习惯大全》，一是前南京国民政府司法行政部所编的 1920 年前后开始调查、1930 年印行的《民事习惯调查报告录》，还有 1943 年由日本中华法令编印馆编译出版的《中华民国习惯调查录（日华对译）》。现在我们经常见到和使用的版本是第二种。

2. 民国时期官方和民间调查所得的报告资料

（1）民国官方的调查统计资料。1934 年国民党土地委员会派员调查、1937 年出版的《全国土地调查报告纲要》，国民党内政部编撰出版的《中国经济年鉴》、《内政年鉴》，国民政府主计处统计局编制的《中国租佃制度之统计分析》、《中国土地问题之统计分析》等官方资料，还有内政部和地政研究所的相关报告资料等。

（2）20 世纪民国时期三四十年代的农村调查和经济调查资料。①三四十年代由进步学者所做的农村调查，如以陈翰笙为代表的中央研究院社会科学研究所对农村的实地调查，以及冯和法等人在《中国农村》杂志所登载的大量农村调查文章。②50 年代初期，由共产党各军政委员会为进行土改所做的农村调查，如江苏省农村调查、浙江省农村调查、福建省农村调查、安徽省农村调查等。这两类资料侧面反映了不同年代永佃权在各地的实际情况，是真实的第一手资料，尽管调查者的调查目的和调查角度不同。③30 年代后期，满铁上海事务所调查室在苏南地区 5 个县份选了 11 个村庄，进行全面的农村实态调查，这其中就涉及不少永佃权的调查统计资料和相关内容，还有日本学者仁井田陞根据满铁在华北农村的调查所编的资料集《中国农村习惯调查》等。

3. 现存民国时期的各类诉讼档案资料

这些资料具体包括北京政府大理院时期的民事判例和解释例，南京国民政府的最高法院判例和司法院解释例等，如《大理院判决例全书》、《大理院解释例全书》、《最高法院判例要旨》、《司法院解释要旨分类汇编》等。通过具体的判例要旨和案例分析，展示不同时期永佃权立法和司法的实际运作状况，说明司法实践中司法官是如何处理永佃习惯与法典的冲突。此外，还有各省、市、县地方档案(包括诉讼档案)、民间契约、地方志中所展现的相关内容。

4. 其他相关文献和资料

这些资料包括不同时期学者的著作，如费孝通的《江村经济》、《乡土中国》、《禄村农田》；梁漱溟的《乡村建设大意》，侧重不同地区乡村田野调查的数据和观点；陈翰笙的《现代中国的土地问题》、《中国农村经济研究之发轫》；萧铮主编、多人撰写的多卷本《民国二十年大陆土地问题资料汇编》、《中国人地关系史》，则是中国台湾地区学者角度的相关资料；章有义主编的《中国近代农业史资料》1－3 辑和严中平主编的《中国近代经济史统计资料选辑》等，提供了近代大量经济史和农业史的宝贵资料。还有具有代表性的刊物和论文，如民国地政学会主办的《地政月刊》、《人与地》、《地政通讯》等杂志及相关论文。

四、本书内容与研究方法

（一）主要内容和结构安排

1. 主要内容

本书的内容虽跨度古今，但研究重点部分还是在民国永佃权。通过对传统永佃制发展变化的分析探讨，展示永佃权在民国大背景下的发展演变，说明其有着何种不同于明清时期的发展历程；通过数字图表、司法判例和解释例、民间契约等资料的分析展示，来纠正对永佃权的错误观念和认识，补充民国永佃权这一学术研究的缺空；通过对中西方永佃权在民国时期的正面交锋和展示，找寻民国永佃权发展变化的深层原因；通过理清永佃权制度发展的基本线索，理清传统民事习惯与国家制定法之间的互动关系，找出制度本身的动力所在和价值所在。

本书主要是从解决土地利用问题的高度来研究永佃权，研究其制度的内在价值和长久的生命力。历史上的永佃制是如何产生发展的，发挥着怎样的功能价值，近代又发生了哪些变化，现代中国又是如何借鉴和使用的？这其中既有永佃权制度发展的内在因素（如市场的自发自觉），又有外界因素的影响（如政府的态度：主导或听之任之），使中国永佃权的发展呈现复杂多变的状态。鉴于此，本书在论述永佃权制度时主要遵循如下的思路：时间上遵循从古代、近代到现代的发展线索，制度变迁上遵循从“永佃制（永佃和一田两主）→永佃权→土地承包经营权”的发展阶段，内容上遵循“土地问题→土地政策→土地法规→永佃权”的解决思路。因此，各章内容各有侧重和特点，也有着内在的逻辑联系，共同构成中国永佃权制度的主要内容。

2. 结构安排

导言部分，从基本含义、宏观范畴、异同比较和内在关联方面，对“永佃制（永佃和一田两主）、永佃权和土地承包经营权”这几个关联概念进行了比较，展现了这些概念之间复杂的关系，为下文的展开铺垫理论基础。

第一章“古代土地物权制度：均田与兼田背景下的永佃制”，是对永佃制产生发展的历史回顾，展示其在传统社会相对独立和封闭的环境中的发展状况，是基础性和理论性的铺垫。从社会经济史的角度，简略回顾了我国历史上土地问题的成因、表现和对策方案，分析了土地私有制下租佃制的产生、永佃制的起源和发展演变，论述了永佃制产生发展的必然性，展现了永佃制强大的功能和价值，追根溯源地理清了永佃制习惯的发展线索，为全书的结构安排打下基础。

第二章“民国永佃权：习俗与法典交织”，是对永佃制习惯与外来永佃权在民国时期冲突整合的论述，展示永佃制习惯在民国复杂环境中的发展变异，是本书的重点所在。从两方面展开，一方面讲述了民国土地问题的表现和对策，另一方面分析了永佃制是如何转换、替代为永佃权的，侧重民国时期永佃权的立法表达和司法表达以及永佃权的实际状况。首先回顾了民国以来土地问题的主要表现和对策，再现了历届民国政府在此问题上的有所为和不能为。民国“和平渐进”的土地政策不可能有效地解决土地占有问题，也只能从土地利用角度来解决，引发民国土地理论和实践上的改革，因此才有相应的永佃权立法和司法实践，有永佃制习惯与永佃权的接触交锋，但官方所预期的调整效果（否定田面权）与实际效果（田面权依然存在）大相径庭，官方试图用“超前立法”来改造社会实际。

第三章“永佃权的当代意义：与土地承包经营权的比较”，是对土地承包经营权在新中国产生和发展的论述，展示的是新永佃权在土地公权结构下的新发展和新变化，是对未来的展望和预测。本章回顾了新中国成立以来的土地改革和土地权属立法，在土地集体所有制的基础上，土地问题开始转向土地利用方面。农村土地权属经历了“地主土地所有一农民土地所有一集体土地所有”的变化，农地经营方式经历了“小农耕作一生产队集体耕作一家庭承包经营”的转变，土地所有权和使用权的关系也是由分到合再到分。中西方永佃权在土地公权结构下与私权结构下不同的发展趋势，充分体现了政府和市场在此过程中所起的不同作用，私权下的永佃权多少带有自发的影子，却得不到官方的明确认同，土地公权下的承包经营权虽是自发产生却得到官方的认可推广，对永佃权制度的承认或否定，制度强制性变迁和诱致性变迁的效果在此显露无遗，土地承包经营权的实践正是永佃权的转变形式，焕发出新的生命力。

结语部分，总结了永佃权制度发展的基本线索，一是农村地权形态的发展历程，二是中国永佃权制度从传统到现实的发展演变，最后提出了土地公权结构下新永佃权的广泛实施所带来的后续问题，引发土地承包经营权永久存续的可操作性问题的再思考。

（二）研究方法和新意

1.在史料运用上。本书集中利用了民国时期官方的司法档案、诉讼文档、统计报表、民间契约、民国报纸杂志、民国学者的著作文章等资料，并结合江浙、福建一带的地方志、各种调查资料、农村实地调查等相关史料，展示民国永佃权的发展变化，揭示永佃权制度发展的内在动力和价值意义。

2.在研究方法上。在以近代契约文本、大理院和最高法院诉讼档案、民事习惯调查报告、永佃权案例等大量第一手原始资料的基础上，进行研究。同时综合运用法史学、经济史学和社会学等各学科的研究方法，借鉴社会史和经济史等领域的最新成果。

3.在研究视角上。首先是从债权和物权两个研究视角，展现和分析了租佃制、永佃制、田面权、永佃权等特有制度，指出债权性质的永佃有其优劣，而日臻成熟、物权性质的田面权更接地气，既不改动原有的土地占有模式，又能使田面主和田底主各得其所，具有较强的适用性。其次是采用几种范畴的概念来分析永佃权的制度变化，传统与现代，社会与国家，习惯法与国家法，固有法与外来法等，经历了从习惯到习惯法再到国家法，从固有法到外来法再到混合法的转变。

4.本书展示“传统永佃制在民国大背景下是如何发展变化的，有着何种不同于明清时期的发展历程”，试图找寻永佃权制度演变背后的深层原因，理清制度发展的基本线索，找出制度发展的动力所在和价值所在，认识其历史意义和现实价值。

5.本书观照永佃权学术研究方面的一个空缺，在材料较少、研究较少的基础上，展开对传统永佃制与外来永佃权在民国交锋激战的分析探讨。官方和民间的态度如何、实际的运作和效果如何、最终结果如何？通过对这些问题的分析和说明，理清传统民事习惯与国家制定法之间的互动关系，以及习惯在法律中的地位等问题。

6.本书通过对中国永佃权制度发展历程的分析研究，以客观的数字图表、真实案例、民间契约、方志资料等，纠正长久以来的对租佃制、永佃制的错误观念，说明永佃权制度作为一种土地经营方式，只要有利于农业生产和提高生产效率，就具有真正的生命力。

第一章　古代土地物权制度：均田与兼田背景下的永佃制

“封建社会中，土地不仅是收入的重要来源和财富的稳妥保障，而且是社会地位和一切权力的基础”[①]，说明了自古以来土地的重要性。氏族公社时期，土地公有，氏族成员在土地上共同劳动、共同消费，人与地的关系是和谐宽松的，严格地说，地权观念还没有产生，土地问题还没有产生的基础。到夏商周时期，土地的氏族公有制转变为土地的王有制，所谓“普天之下，莫非王土；率土之滨，莫非王臣”[②]，“封略之内，何非君土”[③]，指的就是这种情况。土地既然是国有王有，就不允许私下买卖，“田地里邑既受之，于公民不得鬻买”。[④] 到春秋战国时期，随着土地的自由买卖，土地私权开始萌芽，秦汉时期正式确立了土地私权的法律地位。秦汉以后，随着土地私有制的发展和深化，私田对官田的侵吞占夺时有发生，土地兼并现象开始出现，在土地私有基础上产生发展起来的租佃制也日趋发达。到传统社会后期，土地兼并与反兼并的斗争日益激烈，官田私田化的趋势也愈加明显，地主和佃户间的租佃斗争也贯穿始终，中国历史上的土地问题由此发轫。

中国历史上的土地问题主要是土地占有和土地分配问题，即地权

---

① 傅筑夫：《中国古代经济史论丛》，三联书店 1980 年，第 100 页。

② 《诗经·小雅·北山》。

③ 《左传》昭公七年。

④ 《尚书正义》。

分配不均的问题,集中表现在土地归谁所有,它决定了兼田与均田、官田与私田、租佃制等一系列问题的发生。土地私有制的产生发展、土地兼并的大肆扩张、官田公田的私有化倾向、租佃制度的高度发达和土地产权制度的历史变迁等,都是由土地私有引发的一系列土地问题和土地制度,而传统永佃制产生于土地问题之下,兼田均田和公田私田又是土地问题的主要表现,本章以此为出发点来分析永佃制产生发展的历史文化土壤和其所代表的土地权属关系。

第一节　土地私权的产生和发展

中国传统社会中,土地私有化的进程呈现出个人对土地的占有日益加强而国家对土地的控制日益减弱的态势。在这个过程中,私人间买卖土地的行为逐渐为国家所认可,土地私权自秦汉确立以后,以地主所有和自耕农所有为代表的土地私权在小农经济的基础上发展起来,总的趋势是私田逐渐侵夺、取代公田,最终占据土地所有权的主导地位。汉朝土地私人所有制法权结构正式建立起来,并在此基础上派生出租佃权、典权和抵押权等多项权利,进一步丰富了古代的土地权属体系。

一、先秦土地私权的萌芽和确立

先秦是土地私权的萌芽和确立时期,土地私权从无到有,从有所限制到法律的明确认可,集中表现为从"田里不鬻"到"民得名田"的巨大转变。这个转变表面上看是土地买卖的禁和放,实质是土地所有权形态的深刻变化。"田里不鬻"讲的是王田下的国有土地不能买卖和转让,王是名义上的土地所有权人,各级领主(诸侯、大夫和士)对土地有使用、收益权但没有处分权,土地的耕作者则是奴隶或农民,其对应的田制是井田制。"民得名田"则是土地私有产生发展的直接后果，随着土地买卖的逐步放开，在井田制之外滋生出诸侯和贵族的土地所有，最后普通的百姓都可以通过买卖拥有自己的土地，土地私有从诸侯、贵族所有制发展到普通百姓所有制，土地所有形态也从公有制发展到私有制，呈现出一种转变。

春秋之后的井田制开始发生变化，各诸侯国在井田之外开辟出大量的新土地，不在周王的控制之下。各诸侯占有的私田数量日益增多而周王的井田却日渐减少，周宣王的"不籍千亩"[①]，就是一个明确的信号。另一方面，土地的自由买卖直接导致私田的增多，"戎狄荐居，贵货易土，土可贾焉"[②]，有关争田、夺田的土地纠纷也不少[③]，这些都说明，井田制下"田里不鬻"的原则被破坏，土地王有制发生了某些变化。公元前 594 年，鲁国实行"初税亩"，统一公田与私田的界限，统一征税，承认私田的合法性。之后，各诸侯国相继进行变革，改革田制，实现从"籍而不税"到"按田而税"的转变。先后有齐国管仲的改革，"相地而衰征，则民不移"[④]，根据土地的好坏及产出的多少来征税。晋国的作爰田，"爰者，易也"，改变井田制原有的旧阡陌，改小亩为大亩，打破井田中领地与份地的划分。秦国的商鞅变法，"改帝王之制，除井田，民得买卖"[⑤]，"为田开阡陌封疆，而赋税平"[⑥]，对秦国土地关系的变革最为彻底，是诸侯国改革成功的典范。公元前 216 年，秦朝颁布命令："使黔首自实田，以定赋"[⑦]，要求田主向国家自行申报土地，负担租税，再次以

① 《国语·周语上》。

② 《左传》襄公四年。

③ 在《左传》、《公羊传》及《谷梁传》中有不少这类事件的记载，有抢田的，《左传》成公七年："楚取甲吕以为赏田"，有赏田的，《左传》僖公元年："公赐季友汶阳之田"等。

④ 《国语·齐语》。

⑤ 《汉书·食货志》。

⑥ 《史记·商君列传》。

⑦ 《史记·秦始皇本纪》。

法律的形式确认土地私权,也意味着国家对土地私有的承认,说明封建国家开始对土地私有给予法律上的承认和保护。

二、秦汉以降的土地私权变化

1.秦汉以来土地私权的发展

西汉文帝时,土地"买卖由己"[①],汉代《田令》中有不少土地买卖契券的规定。土地买卖的频繁,加速了地权的流转,一些国有的山林川泽也变为君王私有,以致出现"今田无常主,民无常居"的现象[②],土地逐渐从国有变为私有,地主和自耕农的身份也不断地转换和更新。土地的自由买卖,说明私人对土地的控制权在加强,而国家对土地的控制权却在逐渐地削弱,土地私有的观念逐渐为人们所认可,土地买卖仍然是土地私有的主要途径,连皇帝都要通过买卖来获得自己的土地。西汉的成帝为广事收购土地,常带着几个"私奴客","白衣袒帻",征行郊野,亲自选购[③],东汉灵帝刘宏就曾差人回自己老家,"买田宅,起第观"。[④]

三国两晋时期,土地私权继续膨胀,形成了世族大地主的特权阶层,世族地主大肆兼并土地,扩张自己的势力。国有的山林川泽被豪强地主占有,成为私产,南齐竟陵王萧子良就曾"封山泽数百里,禁民樵采"[⑤],尽管西晋有"占田令",东晋刘宋朝有"封山占水"的禁令,都不能有效限制土地私有和土地兼并的发展,这段时期也是自耕农经济发展相对较弱,大地主田庄膨胀和租佃制开始发达的时期。

北魏到中唐时期实行的均田制,使秦汉以来土地私有的迅猛发展

① 《前汉纪·文帝纪》。

② 《后汉书·仲长统传》引《损益篇》。

③ 转引自傅筑夫:《中国经济史论丛》上册,三联书店 1980 年,第 99 页。

④ 《后汉书》卷 8,《灵帝纪》。

⑤ 《梁书》卷 52,《占足顾宪之》。

势头有所停滞，也使土地占有形式有所改变。中唐以后，随着均田制的废除，宋代“不抑兼并、不立田制”的实行，土地私权又开始占据上风。宋代为解决中央财政困难，甚至成立专门机构公开拍卖官田，官田通过各种途径迅速地转化为私田，以租佃制为基础的田庄、坞堡大量地涌现，田庄内的佃户数量越来越多，而本来势单力薄的自耕农经济在地主制经济的打压下日渐萎缩。这种以土地私有为基础的租佃经济关系，不同于均田制上的自耕农与国家的关系，私田租佃的发达说明土地私权结构在进一步深化。

到明清时期，土地私有不再受到任何限制，土地问题比之前代更为“酷烈”，不仅皇室勋贵的庄田要侵夺民田，贫民的投献田产之风也贯穿明代始终，据弘治十五年（1502 年）的统计：“官田视民田得七之一”[①]。在朝廷士大夫们看来，土地私有是天经地义的事情，理应受到尊重和保护，明朝的邱濬就认为前代的那些王田、限田和均田之法都是“拂人情而不宜于土俗，可以暂而不可以常也，终莫若听民自便之为得也”[②]，自秦汉时期发展而来的土地私有权，在官方和民间的认可度终于达到了一致。

2. 土地私权深化的社会影响

秦汉时期，土地私有的确立使先秦时期的“集体耕作、换土易佃”的生产方式转变为“一家一户”的小农经济方式，以地主土地所有和自耕农土地所有为代表的土地私有制形成，并构成“地主—自耕农—佃户”这个最基本和最主要的主体，自耕农自耕其田，地主出租土地给佃户耕种并收取地租，“五口之家，三亩之田”构成典型的小农经济式的农耕文明，而这种方式也为官方所认可和推崇，朝廷既可按时收租税，又能防

① 《明史》卷 77，《食货志一 · 田制》。
② 邱濬：《大学衍义补》卷 14，《制民之产》。

止地方势力威胁到中央。因此,中国传统社会小农经济的基础决定了官方对“兼田”持否定态度,对“限田”、“均田”持肯定态度,对大地主土地所有的限制和对自耕农和佃农经济的提倡。地主、自耕农和佃农作为传统社会中最基本的民事主体,他们的身份地位和权利义务随着土地私权结构的发展变化而变化。

随着土地私权的发展深化,土地兼并的急剧扩张,土地经营方式呈现多样化,常规的自耕之外,还有租佃经营和雇工经营等方式,而随着私人地权的使用流转,也衍生出各种民事权利,丰富和发展了古代土地权利体系:①土地所有权关系。包括官田所有权和私田所有权,官田所有权关系包括官田的分配使用,如井田、屯田、营田、旗地的管理和经营等;私田所有关系包括地主土地私有和自耕农土地私有。②土地买卖和土地典当关系。衍生出土地的买卖和出典承典权。③土地租佃关系和租佃契约。衍生出土地租佃权,并在此基础上进一步发展出(永)佃权和田面权,构成传统社会中土地经营的主要方式。④土地抵押关系和土地继承关系,衍生出土地的抵押权和继承权。

第二节　土地私权结构下的土地问题

兼田与均田、官田与私田等,构成了中国历史上土地问题的主要表现。兼田与均田、官田与私田,是土地占有和分配方面的两对矛盾体,同时也是官方打击土地私有,抑制土地兼并,限制大地主制经济的措施。租佃制是解决土地问题之道,是在不改变土地占有的情况下采取的一种经营方式,是自耕经营、雇工经营和集约化农场经营之外的另一种方式,一定程度缓解有力耕田之人“无田可种”,而无力可耕之人却有大量“弥望之田”的现象。

一、兼田与均田:土地的分配和调整

土地兼并与反兼并的矛盾一直存在于传统社会中,并充分体现在均田与兼田的历史循环中,这种历史循环反映了土地制度的动态变化和调整,小农经济的特性决定了中国传统社会的理想农耕模式是“五口之家,三亩之田”,决定了官方要通过各种限田措施来维护小农经济秩序,使其得以延续却不能壮大,同时还要限制地主所有制经济的发展,减少地方对中央政府的威胁。但地主制经济的发展又决定了兼田的必然和兼田的强大发展动力,因此兼田与均田的斗争是缠绕交替的,甚至是不分彼此的,官方的某些均田措施中甚至包含着兼田的倾向。从最终的结果而言,兼田战胜了均田,处于上风;从朝代的更迭而言,每个朝代的开始都试图用限田、均田的措施来解决土地问题,这些措施在朝代之初尚有一定的效果,但到了后期则逐渐失效,使土地问题变得更为严重,导致改朝换代的循环发生。

官田与私田和兼田与均田,这两对土地问题范畴其实有着密切的联系。土地买卖的出现、土地私有的萌芽,为土地兼并大开方便之门,而土地兼并又促进土地私有的进一步发展,私田增多了,官田相应地就减少了,土地兼并的情况就更为严重,必然引发官方诸多的限田和均田措施。政府一方面开垦新地,增加官田的比例和数量,提高官方对土地的直接控制权,另一方面采取多种措施,抑制土地私有和土地兼并,打击豪强地主势力对中央的威胁,维护小农经济的基础,此类冲突和斗争贯穿了战国以后的传统社会。相比之下,“官田与私田”所关注的是土地所有形态的变化,涉及的是土地的占有和分配问题,而“兼田与均田”侧重的是土地占有比例的变化,关注的是土地兼并所带来的严重土地问题,而均田的最终失败也预示着官田与私田斗争的最终结果。“均田”的不力和“兼田”的盛行,直接导致私田从自耕农手中转向官僚大地主手中，贵族官僚采取各种方式巧取豪夺官田，导致官田私田化，私田逐渐占据主导地位。因此，这两对线索的发展斗争是交叉并织的，在兼田与均田的斗争中，官田与私田的数量和比例也在发生变化。

1. 秦汉至两晋时期的兼田与均田

土地私有制自秦汉确立以后，地权流转的法律化和契约化更加规范，汉代《田令》之《令甲》曰："诸侯在国，名田他县，罚金二两"[①]。《汉建宁元年番延寿买地砖券》上载明："有私约者如律令"[②]。汉武帝时期，土地的两极分化明显，大量的土地掌握在少数地主官僚手中，甚至出现"请买公田"的事件。针对商贾势要兼并之风愈演愈盛，董仲舒提出"限民名田"的思想，剥夺商人土地，抑制土地兼并，取得一定的效果。汉武帝时还制定了《刺史六条》监察豪强，其第一条的督查对象就是地主豪强的兼田行为："强宗豪右，田宅逾制，以强凌弱，以众暴寡"。[③] 西汉末年，王莽试图改制限制土地兼并，"今更名天下田曰王田，奴婢曰私属，皆不得买卖。其男口不盈八，而田过一井者，分余田九族邻里乡党。故无田今当受田者，如制度"[④]，可惜徒有改制之心。东汉初，面对严重的土地兼并问题，光武帝刘秀实行"度田"，要求检查垦田与户口的实数，以减少国家的赋税损失。

三国时期，曹操在不触及现有土地制度的前提下，大力实行屯田，开垦荒地，取得较好的效果。西晋时期，面对王公贵族无止境地侵占公私土地的行为，开始采取占田的措施，即按照身份等级的不同，规定了诸侯、官僚和一般编户百姓占有土地的最高限额，此处的占田并非"占

---

① 转引自樊树：《中国封建土地关系发展史》，人民出版社 1988 年，第 53 页。

② 仁井田陞：《中国法制史研究》（土地法、交易法），第 420－421 页，转引自樊树志：《中国封建土地关系发展史》，人民出版社 1988 年，第 53 页。

③ 《汉书》卷 19 上，《百官公卿表》注。

④ 《汉书·王莽传》。

有、独占”之意，而是“限田、名田”之意，是限制每户占有土地的数量，限制大土地所有制。到东晋南朝时期，“占夺田土、封略山湖”之事更是不绝如缕，“晋自中兴以来，治纲大弛，权门并兼，强弱相凌，百姓流离，不得保其产业”[①]，世族大地主的田庄是当时土地制度的主要特色。

2. 北魏至隋唐时期的均田

公元485年，北魏孝文帝下诏实行均田令，把土地分为露田、桑田、麻田、职分田和宅地菜地，计口授田，对不同类别的土地买卖有明确的规定，其宗旨是按劳动力来分配土地，而不是一味地复古实行“王田”或“井田”，是在不破坏既存土地关系的前提下，来限制占田的数量，平抑土地占有的差别。均田制的作用正如傅筑夫先生所评价的：均田制将荒闲无主的公田分配给无地农民后，一是减少了土地的荒废程度，促进了农业生产；二是解决了土地纠纷，将各人土地重新分配；三是检括出隐漏的户口，增加了财政收入，但它不是要平均土地，不是要夺多予少，而只是解决土地问题的一个比较有效的治标办法而已。[②]

唐代均田制在内容和设置上更完备，对土地买卖的限制在逐步放开，永业田、口分田、赐田等都可自由买卖，唐代《均田法》中增加了许多允许卖田的特例：如家贫无以为葬者、流徙去乡者得卖其永业田，狭乡迁至宽乡者可出售口分田，官人永业田、勋田、赐田更无买卖的禁令[③]，唐代田制在分配土地之余又促进了土地的买卖和兼并。这样的均田制度，将原来不得买卖的公田以口分田、永业田的形式在私人间辗转买卖，因此对豪强兼并没有阻止作用，宋人叶适评价道：“要知田制所以坏，乃是唐世使民得自卖其田开始，前世虽不立法，其田不在官也不在民，唐世虽有公田之名，而有私田之实。其后，兵革既起，征敛烦重，遂

① 《宋书·武帝纪》卷二。

② 参见傅筑夫：《中国古代经济史论丛》，三联书店1980年，第126页。

③ 参见赵冈：《历史上的土地制度与地权分配》，中国农业出版社2003年，第50页。

杂取于民，远近异法，内外异制，民得自有其田而公卖之，天下纷纷，遂相兼并，故不得不变为两税。要知其弊，实出于此”。[1] 自唐废除均田制，实行两税法后，对兼田的唯一限制也消失了，法律对土地买卖在数量上和形式上不再有限制，“所以唐代可以说是在整个土地买卖的历史中，由形式限制到完全无限制的一个转变时期”。[2]

3.宋元至明清时期的兼田与均田

宋代实行“不立田制”，任土地自由买卖，土地流转加速，土地占有不均十分严重，而在此基础上发展而来的租佃制则更为发达，并促进土地私有的进一步发展。在北宋那样一个土地矛盾异常尖锐的时代，并非没有恢复井田，实行均田的方案，北宋太常博士直史馆陈靖、欧阳修、李靓等人都曾提出过自己的思想方案，但都没有得到重视和贯彻执行。

到明代，土地兼并的程度超过前代，朱元璋曾对兼田采取一些措施，但效果一般。洪武三年令：“验其丁力，设田给主，毋许兼并”。洪武五年，朱元璋在申诫公侯的《铁榜》文九款中，对公侯之家强占官田、侵夺民田的行为给予处罚。《大明律》中也明令禁止官吏在任所置买田宅。明朝投献田产之风颇为盛行，官家大户“兼田避税、侵夺民产”，而贫苦农民为保有土地，将自有田产投献到大户之家以求得安身之所，土地的占有因此更为集中，“吴中之民，有田者什一，为人佃作者十九”[3]，农民失去了自己的土地，成为佃户。清代的土地制度和土地问题如明朝一样，土地的集中和兼并问题愈演愈烈，“本朝轻薄徭税，休养生息，百有余年，故海内殷富素封之家，比户相望，实有胜于前代”。[4]

---

① 《文献通考·田赋考》。

② 傅筑夫：《中国古代经济史论丛》(上)，三联书店1980年，第141页。

③ 顾炎武：《日知录》卷十，《苏松二府田赋之重》。

④ 昭梿：《啸亭续录》卷二，《本朝富民之多》。

二、官田与私田:土地的所有形态

1. 土地所有形态的二元结构

自土地私有开始萌芽,土地就有了官有和私有之分,表现在土地所有的形态上就是官田与私田。“官田,官之田也,国家之所有,而耕者犹人家之佃户也;民田,民自有之田也”[①]。官田一般包括屯田、营田、籍没田、无主田、旗地等基本形态,但在不同的朝代中也会衍生各具特色的形态。私田主要包括地主土地私有和自耕农土地私有两类。官田一般由政府所有和管理,不准买卖侵夺,私田所有权归地主和自耕农,允许买卖转让;政府从官田中所获得的收入称为“租”,而从民田中所获得的收入称为“税”。从土地所有权形态的发展而言,官田是土地最初和唯一的形态,后来才孕育出私田,官田、私田分野,但彼此间的联系却是千丝万缕的,私田发展其实是建立在对官田不断地侵夺的基础上,官田私田的斗争贯穿秦汉以降的土地制度中。官田在具体的经营管理中,不断地被地主官僚所侵占,官田在占有的比例和数量上呈下降趋势。私田虽然为私人所有,却蕴含着无穷的生命力,有着内在的发展动因,私田的交易从“受到诸多限制”到“不受限制”,在公私田的斗争中,私田逐渐处于上风并占据了主导地位。

2. 官田与私田的交织发展

(1)井田制到授田制。

夏商周的井田制是土地国有的典范,土地买卖关系的出现,土地私有的萌芽导致井田制的瓦解,代之以诸侯、士大夫的地主土地所有制和自耕农土地所有制。商鞅的“废井田,开阡陌”,秦朝的“以黔首自实田”,都是对土地私有的明确认可。井田制废除后,公田在数量虽有所

---

① 顾炎武:《日知录》卷10。

减少,但国家仍掌握着大部分土地,战国至秦汉的政府仍实行授田制,即按照一定的标准,将公田分配给农户耕种,农户交纳田租,授田制的内容在各诸侯国的经济改革中以及秦律和汉律中都有明确规定。

(2)王田、屯田制到占田、均田制。

秦汉确立土地私有后,土地买卖自由,土地兼并盛行。汉武帝时期,在董仲舒的“限田疏”影响下,有了相应的“告缗令”、迁徙富豪等一系列措施,强化了官田的地位。同时,在西北边境开始实行屯田,汉代屯田的开垦和运作取得较好的效果,并一直为后世所沿用,屯田也成为官田的一种主要形态。西汉末年,王莽曾试图仿效井田制实行“王田”,以恢复昔日的土地王有,但以失败而告终。东汉初年,光武帝刘秀开始实行“度田”,要求检查垦田与户口的实数,再次以失败而告终。东汉“度田”的失败为兼田大开方便之门,从此打开了国有土地的一个大缺口,地主土地所有制以庄园、坞堡的形式迅速地发展起来。三国时期,曹魏的屯田规模和效果最为显著,成为当时官田的主要形式。

西晋的“占田制”是由国家规定一个占田标准,地主官僚及平民按照各自的标准数额占有土地,不得超过限额,国家承认占田的合法性,但对抑制土地兼并其实并无多大益处。北魏至中唐的三百年间,由于均田制的实施,土地私有的发展势头被有力地遏制了,国家重新执掌了对土地的分配和使用。从内容来看,均田制兼有“公有私有”双重性质,使土地国有和土地私有并存于同一个土地制度中,“是适应于当时土地占有关系和土地所有制关系的客观现实状况的,是土地国有制走向衰落,土地私有制日益发展的时代特征在均田制中的具体反映。……标志着中国封建社会的土地所有制结构开始由原来的以土地国有制为主体的形态向以土地私有制为主体的形态过渡”。[①] 而均田制到了唐中

① 李埏:《中国古代土地国有制史》,云南人民出版社 1997 年,第 219 页。

期，由于各种原因[①]，最终被“两税法”所取代。

(3)宋代的不抑兼并和不立田制。宋初，君臣还有欲行均田制之意，但在现实面前还是放弃了，“不抑兼并和不立田制”政策的采纳和实施，促使地权交易更为频繁，“千年田换八百主”之说是最好的写照。宋朝的官田主要有学田、职田、屯田、营田等类别，但当时国有土地已不再占据主导地位，无论是数量上还是发展的趋势上皆如此。据 1082 年宋政府的官方统计，民田占全国垦田总数的 98.63%，而官田仅占 1.37%，南宋时期，国有土地有所扩充，数量达 20 万顷，也不过占全国垦田面积的 1/15 弱[②]，这是两宋国有土地衰落的明证。

(4)明清的屯田和旗地。

元末明初，连年战争，大量田土荒芜，这为官田的发展壮大提供了契机。1393 年，明朝的官田占全国土地的 1/7，明初的官田占有较大的比例，规模之大，前所未有，但到后期，由于各种原因，大量的官田也逐渐私有化。官田发展到明代，管理更完善，类别也增加了，包括有各类屯田(军屯、民屯、商屯)、职田、学田、草场牧地等。其中，军屯占官田的比例最大，这与当时东北边境女真人部落对中原的威胁有关，也构成明代官田的特征之一。

到清代，国有土地虽日渐衰落，但其类别却日益完备，官田根据沿革、用途和管理机关可分为数种[③]。同时，清代也发展出其特有的国有土地制度——旗地，它是清朝前期为旗人特设的，由政府强制推行的一

---

① 这些原因包括：官吏的永业田、皇帝的赐田对均田制的破坏；不能制止官僚地主对平民口分田、永业田的兼并吞没；官庄、私庄、寺庄的经营规模大，呈扩张之势。参见戴炎辉：《中国法制史》，三民书局 1979 年第三版，第 293 页。

② 转引自李埏：《中国古代土地国有制史》，云南人民出版社 1997 年，第 284—285 页。

③ 清代官田分为：1. 属于皇室财产的土地：内务府官庄；户部官庄、礼部官庄、工部官庄、三陵官地；2. 国家财产的土地：八旗官兵随缺地；充公地；马场地；余租地；学田等。参考戴炎辉：《中国法制史》，三民书局 1979 年第三版，第 298—300 页。

种国有土地制度，旗地的出现是封建社会末期官田对私田占有的罕见形态，是在掠夺占有民人原有土地上建立和发展起来的，造成民人生活流离失所，社会动荡不安。旗地作为国有土地，本是严禁买卖的，但在现实的需求和压力下，旗地典卖和变相买卖的情况开始出现。旗地典卖始于一般旗地，并逐步扩展到皇庄、王庄的土地，最终促成旗地禁买令的松弛和崩溃。尽管清政府多次修改旗地典卖的禁令①，并采取回赎的措施，仍无力改变旗地私有化和旗地民田化的趋势。作为清朝特有的土地制度，旗地虽形成于清初，但其由盛而衰的发展却贯穿于整个清王朝，直到清末民初的北京政府时期，随着关外的八旗土地被丈改放领，旗地制度才最终退出了历史的舞台。旗地由盛而衰的历史再次证明了官田的失败和私田的胜利，说明官田私田化的趋势不可阻挡。

第三节　租佃制和永佃制：土地私权结构下的土地经营权

尽管历朝历代对土地问题的方案多种多样，但均田制和国有化政策的失败，说明土地占有的问题不容易解决。在地主土地私有制占主导的背景下，土地租佃、典卖和抵押关系应运而生，土地经营关系趋向复杂。租佃制在不触及土地占有现状的前提下，能缓解土地占有不均带来的冲突，既是解决土地问题的方式，其本身也成为土地问题的一项内容和表现，这也正是租佃制能够延续这么久的原因，即租佃制具有独特的协调机制和灵活的功能。事实上，自租佃制产生后，土地问题更趋

---

① 清政府限制旗地交易的规定有一个变化的过程，最初是“严禁旗地买卖”，然后放宽到不许越旗交易、不拘旗分出卖、赎回旗地和设置公产旗地，最后不得不“允许旗民交产”。而旗民交产的合法化，使八旗土地制度彻底遭到破坏，也说明清政府“限制旗产交易”政策的彻底失败。

复杂，使地主和农民在土地所有形态对立的基础上，又衍生出农产品分配上的对立，发展出佃户之间因争夺租佃权的竞争和对立。

租佃制在中国存续了两千多年，其产生发展与土地私有有着密切的联系。土地私有制的发展、土地兼并的加剧，进一步促进租佃制的发展，唐宋以后的租佃制更为普遍和发达，为永佃制的产生打下良好的基础，永佃制的出现被认为是中国土地制度的一个特殊形态，"历史演进过程中具体采行哪种方式，全由利益最大化来决定，业主可以通过对地租收入和自营收入的比较，以及使用雇工、奴婢和部曲的成本比较来决定自己的经营方式，利益收益小的方式自然会淘汰，收益大且省心的方式自然流行起来"①，从这个观点来看，租佃制尤其是永佃制的产生是小农经济发展的自然选择。

一、唐宋以来的土地租佃关系

1. 秦汉至中唐的形成阶段

租佃制是以地主土地私有制为基础发展而来的一种经营方式，反映在法律上表现为租佃契约和租佃关系。自秦汉土地私有制的确立开始，租佃关系其实就产生了，地主拥有大量田土却不愿或无力耕种，另一方是农民土地被大量侵吞兼并，成为无地、失地或少地的流民，这为租佃制关系中最基本的两个主体（地主和佃农）的产生提供了充分的基础。早期的租佃关系，产生于地主私田的基础上，如董仲舒所言："或耕豪民之田，见税十五"②，后来也扩展到官田的经营上，《汉书·昭帝纪》："特为诸稻田置使者，假与民，收其税入也"，国家把公田、无主荒田租给农民耕作，由官府收取假税，此处的"假"即有"租借"之意，"假作"

---

① 参见赵冈：《历史上的土地制度与地权分配》，中国农业出版社 2003 年，第 83 页。

② 《汉书·食货志》。

即"佃耕",包括公田假作与私田假作。汉代租佃关系中,地主和佃户的权利义务是通过"租挈"来确立的,根据颜师古的注:"挈,收租之约令也",大概此"租挈"就是后世租佃契约的滥觞,但汉代毕竟是租佃制发展的起始阶段,人们经常"将地租(land rent)与根据国家课税权而征收的田赋(land tax)分辨不清。这种混淆在以公田出租而收取地租时尤其普遍。于是'假'与'税'往往互用或连称"。[①] 租与税的不清,说明当时人们的地租观念尚未完全建立。

西晋时期,官府赋税的加重使得小农纷纷带产投靠巨室,土地兼并的扩张使租佃制更加发达。私家田庄招募,占有的佃户和佃客数量众多,严重影响到国家的税收和公田的经营,于是西晋就有"占田令"来限制地主豪强的占田数和佃客数。东晋南朝时期,大地主田庄仍不断扩张,庄园内聚集了大量的部曲、佃客,租佃仍是主要的经营方式,随着租佃制的发展,地主对土地的占有欲更为强烈,有的地主竟利用权势,将租得的公田再次转租给佃户以获取租额的差价,为防止这种情况的发生,南朝梁国因此特别规定:"自今公田悉不能假与豪家"。[②]

北魏至中唐时期实行的均田制,是兼有授田性质的一种土地分配,国家按照人口、性别和年龄等标准将土地分配给人们,均田制实行之初,有效地抑制了北方租佃制的发展,但后期随着均田制的逐渐衰落,兼田的盛行,出现了部分农民授田不足和公田无人耕种的情形,于是租佃制继续存在并得以发展。事实上,隋唐时期的租佃制一直比较发达,公田私田上皆可见到租佃制的运行实例,唐律中甚至允许租得官田后再次出租[③],而在新疆吐鲁番发现的一系列唐代租佃契约也很好地证

① 赵冈:《历史上的土地制度与地权分配》,中国农业出版社 2003 年,第 190 页。

② 《梁书》卷三。

③ 《唐律疏仪》卷 27,杂律下:"官田宅私家借得,令人佃食。或私田宅有人借得,亦令人佃作"。

明了这一点。

2.宋元至明清的成熟阶段

租佃制虽产生于秦汉时期，但其快速发展却是唐宋以后的事，随着宋朝"不抑兼并、不立田制"政策的实行，土地私有迅猛发展，租佃制也日益发展成熟，宋代的租佃关系逐渐摆脱人身依附性，开始向经济性契约转变。宋代佃户与地主在经济上是对等的，一方招佃，一方承佃，双方通过契约缔结权利义务关系，租约期满，佃户可以离开，佃户欠租，地主可以诉至官府，索要地租。这种关系普遍存在于公私土地的经营中，如朱熹所言："佃户既赖田主给佃生借，以养活家口，田主亦籍佃客耕田纳租，以供赡家计，二者相须，方能存立。今仰人户递相告戒，佃户不可侵犯田主，田主不可扰虐佃户"[①]，正是在此高度发达的租佃制基础上，开始发展出一种新的租佃制——永佃制。

宋代租佃制发达，具有主佃对等、人身依附减缓和契约化等特点，但随着佃农身份和地位的变化，主佃之间的矛盾也日益增多起来。租佃关系的稳定，于主佃双方都是有利的，也是双方所追求的目标，任何一方要想稳定对自己有利的条件，都不是那么容易的一件事，它需要双方的协商妥协，直至达到一种双方都满意的条件，某种程度上说，永佃制正是这种"妥协"的结果。无论是田主的"增租夺佃"，还是佃户的"辞田或逃离"，都不利于租佃关系的稳定，佃户的欠租抗租和"徙乡易主"，以及地主"争相攘夺佃户成风"的现象，说明主佃双方既互相斗争又互相依存的复杂关系，体现了主佃间激烈而复杂的斗争关系。如何稳定租佃关系？如何使双方的利益都实现最大化？是主佃双方的共同心愿，于是防止划佃、退佃，建立稳定关系的长期租约和永佃契约应运而生了。

---

① 《晦庵先生朱文公文集》卷100，《劝农文》。

明清时期,租佃关系发展得更为契约化和制度化,开始出现了各类契约的标准格式,记载契约的基本条款,便于当事人迅速地确立契约关系,相当于当今的格式合同。明代的屯田和营田、清代的皇庄与旗地大多采用此种经营方式。随着明清土地买卖的频繁和土地私有的发展,以及永佃制的普遍实施,地权分散在众多的中小地主手中,土地零星分布和经营的现象愈加明显,农村中的土地大多分散而狭小,不利于土地的大面积耕作,尤其是在租佃制发达的江浙一带,开始出现如下的奇怪现象:一户佃户向数家地主租田,一户业主也把土地租给数家佃户,主佃双方的这种多头关系造成租佃市场的高度竞争,并且这种竞争是双边的竞争,主佃哪一方都没有绝对的优势,而永佃制的出现正好可以减少这种竞争,发挥其特有的协调机制作用,稳定租佃关系,于主佃双方都有利。

二、永佃制:租佃制的成熟形态

这里不妨先对"租佃"、"佃"及"佃权"的含义作一番粗浅的解释。"佃"一般指租地的行为,"租"则是佃户付给地主租地的代价,"租佃"指的是佃户租用地主土地从事生产,以交纳一定的租额作为代价的行为。若从字面来理解,"佃"即耕种之意,《广韵》:"佃,作田也";《集韵》:"佃,治土也",引申为租田耕种的意思。"田"在汉代即有"佃"之意,汉高祖二年下令:"故秦苑囿园池,令民得田之"①,据颜师古注:"田,即后世佃之"。此处的"佃",即租佃权、耕作权,但这种租佃权还是一种普通的债权关系,附有一定的义务,佃户并不因此享有特殊的权利。若以现代民法理论分析,佃权即出租权,属典型的债权,后来才发展到长期或永久的租佃,租额开始固定,不得无故退约,有的甚至可以继承、转让和转

① 《汉书》卷1,《高帝纪》下。

租，田主对此也默认不加干涉，久而久之，这种约定俗成的权利义务关系，逐渐为主佃双方所认可，成为地方的一种习惯，在各地有不同的名称和表现，发展到后来，习俗中的“佃权”一词逐渐有着特定的含义，《民事习惯调查报告录》[①]中所体现的“佃权”就有“永佃权”或“田面权”之意，而民国《民法物权编立法原则》[②]中，则以“佃权”来简称“永佃权”，一般的租佃简称为“租赁”。这种从“田”到“佃”的变化，从普通的“佃”逐渐发展出有特定意义的“佃权”，中间必定经过一番漫长的历程，正如学者所指出的：“根据习俗，一个通过其劳作和其他投资而对一块地的价值有明显贡献的佃户会得到对此块地的某种特殊权利，荒地的主人将土地低价租出，佃户们对其进行排水、筑坝、灌溉、施肥等必要的改良，将土地由荒垦熟，作为贡献的回报，佃户会获得该地的永佃权甚至田面权，这些权利只有在不能付租时才会受到威胁，被地主收回”。[③]

1. 永佃制的产生和发展

(1)永佃制的基本含义

传统习惯上的永佃制，主要包括永佃和一田两主的内容，但永佃制概念的内涵和外延仍存在不少混淆不清的地方。一方面是永佃制内部的永佃与由其发展而来的一田两主混同，另一方面是永佃制极易与外来的永佃权混淆，如果能够细致回顾永佃制习惯的产生和发展历程，理清其发展的不同阶段，就有可能消除长久以来的困惑和不清，也许会对理解永佃制的内涵和外延有所帮助。永佃制的含义之所以难以确定，可能基于以下的原因：①传统永佃制的起源方式多种多样，最后却殊途

① 前南京国民政府司法行政部：《民事习惯调查报告录》，中国政法大学出版社 1998 年。

② 谢振民：《中华民国立法史》下册，中国政法大学出版社 2000 年，第 770—773 页。

③ 黄宗智：《法典、习俗与司法实践：清代与民国的比较》，上海书店出版社 2003 年，第 92 页。

同归,形成习惯法上的永佃制度,也正是由于其产生方式的多样化,既有开荒加工、投入工本、久佃成业的,也有因管业、购买等方式而形成的,所以很难归纳出其一致的含义。②永佃制是来源于乡土民间的一种习俗,具有典型的地方特色,各地永佃产生和存在的情况各异,对永佃的称呼也各异,难以归纳出其统一的名称和内容,尤其是缺乏官方的明确认可和规范。③永佃制发展跨度的时间较长,自唐宋到民国一千多年,历经数个朝代,其本身发展也分为几个阶段,由"普通租佃→长期租佃→永佃→一田两主→一田三主"的发展,性质上也由债权转换到准物权、物权,最后演变成为一种独立的土地产权,其内在的发展演变颇为复杂,由于史料所限,有些问题目前还是模糊不清,学者们自然是各家学说,未有定论。

有关永佃制与其他概念的关系也是错综复杂,不管是明知或不知的状态,误用的情形也不少,有的将永佃和一田两主作为一个整体来看待,有的将二者分别加以解释,因此永佃制要看是从哪个层面、哪个角度来分析,因为这里既有永佃制和永佃权之分,也有狭义的永佃和一田两主之分。其实,"永佃与一田两主以及田底权、田面权等概念,经过适当说明仍可有效地描述与之相关的法律关系",这里的"永佃概念也已不简单是清代民间契约用语,它已被抽象成一个有明确界定的具有说服力的概念,用来指称一组关系"[①]。而一般学者就简单方便而言,更多的是不用"永佃制",而代之以"永佃权"的称呼,没有更多考虑到二者的差别,"误用永佃权的最典型做法是把永佃与一田两主统统置于永佃权中不加区分,这种作法见于历史学家、社会学家和法学家"的文章中。[②]

---

① 梁治平:《清代习惯法:社会与国家》,中国政法大学出版社 1996 年,第 91 页。
② 同上书,第 90 页。

"永佃制"侧重从租佃制度来理解习惯上的永佃和一田两主,"永佃权"侧重从物权角度来理解派生于土地所有权的一种用益物权,而偏偏这两种层面的概念、制度和权利在中国社会中都先后出现过,难免容易引起混淆和误用。赵冈的多部著作中对永佃制有所研究,但始终没有对永佃制下定义,而是从不同角度来说明它:"永佃制是将土地的所有权与使用权分剖为两个完全独立的权利,可以分别执行与占有"[①]。唐启宇在《永佃制有无存在之价值》一文中认为:"永佃制者,佃户不独享受绝对使用及一部分收益权,并有一部分所有权。业主仅享受一部分之收益权兼有一部分之所有权"[②],提出了分割所有权的概念,该文章中三种权利分布状况如表 2 所示,清楚表明主佃双方不同的权利内容。梁治平和杨国桢没有明确提出"永佃制"的概念,梁治平侧重的是永佃和田面权的内涵,注意区分永佃和永佃权、永佃和田面权的差异,研究的是永佃制下不同发展阶段的内容。杨国桢在《明清土地契约文书研究》中明确区分了永佃权和一田两主,并将二者统称为习惯上的永佃关系。周远廉、谢肇华在《清代租佃制研究》中则提出了"永佃权制"但并未给出明确定义,"永佃权制"包括了永佃权和一田两主的基本内容,"所谓永佃权,就是佃农向地主支付了某种代价以后,所换取的对地主田地的'永久'佃耕的权利"。[③]

纵观学者在此概念上的观点,无非两种做法,一是统称为永佃制,一是将永佃权和一田两主区分开来下定义,鉴于本文导言中的概念定位,遵循"从整体到局部,从面到点"的逻辑顺序,对永佃制的基本含义,笔者更倾向于先是整体上的定义,然后才是局部概念的比较区分。因而,比较认同赵冈在《永佃制研究》一书中,把永佃制度分为初始、过渡

① 赵冈、陈仲毅:《中国经济制度史论》,新星出版社 2006 年,第 167 页。

② 唐启宇:"永佃制有无存在之价值",《地政月刊》,第 3 卷第 5 期,1935 年,第 673 页。

③ 周远廉、谢肇华:《清代租佃制研究》,辽宁人民出版社 1986 年,第 288 页。

和最终三个阶段的三分法,不同的阶段有不同的形态和内涵:初始形态的永佃属债权,佃户只有耕作权,不能转让;过渡性的永佃制则逐渐可以自由转让,私相授受;到最终形态的田面权已是一种物权,单一的土地所有权被分割为田皮权和田骨权,成为独立的产权,独自流转。[①] 在本书的概念表述和框架结构中,笔者试图借鉴这种做法,注意永佃制在不同阶段的内涵,并不苛求一个大一统的概念,而是将注意力更多放在永佃和一田两主的具体内容中。

表 2　永佃制之权利分布状况[②]

	所有权	使用权	收益权
业主	田底		田租
佃户	田面	永远耕种	田租以外之一切收入

也许下面这段话,有助于更好地理解永佃制由初始形态发展到成熟形态的几个阶段:①佃户有长期的耕作权,若不欠租,地主不得随意撤佃,佃户可以退佃但不得私下转让他人,佃权及身而止。②佃户可转让佃权或传给子孙,但须征得地主同意。③地主丧失撤佃换佃之权,许退不许夺。④佃户转移佃权不需地主的同意,佃户全权私相授受,业主不得过问。[③] 这里的①,是“初始形态的永佃(债权)”,②和③是“过渡阶段的佃权(准物权)”,④则是属于“一田两主阶段”了。至此,普通的租佃权开始变为长久的佃权,成为与所有权相对应的一种独立产权,可以转让、典卖和继承等,而田皮的自由转让更是出现“二地主、三地主”现象,形成一个自由而独立的田皮市场,它与田骨市场共同构成明清时期农村土地的交易市场。

---

① 参见赵冈:《永佃制》,中国农业出版社 2005 年,第 2 页。

② 唐启宇:“永佃制有无存在之价值”,《地政月刊》,第 3 卷第 5 期,第 673 页。

③ 参见赵冈:《历史上的土地制度与地权分配》,中国农业出版社 2003 年,第 261 页。

(2)永佃制产生的社会经济背景

要确切了解永佃制产生的时间和方式,首先要了解其产生背景,但学界在此问题上同样有模糊不清的地方。周远廉等人认为,“永佃权在清代得到迅速的发展,有着深刻的经济原因和社会原因,决不是偶然出现的一种经济现象”[①],并归纳出产生背景的几个方面,即“土地兼并、主佃身份地位、佃农斗争、旗地”等因素。杨国桢也深入分析永佃权产生的经济背景:“唐代均田制崩溃以后,非身份性的私人地主获得长足发展。土地买卖的繁荣,一般租佃制的普遍化,定额地租的流行,反映了两宋地主经济的繁荣。……明清两代,特别是明中叶以后,地主经济进入高度繁荣,土地买卖引起地权的频繁转移,一般租佃制取得主导地位,定额地租普遍盛行和货币地租的出现。这些都为城居地主的发展和佃农经济独立性的提高,提供了历史的前提。从地主的土地所有权中分化出佃农对土地的永久使用权——永佃权,就是在这样的经济背景下产生的”。[②] 也正如民国学者所言:“中国田制,由来已久,而以永佃制之存在,为具有特殊性质。究竟其成立之原因,实施之状况,以及其对于社会经济之关系,颇可供吾人之探讨也”。[③] 笔者在总结前人研究成果的基础上,提出如下观点:

第一,永佃制的起源时间。由普通租佃发展到永佃制是一个渐进的过程,历经一个较长的时间,而有关永佃产生的最早时间,争论已久、没有定论。有的认为是隋唐或唐中期以后[④],史学界普遍认为是宋朝[⑤],也有推测是更早的魏晋时期,如魏晋庄园的庄仆制下所采用的经

① 参见周远廉、谢肇华:《清代租佃制研究》,辽宁人民出版社 1986 年,第 295 页。

② 杨国桢:《明清土地契约文书研究》,人民出版社 1988 年,第 91—92 页。

③ 唐启宇:“永佃制有无存在之价值”,《地政月刊》,第 3 卷第 5 期,1935 年,第 673 页。

④ 周子良:“永佃制的历史与现实价值”,《现代法学》,2002 年第 4 期。

⑤ 因为有关永佃的记载在宋朝文人笔记中开始大量地出现,如魏泰《东轩笔录》、刘克庄《后村大全集》等。傅衣凌就认为是起源于宋代,乌廷玉认为最早见之于南宋,而杨国桢则认为永佃起源于宋代的做法都缺乏确切的资料可资证实。参见赵冈:《永佃制研究》,中国农业出版社 2005 年,第 15 页。

营方式,但目前尚缺乏史料的证据。尽管永佃产生的确切时间不肯定,但其普遍地出现大致是在唐末宋初这段时期,也就是均田制废除,不立田制、不抑兼并的这段时期。

第二,土地兼并和人地矛盾的加剧是永佃制产生的社会背景。土地兼并自战国以后贯穿中国传统社会的始终,即使有官方的各项限田、均田措施也于事无补,无论是达官显贵、大农富贾都千方百计地积累金钱、掠夺土地,明朝的投献田产之风,明清皇室勋贵的庄田的扩展以及清代的圈地运动和旗地制度的发展,使得大量农民失地失业,土地集中在少数大地主手中,直接导致了自耕农的减少和佃农数的增加。再加上清代"人多地少"的现实局面,清代人口增长较快,人口增长率超过耕地面积的增长率,人地矛盾表现得比前代更为突出,地主对佃农的选择机会更多,租佃条件也更为苛刻,"良田不如良佃"①,地主经常会增租夺佃,引发佃农之间争夺佃权的激烈竞争。而地主的增租夺佃,也容易导致主佃关系的恶化,引发佃农反对夺佃的斗争,"以江西省为例,佃农的这种斗争,在清初的近百年中,一直没有间断过"。②

第三,主佃身份实力的变化导致主佃关系的变化是永佃制产生的内在动因。唐宋以后,租佃关系向经济性契约转变,主佃间的人身依附性减缓,佃农地位提高,导致主佃实力和身份的变化,主要表现为两个方面:一是富佃阶层的出现,这些佃农具有了与地主分庭抗礼的经济实力,成为反对地主增租夺佃,争取长期稳定租佃权的主力军。二是地主的蜕变和边缘化,长期租约和定额租制的普及,为不在地主的出现提供了条件,地主可以远离农村,长居城镇,而在江浙一带经济发达地区,部分地主开始转变为兼营工商业的地主,因而这些地主不再关心佃户的

---

① 《恒产琐言》。

② 周远廉、谢肇华:《清代租佃制研究》,辽宁人民出版社 1986 年,第 291 页。

农业生产,有的甚至不知自己的田地坐落何处,这些都为永佃制的产生创造了条件和机会。

第四,长期租佃或不定期租佃的普及是永佃制产生发展的基础之一。宋代在公田和私田上的租佃制日趋发展成熟,主佃双方经济上的对等,以及佃户身份和地位的提高使其开始具有讨价还价的能力。田主增租划佃、佃户辞田逃离之事时有发生,对主佃双方和农业生产都不利,而长期租约的出现可以稳定租佃关系,减少双方竞争的激烈程度,因而"到北宋末南宋初,各地已是普遍实行长期的租约制度"[①],双方均不得中途换约,"学田甚至有将长期租约的佃户姓名勒于石碑上者"[②],这种长期租约的履行除了租约本身外,靠的是主佃双方的互相信任,有的甚至是口头契约,有的并没有一个具体的年限,只要不出现佃户欠租等情形,双方都不会中途毁约换佃,有的甚至可以传给子孙后代。这种作法逐渐为人们所接受,主佃间也形成了一种特殊的人情或恩情关系,成为当地的乡俗惯例,甚至可以"随田佃客"或"换东不换佃"。魏泰《东轩笔录》中就记载了一个佃户力保承佃权的真实故事:北宋太祖时期,酒务官李诚的田地由百余家佃户承种,后李诚因事没官,其田产被没收,成为籍没田,被估值出卖,其子孙欲买回田产却苦于无钱,直到庆历年间,佃户们借钱给李家子孙,才买回没官的田产,佃户们的佃权也因此得以保留,双方皆大欢喜。[③]

第五,定额租制的出现和流行是永佃制产生发展的基础之二。定额租和分成租作为地租的一种形态,涉及到主佃双方对农田收益的分

---

① 孙达人:《对唐至五代租佃契约经济内容的分析》,转引自赵冈:《历史上的土地制度与地权分配》,中国农业出版社 2003 年,第 256 页。

② 胡宏:《五峰集》卷二,与刘信叔书,转引自赵冈:《历史上的土地制度与地权分配》,中国农业出版社 2003 年,第 256 页。

③ 魏泰:《东轩笔录》卷八。

配方式。分成租制是双方按照一定比例来分配最终成果,一般的比率是对半分。定额租制下的租额则是固定不变的,可以是实物、劳役或金钱。由于地租的形态不同,主佃间的关系也各异,分成制下的主佃关系比较密切,佃户耕种之余也要帮地主做些租约之外的家事杂事,具有一定的人身依附性,地主也比较关注佃户的生产,收获时还会亲自或派人来监收,防止佃户的私藏偷拿。宋以后,定额租制愈加普遍,地主对农田生产不再过多关注,"凡盖坊使土,按茔栽树,由置主自便",一方收租,一方耕种,典型的两权分离模式。因此,在租额固定不变、租期较长的情况下,更容易产生永佃制,事实证明,永佃制也更多分布在定额租制比较流行的江南一带,而在分成租盛行的北方省份就没那么普遍。

第六,转佃制的盛行是永佃制产生发展的基础之三。转佃制的产生和盛行,其本身就是商品经济的新发展和农民反抗地主斗争的结果。一方面是人多地少和生存压力的现实困境迫使佃户不得不通过反抗斗争来改变土地利用模式,在原有租佃制上增加"转佃"作为补充,使更多的无地或少地农民获得耕种的机会。另一方面这也是佃户在利益驱动下的自然选择。转佃者通过转佃将整块土地细分,然后分批出租,能获得比整块出租更高的收益,何乐而不为呢?张五常对此讲得很清楚,"如果地主把他的土地分给几个佃农耕种从而可获得更高的地租额的话,他就不会把他所拥有的所有土地出租给一个佃农耕种"[①]。转佃制由于私自换佃容易造成田主的田赋拖欠或无着,一直为官方所否定,但习惯上却一直沿用,对转佃引发的纠纷民间也有自己的解决办法。转佃制的顽强存续为永佃尤其是一田两主的产生打下良好的基础,即便是民国时期,由于官府对乡土社会控制不严,这种法律与习惯冲突的情

① 张五常:《佃农理论——应用于亚洲的农业和台湾的土地改革》,商务印书馆 2002 年,第 20 页。

形还是时有发生。

(3)永佃制的产生方式

有关永佃制的产生方式，在明清时期文人笔记中都有所提及，近现代学者以此为基础，总结出数种方式，内容大同小异，表述上有交叉重复，学者们总结出永佃制的产生方式，多的有达六七种，如戴炎辉归纳的七种方式：①给垦。地主将未垦荒地或抛荒地交给佃户开垦，佃户因投本施工而获得永佃权；②改良。佃户对田地施工下粪，将贫瘠地改为膏腴地而获得永佃权；③受押租钱。地主因受领佃户的巨额押租钱而设定永佃权；④私垦地放租。因佃户未经批准私自开垦官荒地，官府不准报领也不剥夺土地，而是放租于原耕人或者私占逃离田主地亩等原因而取得永佃权；⑤保留佃权。地主出卖田产时，只卖田底而保留耕种权；⑥投献及施舍。田主为保全其耕种地，自愿或被迫将田产投献于皇室、豪族或寺观等；⑦久佃。佃户因佃作已久而形成永佃权。①

杨国桢也列举了清代永佃权产生的六种途径：①在开垦荒地时投入工本；②改良农田；③交纳押租钱；④低价典卖土地而保留耕作权；⑤长期守耕获地主认定；⑥霸耕。② 少的也有两三种，如开垦荒地和交纳押租钱③，赵冈则概括出最主要的三种：①押租制；②开垦荒地和农田加工；③典卖田地而保留耕作权。④ 永佃制产生方式的多样化反映出永佃制在各地产生发展的复杂状况，也说明永佃制产生的民间性和乡土性，由于缺乏官方的引导和规范，永佃制更多地体现为约定俗成的习惯。

---

① 参见戴炎辉：《中国法制史》，三民书局 1979 年第三版，第 305—306 页。

② 杨国桢：《明清土地契约文书研究》，人民出版社 1988 年，第 96 页。

③ 梁治平：《清代习惯法：社会与国家》，中国政法大学出版社 1996 年，第 82 页。

④ 赵冈：《永佃制研究》，中国农业出版社 2005 年，第 16 页。

(4)永佃制的分布区域

明清时期,永佃制逐渐发展成熟并发展出一田两主的形态,其分布的范围和区域也基本成型。永佃制广泛存在于一般的民田上,同时也频繁见于特殊的旗地、学田、屯田之上,其分布地区也是比较广阔的。一般而言,因开垦荒地而来的永佃制主要分布在边远省份和水利工程较普遍的地区,如东北(如察哈尔、黑龙江)、西北(如甘肃)、天津、江浙、广东和福建、台湾一带,垦荒也是永佃制产生最主要的方式。农田加工型的永佃制主要产生于租佃制发达的江浙一带,如江苏、浙江、江西、安徽等省,尤其是在太平天国运动后,永佃制在这一带有了长足的发展。而由押租制发展而来的永佃制,多分布在承佃权竞争异常激烈的地方,如安徽、江西等,租佃权掌握在地主手中,佃户要想取得佃权,必须预先缴纳相当数额的押租金才能保证获得佃权,押租金本是对地主有利的一种方式,发展到后来也成为永佃制的一种产生方式,其实也是佃户长期斗争的结果。《清代租佃制研究》一书中对永佃制的分布有全面系统的总结,其中既有初始永佃,也有一田两主的分布情况。表3主要是借鉴参考该书的成果。

表3 清代永佃权分布的地区及简况①

地区	事例	出处(刑科题本)
浙江临海	乡例:田主卖田后,仍由原佃耕种,叫做“卖田不卖佃”	乾隆二年五月二十六日,浙江巡抚嵇曾筠题
广东惠州	惠州府乡规,凡买田收租纳粮者,名为粮业;出资买耕者,名为佃业	乾隆九年六月十二日,广东巡抚策楞题
福建建阳	张米奴佃种“大苗田”后,将自有“小苗田”卖与田主“归一管业”	乾隆十九年闰四月十二日,刑部尚书阿克敦题
福建闽清	罗必和买断叶衙“根面全课田”,“其田永远耕作,照旧纳租”	乾隆四十四年五月二十一日,闽浙总督三宝题

① 参见周远廉、谢肇华:《清代租佃制研究》,辽宁人民出版社1986年,第302—310页。

广西武宣	僮人种田,"历来只换田主,不换佃户,就算世业一般"	乾隆四年四月二十一日,刑部尚书尹继善题
江西赣县	张元吉将佃田顶与钟应昆永远耕作,不得找价回赎	乾隆十八年十二月二日,刑部尚书阿克敦题
江苏宝山	钱佛助有佃田二亩,转给孟岳承种,除还业主租外,余米各半均分	乾隆四十七年七月十三日,江苏巡抚闵鹗元题
湖南茶陵	俗例:凡是佃户无力耕种,把佃种田亩顶给别人,收得钱文,再还田主租谷	乾隆五十四年五月十九日,湖南巡抚浦霖题
安徽芜湖	年后,无力回赎,将佃权绝卖,又得银九两,其田听宗义先"永远耕种"	安徽巡抚高晋题
直隶怀安	庞太始将所租河滩地开垦成熟,议定永远耕种	乾隆三年三月十七日,刑部尚书尹继善题
云南镇雄	童金原来顶耕五华书院租田,后转顶与刘思舜佃耕,仍照旧"归童金管业"	乾隆三十六年二月九日,云南巡抚诸穆亲题
贵州大定	阿一山佃耕安德顺田亩,死后其妻将田带到新夫家继续佃种,后来转佃与曹文珍,得顶受佃钱五千文	乾隆五十五年九月二日,贵州巡抚额勒春题
四川永川	林文韬将佃田转租给林国有耕种,收有押佃钱文	乾隆三十八年八月十九日,四川总督文绶题
甘肃	佃户承种绅衿出名报垦之荒地,"恐地亩,日后无凭,一朝见夺,复立'永远承耕,不许夺佃'团约为据"	《清高宗实录》卷175

(5)永佃制的功能及影响

永佃制的功能,不能不提及,传统观念中的租佃制就是封建地主制的经营方式,是地主对农民的一种地租剥削,这其实是对租佃制的一种误解,正如赵冈所言:"租佃制延长这么久,因为它有不可缺少的功能。在农业生产部门,产权制度与技术层面常有严重不能配合的冲突,而租佃制就是一个必要的协调机制。产权制有其僵硬性,租佃制正好提供必要的灵活性……即令在今天最发达的资本主义国家,农业部门也是盛行租佃制”。[①] 张五常在其代表作《佃农理论——应用于亚洲的农业和台湾的土地改革》对租佃制也是倍加赞赏，从经济学和投入产出角度对租佃制有过精辟和实证的分析。租佃制并非封建制度的代名词，永佃制也非腐朽落没的制度，它们只是土地的一种经营方式，它之所以在中国能延续发展两千多年，正是出于此。

永佃制产生有其内在的社会经济背景和独特的社会经济功能，其发展变化对我国土地产权制度的发展有不同程度的影响。永佃制的产生实质是佃户对地主土地所有权的分割，削弱了所有权的权能，“土地具有所有权、使用权、收益权三种权利，而业佃之间向来是业主握有所有权，佃户握有定期或不定期的使用权，收益权则由业佃双方按一定比例分配，而永佃制下的佃户在享有使用权和部分收益权之外，还享有部分的所有权”。[②] 从产权观念来看，“永佃制之出现也可以说是中国‘物权’观念的一次革命，产权观念开始抽象化了”[③]，但这种抽象化的产权只是民间的一种习俗并非国家法典，它只具有物权的基本特征，但在传统社会中并不表现为一种法定的权利，因此极易引发民间的田土纠纷。经济学者在这里视永佃制为“物权观念”而非“实在的物权”，原因就在于其外在表现形式的差异。

从社会实际效果来看，永佃制带来的问题是利弊兼有，要视不同时期对不同主体所产生的不同影响。有利的一面。永佃租约是对佃户承佃权的有力保障，有利于农业生产的发展，佃户在成为“业主”后也有满足感和成就感。作为独立产权性质的田面权，具有分散地权的作用，田皮、田骨的流转加速了地权的流转，再加上家产继承制和土地的典卖，

---

① 赵冈：《永佃制研究》，中国农业出版社 2005 年，自序第 2 页。

② 参见唐启宇：“永佃制有无存在之价值”，《地政月刊》，第 3 卷第 5 期，1935 年，第 673 页。

③ 赵冈：《永佃制研究》，中国农业出版社 2005 年，第 11 页。

地权分配的结果是更多田地趋向中小地主。不利的一面。农村地权分散容易导致农村土地的零细分割，在一大块土地上可能存在无数多个小业主，而为了区分这众多小业主的地权，相邻土地间的“田埂”，也因此增多起来，这无形中也浪费了不少土地，增加了生产者每天在不同地块之间的游走来回。而这种地权的分散创造了许多“超级小业户”，包括超级小地主和超级小佃户，使农业生产更加密集，使大量农村劳动力被束缚在有限的田地上，阻碍了劳动力的正常流动，这种情况在长江中下游一带的农村中尤其明显。

三、一田两主：永佃制的成熟形态

1. 一田两主的概念和特征

一田两主是在初始永佃广泛实行的基础上发展起来的，盛行于明清，延续到清末民国。至于一田两主的含义同样缺乏标准划一的解释，日本学者仁井田陞的表述比较精辟：“把同一块地分为上下两层，上地（称田皮、田面等）与底地（称为田根、田骨等）分属不同人所有，田面权（上地上的权利）与田底权（底地上的权利）并列，都是永久性的独立物权。底地所有人的权利，是每年可以从享有土地使用收益权的上地所有人那里收租（固定的权利），但是欠租一般不成为解约的原因。而且，上地底地的所有人，各自处分其土地时，互相间没有任何牵制，这是通例。也就是说，即使对上地转让出租，也可以任意作为，底地所有人的同意不是转让出租的要件。从而上地底地所有人的异同变化，不会引起其他一方权益的任何消长”。[①]

这个表述明确地指出了一田两主的几个基本特征：(1)同一块土地

---

① 仁井田陞：“明清时代的一田两主习惯及其成立”，刘俊文译：《日本学者研究中国史论著选译》（第八卷，法律制度），中华书局 1992 年，第 411 页。

上存在两个各自独立且地位相当的权利——田底权和田面权，二者互不干扰，自由处分，田面主可以自由转租或转让田面，田底主不得干涉。这些习惯性的做法很难用西方民法所有权那套理论解释得通，学者们为合理解析“一田两主”而不得不发展出诸如“双层（重）土地所有权”、“分割土地所有权”之类的新名词，学者戴炎辉、杨国桢、黄宗智等人都在各自著作中提出了上述概念。(2)田底主有向田面主收租的权利，欠租不成为解约的原因。实际上，除非田面权人放弃或转让权利，田面权可以永远存在，田面权实际上已成为一种与田底权对应的独立产权。有学者在这里引入了“权利束”的观念，“一个人可以拥有一块土地上的所有权利，当然这一束权利中的不同权利亦可由不同的人拥有，罗马法上的‘用益物权’，英美法上的财产信托，即属此类”[①]，这里所谓的“一束权利”是以所有权为中心的，由此派生出来的一大束的他物权，而在一田两主中存在两束这样的权利（即田面权和田底权），并能各自派生出他项物权，互不干扰。

一田两主与永佃处于永佃制发展的不同阶段，具有密切的关联性，成为学界关注的热点。杨国桢认为一田两主中的田面权主要是由永佃权转变而来，并指出“土地能否由佃户自由转让是区分一田两主和永佃权的根本标志”[②]，梁治平认为“永佃与一田两主系历史上相关然而形态各异的两种制度”[③]，赵冈则认为“一田两主是永佃制发展的最终形态”，他们二人在对“永佃”或“永佃制”的概念下定义时，已经有了自己最初的判断，梁治平所谓的“永佃”是相对狭义的一个概念，限定在债权的范围内：“永佃如同世耕、永耕，乃清代民间契约用语，它们直接反映

---

① 赵晓力：“中国近代农村土地交易中的契约、习惯与国家法”，《北大法律评论》第1卷第2辑，法律出版社1999年，第476页。

② 杨国桢：《明清土地契约文书研究》，人民出版社1988年，第102页。

③ 梁治平：《清代习惯法：社会与国家》，中国政法大学出版社1996年，第81页。

某种租佃关系”[①]，而赵冈的永佃制是一个广泛的概念，包括了永佃制的初始、过渡和最终形态三个发展阶段，梁治平所谓的狭义“永佃”正是赵冈所谓的永佃制的初始形态。笔者认同赵冈对永佃制所作的包容性概念和阶段性划分，认为“一田两主”是永佃制发展的成熟形态，更具有弹性，更能适应租佃关系的变化。

2. 一田两主的产生和发展

(1)起源和分布

由初始永佃发展到一田两主经历了一个漫长渐进的过程，但对一田两主起源于何时，具体又是如何发展演进等问题，仍缺乏足够的史料，存在一些争论。而田皮权产生的地域性特征，学者们一直是疑惑而颇感兴趣的：“为什么在中国，尤其是在东南诸省和台湾一带，土地的权利会被如此细分，仍然是不清楚的。……但是，就现有文献看来，在宏观的人口增长条件下，有期限的定额租佃如何转化为永佃，永佃又如何转化为‘一田两主’和‘一田三主’，仍然缺乏最初步的研究”。[②]在赵晓力看来，人口压力的增大，人口密度的增长，使得土地生产要素越来越稀缺，从而产生了一田两主这种分化出更多权利束来充分利用劳动力，减少土地要素稀缺性的制度安排。梁治平认为，明清永佃制度的非封建性正是永佃关系向一田两主转化的不可或缺的社会学前提，与欧洲封建制下的永佃相比较，这一点尤其突出，因为一田两主制下的业佃关系并没有破坏原有的地主占有制，反而使其结构更具弹性和包容性[③]，西方永佃权没能滋生出一田两主，而明清的永佃制却催生出了它，对中国的封建土地制度不但没有破坏，反而使其更具有生命力。

---

① 梁治平：《清代习惯法：社会与国家》，中国政法大学出版社 1996 年，第 88 页。

② 参见赵晓力：“中国近代农村土地交易中的契约、习惯与国家法”，《北大法律评论》第 1 卷第 2 辑，法律出版社 1999 年，第 487 页。

③ 梁治平：《清代习惯法：社会与国家》，中国政法大学出版社 1996 年，第 84 页。

赵冈认为,永佃权的自由转让是长期发展的结果,何时何地发生?法律上有何具体规定?在现有文献和租佃契约中还找不到清楚的线索,从租佃契约的实例中,这种演变应该是经过两个步骤:首先是永佃权人取得业主同意再决定转让给新佃户,其次是由于请求转让永佃权的佃户人数越来越多,业主逐渐不再严加限制,多数都能获得业主首肯,久而久之,永佃户即可自行转让,成为独立的产权。① 按照戴炎辉的说法,一田两主的产生最早可追溯到元代,"依崇明县志,元代的至元、建治年间,该县的一田两主,已成定例"②,而日本学者草野靖就用一个"释冤结姻"的故事,有力地说明"田面权"这种习惯始于宋代流传于元明。③ 而据仁井田陞的研究④,一田两主在地域上通行于江南地区,时间上可追溯到明代甚至元代,若南宋人刘后村文集中有关江西浔阳地区买卖田骨的记录也算作是一田两主的话,其产生的时间又可提前到宋朝⑤,另据日本学者高桥芳郎的研究,"这种惯例最迟在16世纪就已经形成,还可能更早"⑥。"南宋已典就卖惯例中表现出来的地权分立、并存现象应该被赋予这样一个地位:它不但是为一田两主制作准备,并支撑其成立的思想基础,同时还是其形成原因之一"。⑦ 明清时期,据地方省例、地方志和文人笔记的内容,一田两主开始有详尽的记

---

① 赵冈:《永佃制研究》,中国农业出版社2005年,第21页。

② 戴炎辉:《中国法制史》,三民书局1979年第三版,第301页。

③ 参见黄宗智:《法典、习俗与司法实践:清代与民国的比较》,上海书店出版社2003年,第93页。

④ 仁井田陞是研究中国法制史,尤其是一田两主制度卓有成效的日本学者,其研究的丰富史料主要是明清时期的一手资料,包括《福建省例》、《崇明县志》、顾炎武的《天下郡国利病书》、《江苏山阳收租全案》、《西江政要》等。

⑤ 参见仁井田陞:"明清时代的一田两主习惯及其成立",刘俊文译:《日本学者研究中国史论著选译》(第八卷,法律制度),中华书局1992年,第411页。

⑥ 高桥芳郎:"宋代官田的'立价交佃'和'一田两主制'",《日本中青年学者论中国史》(宋元明清卷),上海古籍出版社1995年,第61页。

⑦ 同上书,第70页。

录，主要盛行于浙江、江苏、江西、安徽、福建及台湾等地，尤以福建、江苏、江西最多，其具体的分布情况及名称可以参考表4的内容。

表4 一田两主[①]

省府厅县	上地	底地
江苏·崇明	全承价	轻田、田底
海门	田面、批价	田底
苏州	田面、灰肥	田底
通州	顶首告工	
江宁	肥土	
江都	粪系脚	
甘泉	粪系脚	
泰州	粪系脚	
宝应	粪系脚	
如皋	田面	
泰兴	田面	
江西·诸府县	田皮、小业、小买、小顶、小根等	
宁都	田皮(皮主)	(骨主)
福建·汀州	田皮、皮田(皮主)	田骨(骨主)
福州	田根	田皮、田面
福宁	田根	田皮、田面
南平	(赔主)	(苗主)
台湾	地皮(小租主)	地骨(大租主)

总之，一田两主的产生是佃户与田主长期斗争的结果，它打破了主佃关系原来的平衡，使新的主佃关系不得不在一田两主的基础上重新

① 仁井田陞："明清时代的一田两主习惯及其成立"，载刘俊文译：《日本学者研究中国史论著选译》(第八卷，法律制度)，中华书局1992年，第444—446页。

调整适应,“在这种近似的情况下,田主想要漠视佃户的权利,事实上是不可能的。一田两主现象或许就是由此产生的。像顶耕银的出现,一田两主的形成,以及土地的出典,所有这类制度也可能产生‘出人意料’的后果,它使田主可能从此失去了收田自耕的权利,这种‘反客为主’的现象,增加了租佃制度的复杂性,也给官府的法律制度及其实施造成了许多的困扰”。[①] 一田两主的出现使享有田皮权的佃户成为二地主,可以自由转让或转租田皮权,田骨主(原田主)的权利则缩小到只剩下收租权,田主不再与土地发生直接的联系,尤其是彻底丧失了对土地使用的控制权(因这项权利已转移到田皮主手中),丧失了土地的出租权,其地位有所下降,不再成为佃户所竞争的对象。佃户的地位和实力提高了,而地主的权利则受到分割和限制,地主逐渐被边缘化为“不在地主”或“城居地主”,佃户却在向“二地主”转化,从这个意义上讲,主佃双方的身份其实是互相流动、互为转化的,没有绝对不变的地主和佃户,二地主(富佃)也可能比一般的地主更为富足或购买田地成为新的地主。

(2)转化和发展

永佃和一田两主之间的关联明显但二者之间的界限却并非清晰,二者之间是“一个没有明确界限的连续统一体。永佃可以演化为双层土地所有权,也可以与双层土地所有权混合或共存。两者间的界限常常模糊不清”。[②] 由永佃到一田两主的转化,在时间上大致经历了宋元的萌芽、明清的鼎盛、民国的打压受限这么一个发展历程。至于永佃向一田两主转化的具体途径和过程,同样缺乏令人信服的史料,学者们也各有自己的判断。杨国桢认为这种转化经历了复杂的过程,转化之间

① 高王凌:《租佃关系新论——地主、农民和地租》,上海书店出版社 2005 年,第 114 页。

② 黄宗智:《法典、习俗与司法实践:清代与民国的比较》,上海书店出版社 2003 年,第 96 页。

存在着各种中间形态，而且各地实现转化的时间也有先有后，他很好地总结了永佃权向一田两主转化的一般规律："从'私相授受'佃耕的土地开始，经过田主承认'佃户'的田面权但不准自由转让的初级形态，到'佃户'获得转田面权的完全自由，并形成'乡规'、'俗例'，得到社会的公认"。[①] 在黄宗智看来，永佃(权)、田面权的产生有这三种不同的类型[②]：第一，与土地开垦相关的。因佃户投资耕种荒地，相沿日久，因而取得永佃权或田面权，也是最主要的一种方式。第二，交付押租金方式。地租押金有永佃押金作用。第三，双层土地所有权方式。土地所有者因经济困难出售田底而保留田面自用，田面权和田底权可以各自流转，互不干涉。赵冈根据永佃制产生方式的不同，分析归纳了一田两主转化方式的具体演进：[③]

①押租方式的演进。押租俗称"进庄礼"，最初是佃户对田主的一种见面礼，数量不多，种类不限，后来逐渐与租佃开始发生联系，成为租佃前预交的押金而且数额愈加愈多，成为租金的保证，其中一部分押租逐渐向永佃转变，发展到后来，押租金越来越高，佃户讨价还价的能力也相应提高，佃权的保障程度也随之提高，租佃契约中开始出现"只许客辞主，不许主辞客"和"卖田不卖佃"的条款，佃户有单方的解约权，只要佃户不欠租，就可以永远耕种，这样"押租契约"开始转化为"永佃契约"，普通的租佃权向(永)佃权转化，形成初始的永佃。初始永佃户对土地有永远耕种权，但没有自由转让权，必须事先征得田主的同意，之后随着佃权转让情形的增多，佃户慢慢地不再征求田主的许可就能自由转让，而田主对此也往往给予默认，久而久之，佃权成为可以自由转

---

① 杨国桢：《明清土地契约文书研究》，人民出版社 1988 年，第 113 页。

② 黄宗智：《法典、习俗与司法实践：清代与民国的比较》，上海书店出版社 2003 年，第 93—95 页。

③ 参见赵冈：《永佃制研究》，中国农业出版社 2005 年，第 16—24 页。

让、遗赠的独立产权,俗称田皮,进入土地市场,田皮的价格在市场上被称为“顶手银”或“顶手钱”。

②开荒加工的方式。此类方式形成的永佃制,主要分布在东北、西北边境的察哈尔、甘肃、黑龙江,东南沿海的福建、台湾等地,以及内地战乱后垦荒、兴修水利的地区,如江苏、浙江、江西等省份。此外,还有因长期耕作,提高地力而形成的“粪土银”(即“久佃成业”),还有因强行占有耕作权,不肯退田而形成的“霸佃”等类别。同样地,因此种方式获得的佃权最初都不能自由转让,大致经历了两个基本的步骤后才转化为一田两主,即“经业主同意才能转让佃权的阶段”,以及“自行转让佃权的阶段”,逐渐由长期的耕作权演化成田面权。

③典卖田地或价购永佃权。农民在经济紧张时会考虑典卖田地,但不是一次性地卖断土地所有权,而是抱着回赎的期望,“贱卖图耕”、“价购永佃权”即为此种方式。农民借贷金钱而以田产作抵押,或是出典土地但保留土地的耕作权,而典价与土地买价之间的差额可以理解为佃户为取得永佃权而付出的代价。清代的佃户就公开声称“原图长佃,所以贱价出卖田地”。[①]

(3)一田三主的出现

在一田两主关系中存在田骨权和田皮权两个独立的产权,田骨主是原始业主、收取大租,田皮主是二地主、收取小租,而大租和小租的实际负担者都是田地的耕作者——佃户,而当田面主将田面权再次转租并久佃成业时,在同一块土地上可能会存在三个业主或三束权利,或者说存在三个合法且相对独立的土地权利,形成一田三主的形态。因此,一田三主是在一田两主的基础上发展而来,指的是大租主(田骨主)、小租主(田皮主)和佃户三者的关系。正如安徽绩溪县田土习惯所展现的

---

① 周远廉、谢肇华:《清代租佃制研究》,辽宁人民出版社1986年,第297页。

那样，绩溪的田地可以分为三种名目：一曰起佃，大买小买草粪各权利合并为一，最为上格；次曰大买，只有所有权而无佃权；三曰小买或小顶，共权利以佃种为限，如自己不种，转佃于他人耕种，得与大买人分收谷租，并独收麦租。某些地方还有特殊的草粪权一项，“有草粪权者始有耕种权，每年只收四分租数，交纳大、小买之租谷，其性质与小买相似，而其收益权则超大、小买”[①]，这里的“草粪权者”就是“一田三主”之第三个主。

据仁井田陞的研究，一田三主的习惯在福建、台湾等地发生得最多，福建的漳州、宁洋、云霄、龙溪、平和、漳浦、海澄、南靖，以及浙江的上虞等地，都有类似的记载和反映[②]，而台湾在清朝时期就形成了发达的三级租佃制度，海外来的大户（垦首）在当地投资开发土地，实际耕种者是一般的佃户，由佃户向垦户缴租、佃户向政府缴税，再后来，原有佃户又将土地分佃给小佃户耕种，形成类似的一田三主，而实际耕种的佃户要缴纳双层地租。有关明清一田三主的分布区域请参见表 5。

表 5　一田三主[③]

省府厅县	地主	收租权人	永佃人
福建・漳州	小税主	大租主	佃户
龙溪		（大租）	
南靖	业主、粪主、（小租）、（粪土）	大租主（大租）	佃户
平和	田主、（小租）（粪土）	租主（大租）	

① 前南京国民政府司法行政部：《民事习惯调查报告录》上册，中国政法大学出版社 1998 年，第 237 页。

② 顾炎武在《天下郡国利病书》中就详细叙述了福建漳州府一田三主的具体内容，详情可参见仁井田陞：“明清时代的一田两主习惯及其成立”，载刘俊文译：《日本学者研究中国史论著选译》（第八卷，法律制度），中华书局 1992 年，第 440、456 页。

③ 仁井田陞：“明清时代的一田两主习惯及其成立”，载刘俊文译，《日本学者研究中国史论著选译》（第八卷，法律制度），中华书局 1992 年，第 446 页。

（续表）

漳浦	小税主、粪主	大租主	佃户
云霄	税主	租主	佃户

3."永佃"与"一田两主"的差异冲突

理论上的差异。一田两主虽然是由初始永佃转化而来，但两者之间的差别却是客观存在的。佃权可否自由转让、欠租是否构成夺佃的理由、是否形成泾渭分明的田皮权和田骨权等，都是区分二者的主要标志。杨国桢认为，"佃耕的土地能否由佃户自由转让，是区分'一田两主'和永佃权的根本标志"[①]，"田面权之出租与永佃权之让与仅有表面上的相似性，田皮权比永佃权包含更多的权利：一是独立的转让权，二是不得以欠租为由夺佃。将田皮权硬指为永佃权无疑削弱了田皮权人的利益"[②]。但同时也应该看到，两者间辗转演变的内在联系，正如黄宗智所总结的，"在无契约的事实上的永佃权与有契约的完全的田面所有权两者之间是一个没有明确边界的连续统一体"[③]，有时很难辨清永佃权与田面所有权之间的区别，这大概就是近现代学者经常将二者混淆的主要原因。而其根本原因在于习惯本身的不确定性和不稳定性，"风俗只是人们通过同样的行为准则而形成的事实上的秩序，其形成的主体和过程不太清楚，不存在建构集体秩序的共同合意，史料中的风俗存否的判断通常是官员对风俗的评论，风俗的规范性强弱也有所不同，与规范性强的家族准则相比，有关所有权关系的准则属于较弱的部分，因此一田两主那样的民间秩序就表现出一定的不稳定性。[④]

① 杨国桢:《明清土地契约文书研究》，人民出版社1988年，第102页。

② 赵晓力:"中国近代农村土地交易中的契约、习惯与国家法"，《北大法律评论》第1卷第2辑，法律出版社1999年，第491页。

③ 黄宗智:《法典、习俗与司法实践:清代与民国的比较》，上海书店出版社2003年，第97页。

④ 森田学满:《清代中国土地法研究》，牛杰译，法律出版社2012年，第144页。

明清时期的官方不会在意这些理论上的差异，他们更为关注的是田土赋税能否按期缴纳，是否因租佃纠纷发生欠缴钱粮之事。在一田两主关系中，田面权实际上分割了土地所有权，在田底主之外又造出一个田皮主，实质是对地主土地所有制强有力的威胁，“上地所有人几乎完全从底地所有人的牵制中解放出来，这往往导致底地所有人收租权能的有名无实，作为赋役负担者的底地所有人，其地租不能充分实现，结果当然就是赋役也不能圆满履行。在这种情况下，政府就要对一田两主习惯加以干涉。由于同样的理由，政府对一田三主的习惯也要加以干涉”。[①] 由于田面主没有纳税的义务，田面交易可以通过非官方的白契进行，无需到衙门注册为正式的红契，因而容易逃脱交税的义务，田面权的交易在民间比较流行。此外，由于田皮和田底交易市场的存在，出现了大量的“不在地主”，田皮的多次转手，使田主对实际耕种的佃户一无所知，田主与佃户之间也无直接联系，难免有时会发生钱粮无着和租额无着的情况，直接影响到地主的纳粮义务，间接影响到政府的税收，甚至还会有佃户持“皮田”、“田面”抗租的。基于以上的种种理由，明清官方对田面权的态度是否定的，视之为恶习，反复申明禁革之。

实践中的冲突。明清时期的田面权纠纷大多由于税收问题才会闹到县令官府，否则乡民多私自解决，依据的也多是乡规俗例，只要不影响钱粮缴纳，官府也听之任之。明清官方针对田面权可能引发的税收逃漏，也曾采取过多项措施来加以规范。一种措施是明令禁止私退，雍正年间，江西各级官府曾多次勒石“晓谕”，禁止佃户私退，凡遇易主换

---

① 仁井田陞：“明清时代的一田两主习惯及其成立”，刘俊文译：《日本学者研究中国史论著选译》（第八卷，法律制度），中华书局 1992 年，第 419 页。

佃之时,由田主发给批字交佃人为证,佃人义立赁字交田主为据。[1] 在福建,据《福建省例》、《钱谷挈要》记载:雍正八年(1730 年)、乾隆二十七年(1762 年)、三十年(1765 年)、四十九年(1784 年)、嘉庆六十年(1855 年)福建布政司及督、抚两院,曾五次“通饬各属”,“严禁田皮田根之锢弊”。“如仍有以田皮田根等名色,私相售顶承买,及控争到官者,即按法重究,追价入官,田归业主,另行招佃”。[2] 在江西宁都县,“禀请官厅禁止佃户私退,凡遇易主换佃之时,则由田主发给批字,交佃人为证,佃人亦立赁字,交田主为据”。[3] 另一种措施就是设立专门的代理收租机构,如江苏吴江县所设立的租栈或收租局,用来专门代理田底权人收租,租栈大多由有地位的绅士来经营,收取租额的 4%作为报酬,有利于缓解田主和佃户间的紧张关系,经营效率也还不错,当然不可避免会有暴力催租事件的发生。[4] 尽管官方采取诸多措施,但收效甚微。司法实践中,司法官并不完全以大清律例或省例来断案,相反他们更多依靠的是乡规习俗,大概处理“田面权”这类乡土纠纷,只有用土法习惯才具有真正的说服力!

明清官方对田面权所采取的第一轮强制措施归于无效,田面的地方习惯仍具有长足的生命力。民间习惯的惯性效力是深层次的,非短期可消除的,只能在默认习俗的前提下适当地引导,使官方税收有所保障,使主佃各方利益都有所得,这样的田面权运作才算是成功的。遗憾

---

① 前南京国民政府司法行政部:《民事习惯调查报告录》上册,中国政法大学出版社 1998 年,第 243 页。

② 《福建省例》卷十五,“田宅例”,“禁革田皮田根不许私相买卖佃户若不欠租不许田主额外加增”条,转引自杨国桢:《明清土地契约文书研究》,第 115 页。

③ 法政学社:《中国民商事习惯大全》,广益书局 1924 年,四:32。

④ 详情可参阅潘光旦、全蔚天:“谁说江南无封建”,载孙毓堂等:《我们参观土地改革以后》,五十年代出版社 1951 年。孙毓堂:“江南的永佃权与封建剥削”,载孙毓堂等:《我们参观土地改革以后》,五十年代出版社 1951 年。

的是，明清朝廷和民国政府似乎都没有很成功地对田面权习惯加以规范，达到官方所预期的效果，以致出现田面权屡禁不止并且愈演愈烈的现象。

4. 一田两主的影响和评价

一田两主和一田三主作为永佃制发展的后期形态，是西法语境永佃权（他物权性质）发展历程所没有的，一田两主在含义名称和内容运作，甚至制度的功能上，与西方永佃权有异曲同工之处。但两者之间的差别也是明显的，固有法和外来法、习惯法与制定法、国家法与社会法、大传统与小传统等范畴的对立非常明显。在一田二主中，当事人间的关系有时也会变得更加复杂，“田面耕种者同时既是所有人又是佃户。他享有全部的田面所有权，可以自由出售、抵押或出租那些权利。同时，他又是佃户，有向田底主交租的义务，以及遭受天灾时减租的权利”。[①]一田两主中的田底主的收租权并不具有强制力，因为田面权是独立的产权，田底主不能以任何方式损害它，只能追索租金，不能直接撤佃，“欠租并不是撤佃的法定条件”，民国大理院判例和民国民法都有类似规定，但追租诉讼却是个漫长的法律过程，效果很一般。

理论上看之，田面权的双重或分割所有权，完全不符合物权的绝对独占原则，放在西方民法物权体系中绝对是个异种，不容调和，因而也不被后来的民国政府所接受。在日本学者森田学满看来，“限制所有权的物权结构，在所有权具有所谓的弹性时容易形成，在所有权不具有弹性的清代，却产生了连政府也理不清的一田两主问题。于是，对因制度内在原因而产生的必然性进展不愿承认的政府，就手足无措”[②]，这也回应了明清时期官方对转佃和一田两主的矛盾态度，台面上是明确否

① 黄宗智：《法典、习俗与司法实践：清代与民国的比较》，上海书店出版社 2003 年，第 97 页。

② 森田学满：《清代中国土地法研究》，牛杰译，法律出版社 2012 年，第 24 页。

定的,但实践中却是睁眼闭眼地听之任之。田面权虽然得不到官方的认可,但在民间却有着广阔的市场基础,正如黄宗智所总结的:“一田两主的概念特别适合长时间演化来的复杂的民间惯习。尽管它承认有机整体的物质不可分性,但它通过具体的形象来传达两主共存,每个主人都有不同的权利,这些权利可永远持有,易于并能分开地转手、继承。这就是为什么田面权比英文的用益权更符合实际,在用益权中权利通常在人死时终止”。[①]

四、永佃制的传统文化内涵

作为产生于传统社会乡土民间的永佃制习惯,必然与传统思想文化息息相关。小农经济是永佃制产生发展的土壤基础,促进了租佃制的普及,加深了农民对土地的深厚感情。宗法伦理观念是永佃制赖以产生发展的思想基础,使其产生方式和分布区域呈现多样化,并衍生出了一田两主。产权观念(私权观念)是永佃制产生发展的理论基础,伴随着永佃制的产生发展,土地产权也由模糊到逐渐清晰再到田面权的产权明晰化。永佃制产生发展的不同阶段,不仅是我国土地制度发展演变的一个侧面,也是我国小农经济,特有宗法伦理观念和传统产权观念的反映。

1. 永佃制与小农经济

中国自古就是小农经济和农耕文明的社会,家族式的土地占有和一家一户的农耕模式,增加了农民安居乐业的安全感,土地也满足了人们对生活的种种期望。费孝通对此有精辟的评述:“土地的占有通常被看作是习惯上和法律上承认的土地所有权。……‘土地的占有不仅是

① 黄宗智:《法典、习俗与司法实践:清代与民国的比较》,上海书店出版社 2003 年,第 99 页。

一种法律体系，也是一个经济事实’。我们能够立刻提出这样一条原则，任何人仅从法律的观点来研究土地占有的企图，必然导致不能令人满意的结果。如果对于当地人的经济生活不具有完备的知识，就不能对土地的占有进行定义和描述。‘对游戏本身一无所知，就不能理解游戏的规则’，这句格言说明了这种方法的本质。你必须首先知道人类怎样使用他的土地；怎样使得民间传说、信仰和神秘的价值围绕着土地问题起伏变化；怎样为土地而斗争，并保卫它；懂得了这一切之后，你才能领悟那规定人与土地关系的法律权利和习惯权利体系”。[①] 由此，不难理解人们对土地拥有的复杂情感，这里包括土地法律上的拥有者和实际上的占有者，这里不仅有生存的基本需要，还有紧紧依附于其中的、不可或缺的传统观念。

小农经济的特性决定了农民对土地的重视和依赖，民以食为天，靠天吃饭其实就是靠地吃饭，决定了农民即使拥有的只是“永耕”、“世耕”、“长耕”这类耕作权，都会珍惜地视之为“已业”，视自己是有产的业主，无论在物质上还是精神上都获得了满足感和成就感。有地者自耕，无地或少地的只得去佃耕他人的土地，永佃制的出现对于急需土地的佃户来说无疑是件有利的事情，地主们也乐于坐收地租，做“不在地主”。为保持和稳定这种关系，永佃契约和地方习惯中都有相关的保护性俗例，“不许增租夺佃”，“换东不换佃”，“不限年月，永远耕作”等，而当永佃发展到可以留给子孙“世代承耕”时，它已然成为农户心中的一种产业，是全家的生计之本。由最初的租佃发展到永佃，再到一田两主制下的田皮权，永佃制下的佃户已经拥有了独立的产权，而最为关键的是拥有了在相当程度上不受土地所有人干扰的独立的土地耕种权和土

① 费孝通:《江村经济:中国农民的生活》，江苏人民出版社 1986 年，第 124 页。

地收益权。

2. 永佃制与宗法伦理观念

土地作为一种生产要素,既有经济价值也有特殊的非经济价值,土地价值属性的多元化必然导致土地交易流转的复杂化,尤其在中国传统社会中表现得尤为明显。农民急需用钱时,既可采取向高利贷借钱,到期还本付息的方式;也可以将田底所有权转移给放债者,自己保留田面权,定期交纳租金的方式。这两种救急方式的性质完全不同,前者是土地借贷关系,后者是土地买卖关系,前者利息要远远高于后者的租金,所以典卖土地、"贱卖留耕"而不是一次性卖断,往往是更好的选择,土地虽已出典或田底虽已卖出,但农民仍然保留着对土地的耕作权。"把从父亲那里继承来的土地卖掉,就要触犯道德观念。'好儿子不做这种事。这样做就是不孝'。这种评论总结了这一传统观念"。[①]

即使农民因生活所迫,不得不出卖土地,也要在出卖的形式上拐弯抹角,遮遮掩掩,这完全是根深蒂固的宗法观念作祟的结果,也因此导致了颇有特色的土地交易习惯,如典卖、贱卖图耕、找贴等。典卖土地但保留赎回权,出卖田底但保留田皮,出卖田皮保留田底,还有亲邻之间的先买权、上手业主的先买权等皆出于此,既可解决资金紧张之急,又没有放弃祖传产业。"贱卖留耕"、"价购田皮权"都是变相买卖土地的方式,却以永佃的形式保留了一点面子。至于一田两主制下的田面权,更可以自由转让或出租,完全具备土地所有权的基本特性,"田皮主"、"二地主"虽兼有佃户的身份,但其地位和实力已大大超过从前,其从土地中获取的收益甚至超过了原地主的所得,田皮主和田骨主都是典型的业主。

---

① 费孝通:《江村经济:中国农民的生活》,江苏人民出版社 1986 年,第 129—130 页。

3. 永佃制与传统“产权观念”（私权观念）

产权本是现代经济学上的术语，是经济所有制关系的法律表现形式，包括财产的所有权、占有权、支配权、使用权、收益权和处分权。即使传统社会缺乏健全的私人产权制度，但普通民众的产权观念是根深蒂固的，“井田制”的废除和“初税亩”的建立，意味着土地国有的松动和私人土地所有制的确立，这种私有产权观念是在两千多年的历史中积淀形成的，中国古代的土地产权制度也逐渐由模糊走向清晰化。“先秦时期的分封制使得土地产权不明晰，土地制度经过贡、助、彻的变化后，井田制中的公田与私田划分也是模糊不清的，商鞅变法后，开始了土地私有制，土地业主进行产权登记，产权逐渐明晰化。其后，又经过几次土地制度变革，产权又回复到模糊状态，而产权界定不清的时候，也是兼并最激烈、贪污之风最盛的时候”。[①] 从租佃制→永佃→一田两主→一田三主的演变历程，逐步加剧土地所有权和使用权的分离程度，实现田面的产权功能，也正是因为租佃制所具有的弹性功能和永佃制独有的调节作用，才能很好地缓解土地问题，稳定主佃关系。

中国传统社会虽没有使用“产权”这个现代词，但相似的、对应的“业”、“典”、“老佃”、“铺地”等也是客观存在的，“固有法上之‘业’，系具体的以土地使用收益为其内容的权利，一地得有两主，这就是所谓的‘分割所有权’”[②]，即便是只拥有田面也享有独立的收租、转租和转让权，这就是乡土社会所创造的新的产权制度。但这种“业”或“双重所有权”所体现出来的产权是模糊而不清晰的，它们通常表现为习惯或乡俗，而这些有关所有权的习惯往往规范性较弱，习惯的内容不确定或不稳定，极易改变或不被认可，“产权立法一般都跟不上习惯的脚步，两者

---

① 赵冈：《永佃制研究》，中国农业出版社 2005 年，第 29 页。

② 戴炎辉：《中国法制史》，三民书局 1966 年，第 301 页。

之间也存在模糊空间,此时的司法官往往向习惯乡俗妥协。在永佃制盛行的地区,这种模糊空间同样存在,田皮田骨的纠纷也经常发生。随着田地的产权逐步由实体走向抽象化,这类纠纷的发生往往缺乏法源根据,主管官署并没有作为判决的明确法律依据,大多是依照各地的乡例惯行,田皮的买卖转让只是半合法化,这种情况一直到清朝《户部则例》中才有所改变”。[①] 当然,理想的模式应该是将土地产权的观念落实,加以规范化,最终上升为习惯法和国家法。

---

① 赵冈:《永佃制研究》,中国农业出版社2005年,第31—33页。

第二章　民国永佃权:习俗与法典交织

清末民初[①]的永佃制其实已日臻完善定型,在土地日益集中于少数地主军阀的情形下,永佃制依然在如常地运行着,仍然能做到地尽其利、物尽其用,因而官方对此民间习俗大体上是乐见其成的,虽然对某些陋习(如转佃)持限制否定态度。民国时期,私权理念大行其道,物权和私权理念的深化,民法典的立法和司法实践,必然使本土的永佃制发生变化,而近代法意义上的永佃权也自觉或不自觉改造着永佃制,作为习惯的永佃制和外来法的永佃权,在此特定背景下的交锋冲突不可避免。永佃制的生存空间似乎越来越小,改头换面或是直接对接西方民法中精确的对应物永佃权,于是被改造、被替代是大势所趋,关键是如何改造和替代?受冲击的永佃制有何变化,外来的永佃权如何改造永佃制习俗,立法者和司法者都有哪些可为和不可为?习俗是继续顽强地生存着还是不得不变通,习俗到了民国后期的情况又怎样了?中国台湾地区的永佃权在民法典的规范下,在新的经济形势下又呈现怎样的风貌?等等问题将在下文论及。

应该说,在清末民初背景下的改造势必是简单方便和拿来主义的。立法方面,这种冲突改造最终体现在三部民律中,即《大清民律草案》、《民国民律草案》和《民国民法》,最大的变化就是永佃制习惯入律,成为民法"物权"编之"永佃权"章,这是立法上的习俗与法典的转化;在司法

---

① 本书的清末民初主要指 1901 年清末新政至 1920 年北京政府前期的这段时间。

方面，民初永佃权立法的缺失和永佃制习惯的惯性使然，法官断案不能轻易地作出判决，既要考虑相关条文的理解，还要考虑到当地的佃权习惯，由此作出的判决还得兼顾是否合情合理，这些具体裁判中的细致考量最终体现于大理院判解和司法院的判解中，这些判解既有对私权物权的肯定，也有对传统习惯的认可或否定，说明法官是兼顾了司法上情理法的平衡。

第一节　民国土地问题与土地政策

一、民国时期的土地问题

（一）清末民初的社会背景

土地占有和土地利用这些历史上的土地问题，一直周而复始地循环，没有得到很好的解决。清末民国时期，特定的社会大背景又让这个时期的土地问题和土地政策具有鲜明的时代性，也为永佃制在民国时期的继续发展以及永佃权在民国的引入提供相应的土壤。随着近代社会背景的大转变，土地问题在民国有了新的特点和表现，“明显地具有不同于古代中国土地问题的一些特点。它与近代政治、经济、民族、社会等问题交织在一起，日益复杂化、尖锐化”①。这种情况为不同阶层的代表人物和不同的政治派别提供了展现抱负的机会，清末民国时期先后出现过太平天国的“天朝田亩制”、孙中山的“平均地权和耕者有其田”理论、南京国民政府的土地立法，以及相应的司法实践活动，极大地丰富了民国时期土地问题的理论和实践，表明数千年来人们为解决土地问题的努力一直没有放弃。

① 金德群：《中国国民党土地政策研究》，海洋出版社 1991 年，第 66 页。

1.社会大背景的转变

清末民初，外国势力入侵，闭关锁国的平静祥和被打破，战争的频繁，政治上的动乱，经济上的窘迫，使得传统社会发生了巨大的变化。北京政府和南京政府时期的社会动荡和激烈尖锐的社会矛盾，使很多好的措施无法得到实施，相应地也影响到土地问题的表现：(1)政治方面。封建制的清王朝虽然崩溃解体，虽然建立了“民主共和国”，但也只是徒具虚名。宪政思想虽然引入，但真正的宪政国家并未建立。(2)经济方面。虽然民初的社会发生了巨变，但这种变化对农村的影响是渐进和曲折的，旧的一套体系还在运转，传统的小农经济并未解体，在广大的农村还是根深蒂固；地主制经济还有着强大的势力，地主土地私有制和租佃制依旧发达，并出现新兴的买办官僚地主，再加上外国资本的入侵，经济环境在整体上更趋恶化，农民大量破产，农村经济开始衰退。(3)思想文化方面。西学东渐，东西方法文化的冲突不可避免，西学对传统思想文化造成强烈的冲击，如何对待两种不同的法文化和制度，关键在于执政者的思想和作为。整体上，民初的外来文化始终占据上风，本土的东西相对被忽视，表现在法律方面，中华法系解体，引入西方宪政和法律制度，强调国家制定法的重要地位，习俗惯例被限制和打压，整个民国时期外来法与固有法、国家法和习惯法的交融冲突也不可避免。

2.土地方面小背景的转变

清末以来，人口急剧增加，人地关系更为紧张，土地私有制进一步深化，外国势力和军阀官僚对土地的掠夺和兼并，加剧了地权分配的不均，土地集中的趋势不再是集中于大地主，而是集中于众多中小地主，传统的租佃制度继续保有，并且更为发达，地租由实物租向金钱租转化，租期也由长期变短期，租额也比以前增加了，撤佃增租的佃业纠纷经常发生，主佃关系更为紧张，这些因素和背景的变化对民国土地问题的产生和发展有着密切的影响。

与土地制度和土地问题直接相关的一些因素发生变化,这其中既有对解决土地问题有利的因素,也有许多不利的因素,尤其是对永佃制发展不利的因素,如近代民法典的出台和民法基本原则的确立等。这些不利因素使得永佃制生存和发展的环境发生变化,促使其改变或被改变以适应环境。这些因素具体包括:(1)所有权独占唯一的理念。近代民法之"所有权神圣、不可侵犯和唯一"的理念,势必对传统的一田两主制造成冲击,永佃制生存环境发生变化,它必须求变,自己改变不太可能,剩下的就是否定田面权,被改造成充分体现近代民法理念的永佃权制度。(2)产权交易要求权利明晰和迅速快捷。土地不再是唯一的生存和投资方式,部分资金开始转向工商业,工商业对土地的需求增加,尤其是上海、天津等大城市和开放口岸附近,地价上涨,地租增加,客观上要求土地交易的产权单一和快速便捷,这样农村土地加速流转或直接变为工商用地,永佃制赖以生存的土地数量在减少,其受重视程度也在减弱。(3)中国近代民法典的出台和永佃权的引入。官方以西方物权制度和民法典为蓝本,引入传统永佃制的对应物——西方永佃权,使得永佃制不可避免地陷入被动改造的境地,固有法和外来法开始真正地交锋和冲突。

(二)清末民国以来的土地问题

1. 土地供给不足

中国国土面积虽然广阔,但人多地少的局面一直存在,清末民初的社会动荡和天灾人祸,使农民离村弃业,荒地增加。以 1893 年、1913 年、1933 年三个年份的"耕地面积与人口"表为例[①],从清末到民初,中

---

① 中国台湾"教育部"主编:《中华民国建国史》第二篇民初时期(三),国立编译馆 1985 年,第 1385 页。

国的耕地面积和人口呈现增加的趋势，1913 年的耕地面积较 20 年前(1893 年)增加了 9%，而人口则增加了 11%，由 1913 年到 1933 年，耕地面积又增加了 8%，人口则增加了 17%，这期间，耕地面积每年平均增加 4‰，人口每年平均则增加 8‰，可见，民国初年耕地面积增加不如人口增加之快，人口对土地的压力，在民国初年已愈来愈严重。再加上中国已耕地对全国土地面积的百分比(即垦殖指数)非常低，所以耕地不足或人地比率失调的问题比较严重，当时有学者痛切指出这种严重的状况：整个耕地不足以满足农民对土地的需求，即使把所有的耕地平均分配，每人所得亦非常有限[①]，而这种状况，对以农业为主的中国农村经济来说是何等的严重和急迫。民初土地供给不足的状况是当时现实的一种反映，但并没有严重到影响农民生存和农业生产发展的程度，事实上，在土地供给不足问题之外，更为严重的是土地分配不均的问题。

2. 地权分配不均

近代商品经济的发展和社会变迁的影响，使土地占有关系发生显著变化，土地私有化占据主导地位，各种传统意义上的公共田地逐渐减少。如屯田，因继承、转租、典当等原因，逐渐落入私人手里；学田在不少地方秘密或公开出卖，或旗田弃田不耕的；庙田被僧人秘密典当、出卖或被地方当局拍卖；族田也为少数人独占，外国的天主教堂也乘机大量占有民田和官田等。[②] 据统计，在 1887 年，各种官田和屯田占全国耕地面积的 18.8%，1929—1933 年间，已减至 3.3%。[③] 以黑龙江省为例，自 1905—1929 的 24 年之间，黑龙江的 95%的土地，皆归私人所

① 吴文晖：《中国土地问题及对策》，上海商务印书馆 1947 年，第 260 页。

② 陈翰笙：《现代中国的土地问题》，中国人民大学农业经济系编：《中国近代农业经济史参考资料(一)》，中国人民大学出版社 1962 年，第 11—12 页。

③ 严中平：《中国近代经济史统计资料选辑》，北京科学出版社 1955 年版，第 275 页。

有,大部转入大地主之手。[1] 此外,军阀官僚也疯狂地掠夺占有大量土地,使土地集中现象更为严重,许多自耕农失去土地,沦为佃农、雇农。关于当时全国土地分配的情况,有多种调查来源[2],虽然具体数字上有差异,但大致反映了相同的结论:占农村人口少数的地主,占据大部分土地,而占农村人口大部分的贫农、雇农却只占极少部分土地。

3. 租佃制度不良

民国初期,旧有的租佃关系延续下来并愈演愈烈。第一是租额过重、地租太高。“农民佃耕所得到的粮食,据最近我们去乡下的调查,6/10归地主……农民在一年之中,辛辛苦苦所收获的粮食,结果还是要多数归到地主,所以许多农民便不高兴去耕种,许多田地便荒芜,不能生产了”[3],正如卜凯在《中国农场经济》一书中所说的:“如果将公平地租解释做依照主佃双方对于费用供给的比例而分取收获物,佃户所得的太少,地主所得的也太多”。[4] 第二是租期无定、租种期限很短。租期一般分为永佃、定期和不定期三种。不定期者最普遍也最不合理,占7/10强,地主往往于秋后任意加租撤佃,而不给任何土地改良的赔偿;永佃次之,占2/10,地主不能轻易撤佃,对农民似是有利的;定期者不及1/10,且定期的大都年限短,与不定期没什么差别。第三是租约条件比较苛刻,并以此作为加租撤佃的理由。如佃农于农闲时要为地主

---

① 陈翰笙:《现代中国的土地问题》,中国人民大学农业经济系编:《中国近代农业经济史参考资料(一)》,中国人民大学出版社1962年,第12页。

② 由于公有地的比例愈加减少,私有地占绝对优势,当时的土地的分配皆以私有地为依据,而对此的统计与估计也并不精确完整,如:1917年农商部统计、1927年6月武汉土地委员会统计、1927年布哈林之苏联报告、马札亚尔在1929年的估计、吴文晖30年代初之分析等,统计对象和标准都有差异,但结论大致相同。参见吴文晖:《中国土地问题及对策》,上海商务印书馆1947年,第260页。

③ 洪瑞坚:《浙江之二五减租》,正中书局1935年,第34页。

④ 田秋烈:《中国地租的形式和性质》,中国人民大学农业经济系编:《中国近代农业经济史参考资料(一)》,中国人民大学出版社1962年,第96页。

服役，年节时要对于地主馈赠，田土改良物的无价没收，副产品的任意勒索，缴租斗量的漫无标准，以及预租押租金额的奇重等，甚至更有高利贷的盘剥。

4. 土地利用的分散和贫乏

由于地权的集中以及土地使用权的不断分散，农村每户实际使用和经营的土地极少。据统计，我国平均每户经营面积为15.759亩，较之欧美以小农著称的丹麦（其为276.694亩），以及经营面积最小的荷兰（101.057亩），都相差甚远；不仅如此，本已太小之经营面积，又划分为若干丘，东西分散，不为整体一片，全国平均每丘面积，水田1亩2分余，旱地不足3亩。[①] 如四川涪陵县，平均每农场竟割裂为59块，70丘，这些地块和地丘，形状不一，散布于各方，最远田块与农舍的距离每每在一英里以上。[②] 而这种农田日益分散的趋势是农业生产的障碍，使合理化的管理和土壤改良无从实现，使得土地日益枯竭，棉花、烟草、大豆、小麦等农产品的平均生产量极低。

二、民国时期的地政思想：三民主义与平均地权的理论

民国以来的土地问题是任何政府和党派都不能回避的，土地供给的不足，地权分配的不均，租佃制度的不良，土地利用的分散和贫乏，再加上严峻的社会现实，土地问题成为影响社会稳定的大事。土地问题的解决与否、如何解决（即土地政策的提出和土地法的制定）直接关系到农民的切身利益，直接关系到国计民生和社会的稳定，正如意大利特来贡尼教授1934年在考察中国土地问题后所强调的："每当权利失去均等，土地转移到少数人手中的时候，社会与政治，必起绝大的变异，中

① 土地委员会编：《全国土地调查报告纲要》，第27—28页，1937年。

② 吴文晖：《中国土地问题及对策》，第261页，上海商务印书馆民国三十六年（1947）印行。

国历史显示多数朝代的覆亡,皆以此为主因……我终以为这种情形,必须尽力免除”。[1] 民国土地分配不均的状况使农村日益形成地主和农民这两个对立的营垒,“土地私有和租佃制度是民国农村社会体系最主要的基础”[2],土地问题的核心终究还是农民问题,解决土地问题的本质就在于如何对土地进行重新分配,是消灭封建的地主土地所有制、剥夺地主土地给农民?还是采取和平改良的方式、收买地主的土地,有偿地分给农民?对此问题的不同回答,形成不同的土地政策,反映不同政治派别的价值目标和理念。在那个非常时期,孕育出新的思想理论和新的政治派别,一些先进人物勇于创新,大胆提出自己的见解,其中尤以孙中山的“三民主义”最具代表性,三民主义之中的“民生主义”则是直接关注土地问题,提出平均地权的理论。

(一) 1911—1927 年的土地理论与实践

1. 南京临时政府时期的土地政策与实践:“平均地权、耕者有其田”

(1)从“地尽其利”到“平均地权”的转变。1894 年,孙中山曾上书李鸿章,要求兴农政,“地能尽其利者,在农政有官、农务有学、耕耘有器也”[3],提倡用改良的方法发展资本主义农业。1905 年明确提出了平均地权的纲领:“平均地权,当改良社会经济组织,核定天下地价,其现有之地价仍属原主,所有革命后社会改良进步之增价,则归于国家,为国民所共享”[4]。1919 年又提出实施平均地权的方法:“定全国之地价,其定价之法,以业主所报为准”[5]。1924 年又将平均地权的要旨概括为:

---

① 陈翰笙:“现代中国的土地问题”,中国人民大学农业经济系编:《中国近代农业经济史参考资料(一)》,中国人民大学出版社 1962 年,第 1 页。

② 薛暮桥、冯和法:《中国农村论文选》,北京人民出版社 1983 年版,第 338 页。

③ 《孙中山选集》:人民出版社 1981 年第 2 版,第 3 页。

④ “中国同盟会成立宣言”,朱子爽:《中国国民党土地政策》,重庆国民图书出版社 1943 年,第 16 页。

⑤ “三民主义”,《孙中山全集》第五卷,北京中华书局 1981 年,第 193 页。

“盖酿成经济组织之不平均者，莫大于土地权之为少数人所操纵。故当由国家规定土地法、土地使用法、土地征收法及地价税法。私人所有土地，由地主估价呈报政府，国家就价征税，并于必要时依报价收买之”[①]。

(2)从“平均地权”到“耕者有其田”的转变。针对土地问题的严重性和农民所遭受的痛苦，孙中山在国民党一大宣言中就强调：对那些缺乏田地沦为佃户者，国家当给以土地，资其耕作[②]，后来又在《民生主义第三讲》中首次提出“耕者有其田”的思想：“至于将来民生主义真是达到目的，农民问题真是完全解决，是要‘耕者有其田’，那才算是我们对于农民问题的最终结果”[③]。1924 年 8 月他在一次演说中又提出：“我们现在的革命，要仿效俄国这种公平办法，也要耕者有其田，才算是彻底的革命；如果耕者没有田地，每年还要纳田租，那还是不彻底的革命……我们解决农民的痛苦，归结是要耕者有其田”。[④]

孙中山的土地改革思想主要是受欧美各国土地改革运动的影响，并结合中国的实际情况，在动荡多变的斗争局势中逐渐产生和发展完善的，其土地思想的这两个转变都充分说明了这一点。应当说这种变化提出了土地政策的远期目标，适应了土地问题的解决趋势，而对近期的土地状况则主张和平改良，维持现状，不触动地主的根本利益，这一点往往被称之为“妥协性、软弱性”，其实在没有掌握政权或政权不稳定的情况下，这也是一种比较现实的做法，也是符合孙中山资产阶级革命派的立场。而即便是这样的和平改良思想，也不为革命党人所理解，说

① 《孙中山选集》，人民出版社 1981 年第 2 版，第 593 页。

② 同上书，第 593 页。

③ 同上书，第 850 页。

④ 同上书，第 937—939 页。

明这个土地政策只是“出于少数先知先觉的发政施仁，是依据一种主义”[①]，“平均地权和耕者有其田”政策从一开始就缺乏坚实广泛的实施基础，这个政策的执行力和实施效果可想而知了。

2. 北京政府时期的土地政策与实践

北京政府时期，出于稳定政权和社会经济发展的需要，采取了各项措施，发展经济，振兴实业。立法方面，除暂行援用前清相关法律之外，也制订了荒地开垦和土地征收方面的法规，先后颁布有《国有荒地承垦条例》及其实施细则（1914 年 3 月）[②]、《土地收用法》（1915 年 10 月）[③]、《不动产登记条例》（1922 年 5 月）[④]等，此外还有《奉天永佃地亩规则》、《直隶旗圈地售租章程》、《奉天清赋章程及续订章程》等特定法规[⑤]，同时成立土地机构，清丈测量土地，划定地价，并积极奖励开发荒地，对全国土地进行有效的管理。大理院司法实践中，在案件审理无法可依时，援用前清相关法律、《民律草案》之原则、民间习惯或依法理进行断案，形成比较丰富的判例和司法解释例，弥补了当时土地法规的不足，解决实际判案中的燃眉之急，有关大理院司法实践的内容将在下文中详细论述。

（二）南京国民政府的土地政策与实践

1. 土地政策的发展和演变

在南京国民政府的法律文本和官方决议中，孙中山“平均地权、耕者有其田”的思想始终是南京国民政府土地政策的纲领和核心，南京政府通过历届中央全会的决议案，将此纲领细化为具体的土地政策，尽管

---

① 薛暮桥、冯和法：《中国农村论文选》，北京人民出版社 1983 年，第 314 页。

② 印铸局：《法令全书》，印铸局出版社，1914 年，第十四类“农林”。

③ 《中华法令汇纂》卷五，上海棋盘街广益书局，第 25—29 页。

④ 《政府公报》命令，1922 年 5 月 23 日第 2235 号，第 309—341 页。

⑤ 上述法规名称条目和部分内容见于郭卫编：《大理院判决例全书》，会文堂新记书局 1931 年。

这些决议并非如南京官方所标榜的那样完全遵循“总理遗训”，但至少在形式上做到了这点。纵观民国时期土地政策的发展变化，呈现明显的阶段性。(1)南京政府成立之前的土地政策。集中表现在孙中山土地思想的宣传和阐述上。1924年，国民党一大宣言将孙中山“平均地权”的思想，以正式文件规定进去。1926年，开始提出“减轻佃农田租百分之二十五”、“设立省县农民银行”等比较具体的措施。(2)南京政府成立之后的土地政策。通过制定一系列具体的土地决议来实现“平均地权、耕者有其田”的纲要目标。先后提出“设立垦殖银行”案、“土地陈报”决议案、“利用荒废土地办法”、“改革租佃制度”案等措施。(3)抗战期间的土地政策。及时调整土地政策，制定《战时土地政策决议案》。先后提出“设立土地银行决议案”、“举办地价申报决议案”、“土地政策战时实施纲要”、“设置地政署案”等。(4)抗战以后的土地政策。逐渐转向“扶植自耕农、实现耕者有其田”。先后制定、颁布《扶植自耕农实施办法草案》、《土地法》修正案、《国民政府绥靖区土地处理办法》等。[①]

2.土地法律体系的建立和完善

南京国民政府既参考了广东革命政府制定《土地税法》的经验，又借鉴了西方国家的土地立法，制定了比较完备的土地法律法规，并自成一套体系，“仅1927—1937年10年中南京政府颁布的地政法规及各省地政单行章则不下240种”[②]，其中较重要的有《土地法原则》、《土地法》、《土地法施行法》及《各省市地政施行程序大纲》等土地基本法。土地法律法规体系根据内容和性质可以细分为十三大类，具体包括[③]：(1)基本法规；(2)组织法规；(3)服务规则；(4)征调、任用法规；(5)地籍

① 上述决议内容及出处，均参考荣孟源：《中国国民党历次代表大会及中央全会资料》下册，光明日报出版社1985年。

② 朱子爽：《中国国民党土地政策》，国民图书出版社1943年，第72页。

③ 参见地政署：《地政法规汇编》，军事委员会后方勤务部印刷所1944年。

管理法规；(6)地价法规；(7)垦殖法规；(8)征收土地的法规；(9)公地处理法规；(10)地税法规；(11)涉外法规；(12)土地金融法规；(13)有关的地政法规。但以上主要由内政部和地政署制定的土地行政法规，侧重的是地政机关的日常地政活动和管理行为，缺少民法中的“永佃权”章。

3.地政活动的开展和实施

民国土地政策和土地法规的实施具体表现为官方主导的一系列地政活动，既有以某项具体政策为中心的运动，如“二五减租”和“扶植自耕农”，也有代表人物在局部地区领导的地政运动，如陈诚的“鄂西减租”、陈果夫的“地籍整理”，还有作为基础性的土地调查活动，如1934年的全国土地调查活动。民国时期的地政活动主要包括：(1)“二五减租”运动。主要包括：1927年大革命时期和南京政府初期，以浙江省为代表的“二五减租”运动，曾在湖南、湖北、江苏、浙江等省区不同程度地实行过；1943年，陈诚在鄂西的“二五减租”；抗战胜利后，在苏、豫、皖、浙、赣、鄂、粤、桂、湘等省推行的“二五减租”。(2)扶植自耕农运动。主要包括：1933年闽西的“计口授田”；1942年重庆北碚的扶植自耕农计划；1943年福建龙岩的土地放领；(3)局部地区的地政改革和实验。主要包括：1928年—1934年，江苏陈果夫的“地籍整理”；1935年，山西阎锡山的“土地村公有”制；1935年，浙江平湖的“地政实验”；抗战爆发后，山西晋西的“兵农合一制”；以及蒋经国的“江西赣南地政改革”。(4)官方发起的土地调查活动。[①] 主要包括：1934年，土地委员会对全国的土地实况作系统调查，出版了《全国土地调查报告纲要》，为研究中国土地问题提供了大量数据和资料；1933年，南京政府行政院成立农村复兴委员会，倡导“农村建设和复兴运动”，对农产市场、土地租佃和农村金融等问题进行调查研究，出版了江苏、浙江、河南、陕西等省的农

① 朱子爽：《中国国民党土地政策》，国民图书出版社1943年版，第142—337页。

村调查报告,为了解农村和土地现状提供了大量的第一手资料。

第二节 民初的永佃制习俗

民初的永佃制习俗之所以能够为后人所重视和研究,得益于前后花费近十年时间所进行的民商事习惯调查活动,而整理、编撰出近千册的民商事习惯调查资料是民事立法的重要资源。通过民商事习惯调查所整理汇编的民事习惯曾经影响过,部分内容现在还在影响和支配着人们的生活,某种意义上,它们其实已经具备了法律的内在特征(如实际规范着人们的权利义务关系)和外在特征(如可反复适用,靠中人、宗族等保证实施),不妨称之为不成文的习惯法,关键在于这些不成文的习惯法是否能够顺利转化为国家制定法。从民事调查的初衷、计划步骤、调查人员和调查报告录的篇目来看,调查人员已经从物权角度来设置调查篇目和整理分析了,详情可参阅《民事习惯调查报告录》[①]和《中国民事习惯大全》[②]两书。

各地从事民事调查报告的人员中,不少就是乡绅地主,其在撰写报告时有意无意间已经运用永佃权的概念在描述甚至评价传统的永佃制度,在应当运用传统习惯术语的地方却代之以"永佃权",表现出明显的限制和否定一田两主的态度,报告录中充斥的"永佃权"字样,并非表明各地已普遍接受西方的永佃权,并非表明西方永佃权已经在中国民间落地生根,只是调查者的个人观点和表述上的方便而已,在一般农民的心目中,"长耕世耕、田底田面、大买小买、大租小租"等观念还是根深蒂固,不容易改变的。而到《大清民律草案》中,已经用"永佃权"置换了

---

① 前南京国民政府司法行政部编:《民事习惯调查报告录》,中国政法大学出版社 1998 年。

② 施沛生编:《中国民事习惯大全》,上海书店出版社 2002 年。

“佃权”、“老佃”和“一田两主”等概念，至于调查人员是如何将几个概念置换，简单的拿来主义、省事省心的做法，还是虽意识到两者差别但却忽视或觉得本来就是可替代的就不得而知了，反正在调查报告录中已经大量使用“永佃权”来称呼替代“永佃制”，这中间有否阻力、争执也不是很清楚，但后来江庸在民国民律草案的起草修订中就对此提出了批评，认为丢掉了很多老祖宗留下的东西，如“老佃、先买、铺底、典”等全无规定。[①] 民事习惯调查本是自上而下的调查活动，下面的调查人员照此执行即可，这样就少了一个探索性、思辨性的调查研究视角，只是简单的取代和调查而已，而本来这种转换应该有其复杂、深层的含义和变化，应该体现为由习惯→习惯法→国家法，由债权→准物权→物权的变化。[②]

一、一田两主：永佃制在民国的主要形态

一田两主作为永佃制的成熟形态，到清末民初已发展到烂熟，既然田面主几乎享有与田底主同样的权利（或者干脆就是二地主），享有永佃权的佃户千方百计要将其转化为田面权，因为只有这样，才有可能获得最稳固的权利和利益最大化，从永佃到一田两主的转换过程必有主客和佃客间的斗争冲突，必有彼此间的博弈和输赢，最后大部分佃户都能够如愿以偿，一田两主也成为永佃制在民国的主要表现形态，在江苏、浙江等永佃制发达地区表现得尤为明显，有的地方甚至出现了“佃

---

① 参见谢振民编著：《中华民国立法史》下册，中国政法大学出版社 2000 年，第 748 页。

② 清末民事习惯调查机构最初是宪政编查馆领导的各省调查局，之后是修订法律馆另行主持的民事习惯调查，同样以各省调查局为主。然后是 1918 年的民国民商事习惯调查。民事调查的主要目的是收集整理民间的惯习以弥补法官断案时法律适用的不足，调查人员主要由各地审判官、检察官、各县知事、商会会长等人员组成，调查录主要以西方民商事法律体系为调查大纲进行的，调查材料多少会受到调查者身份、知识背景以及方法程序所带来的偏见或遗漏，因此要客观、中肯地评价民事习惯调查所的历史作用。

农村”的现象。[①] 杨国桢认为，清末民国时期的地权分化在新的历史条件下继续得到发展，一田两主是当时地权分化的主要形态或者说是主要的表现形式，北方地区的一田两主虽不如南方丰富多彩，但也有其特殊惯例，“许退不许夺”、“许顶许推不许赎”和佃户可以随意“转典转卖”、“转租”、“转顶”的习惯说明，北方的一田两主已摆脱永佃制最初的阶段，趋于成熟。[②]

之所以会有这种说法，实在是有不少的史料民情在佐证，《民事习惯调查报告录》、《中国民事习惯大全》、民国地方志、各类农村调查和土地调查等都是最好的说明。本书第一章对一田两主在明清时期的产生和发展情况做了详细的介绍，这里对其在民国初期的发展样态再做一番介绍，展示其在各地的名称、形态和运作情况。以下的资料主要来源于清末民初所开展的民商事习惯调查报告的成果[③]，部分资料来源于《中国民事习惯大全》[④]和农村土地调查资料，是对清末民初以来的各地永佃制习惯所进行的收集整理，具有一定的代表性。

（一）各地多样化的存在样态

若从字面来解释租佃制度，“佃”一般包括耕地租赁和永佃，“租”则是佃户付给地主的租地代价，但在各地的一田两主中，则另有一番特殊

① 明清时期永佃制发达的地区，如苏南各县的一些村落，自耕农几乎都转化为佃农，成为佃农村，佃户拥有田皮，成为二地主或三地主，出现所谓的佃农中农化，虽名义上是佃农，但此佃农非彼佃农，是颇有身价和实力的“二地主”。

② 参考杨国桢：《明清土地契约文书研究》，人民出版社 1988 年，第 126－130 页。

③ 1918 年开始的全国民商事习惯调查活动，民事调查的成果包括 1931 年的《民事习惯调查报告录》和《中国民事习惯大全》两个版本，但前者由官方编辑整理故更为人所知。由于民事习惯调查者的身份背景和调查方法所带来的遗漏或偏见，对于民商事调查报告的材料应该客观分析，但报告中大量的对清末民初永佃制习惯的表述，无疑是不容否认的，其所报告之习惯也有相当部分出于诉讼，其可信度应该比之一般的问卷调查为高。鉴于此，本书对民国初期的永佃制实况采用此材料进行分析。

④ 施沛生编：《中国民事习惯大全》，上海书店出版社 2002 年。

的名称,如“招顶”与“外顶”、“批与”和“承批”、“大租”和“小租”。而《民事习惯调查报告录》中所谓的“佃权”却有“永佃权”或“田面权”的意思,调查者往往用永佃权来指代习惯上的永佃和田面权。在1929年的《民法物权编立法原则》中,也是以“佃权”来称呼“永佃权”的[①],由此可见地方习俗中“佃权”一词的特定含义,说明由普通租佃制发展到永佃再到一田两主的渐进性和自发性,下面分别讲述北方各省和南方各省的情况。

1.北方各省情况

《民事习惯调查报告录》中共有北方12省报告了物权习惯,涉及到永佃制习惯的有直隶、河南、山西、甘肃、热河、绥远和察哈尔7个省。初始形态的永佃制(即不能随意转让,债权性质的永佃)比例较少,大部分是过渡形态和成熟形态的永佃制(即一田两主)。

(1)初始形态。在报告录中出现得不多,主要集中在西北的偏远地区,如河南省固始、商城、潢川等县的永佃:永佃的期间,依习惯为永久,“有所有权者随意另佃他人,若无特殊情形,佃户可抵抗不让,所有权者亦莫可奈何”。[②] 山西五寨县“许推不许夺”的习惯:“如不短欠租粮,即能永远承种,只许乙退,不许甲夺”。[③]此外,还有甘肃省之永久存续性质的租佃权:“长租契约,地虽易主,如新地主未表示撤佃之意思,以其前契约视为有效”[④],以及绥远一带主要存在于蒙古人田土中的永佃权和永租权,“迨后汉人渐多,由蒙人手中租典垦种之地,历年既久,遂以

---

① 该立法原则第8条:佃权之设定,定有期限者,视为租赁。(说明):佃权本有永久存续之性质,故定为有期限者,即视为租赁,适用债编关于租赁之规定,以示区别。谢振民编著:《中华民国立法史》下册,中国政法大学出版社2000年,第772页。

② 前南京国民政府司法行政部:《民事习惯调查报告录》上册,中国政法大学出版社1998年,第127页。

③ 同上书,第172页。

④ 同上书,第387页。

取得永佃权”[①]，“永租以不设定年限为原则，设定永租权后，租地人即可将地转租、转典于第三者，名曰‘推地’”，但之后的“转典、转卖随意处分，蒙人不得干预”已经是成熟形态的永佃制了。

(2)过渡形态。天津县“郭祖培诉李二荣欠租案件”中的契约，即“郭洛书与李二荣租种稻地合同”就是典型的永佃合同，也是由狭义永佃过渡到田面权的一例典型，契约全文附录如下[②]：

> 立合同人郭洛书，今有稻地一段，坐落牌地西南角西河沿，今租与李二荣名下耕种。言明每年每亩租价大洋五角五分，永不长租。议定每逢十月初一日交纳租价；自租之后，准租主不租，亦准转租转兑；如至期租价不到，准许业主将地撤回；如至开种地亩之时租价不到，有中人一面承管。此系同中三面言明“倒东不倒佃”，各持一纸，各无反悔。恐口无凭，立此合同为证。
>
> 中友人：于贵、李少琴
>
> 立合同人：郭洛书、李二荣

此合同中出现不少习惯术语，如租额是固定的，“永不长租”，方式是“倒东不倒佃”，也有过渡时期的一些特征，如“自租之后，亦准转租转兑”，而业主只有在佃户欠租时才能将地撤回，这个租稻合同主要体现的还是初始永佃制的特征，但允许租主转租已经具有了向“一田两主”转化的特点。

直隶省前清时期的王公旗圈地，也多采用永佃方式经营，由租种佃户向庄头纳租，“无论地主或庄头不能无故增租夺佃；佃户另有一种佃

---

① 前南京国民政府司法行政部：《民事习惯调查报告录》上册，中国政法大学出版社1998年，第416页。

② 同上书，第13页。

种权可以自由让予他人,地主或庄头亦不能无故干涉”。[①] 报告录中还附有“旗地租户推契”一份,当事人称为“立推(退)契人”,即典型的转让佃权的文本,但不用“转让”字眼,而用情愿“推与或退与”的说法,表明旗地上的永佃已逐渐转化为一田两主。

山西省辽县有“许顶许推不许赎”的习惯:甲乙双方订立顶约,甲之荒山由乙加工成熟后,甲许乙自由书立顶约或推约,将此山转给第三者耕种,且甲无取赎之权。[②] 此类习惯其实已是一田两主了。此外,热河省隆化、围场、平泉等县也有开荒加工所形成的永佃权,后来也可以自由转让,逐渐向田面权转化。察哈尔省张北县、沽源县的旗地上,佃户大多享有永佃权利,有的甚至可以转佃,“旧有旗民圈地,由佃户垦种,每年向旗民纳租,俗称‘山主地’,相沿数百年,视同租业。该佃户若因贫穷无力耕种,有转佃权”。[③]

(3)成熟形态。以天津县“死佃”特殊习惯最为典型。该习惯被调查者认为与日本的“永小作权”相似(差别只在于永小作权有期限的限制,而“死佃”则是“漫无限制”),并且是“揆之情理,宁得谓平”的“恶习惯”,其起源方式属开荒加工型,“津地滨海,在各国未通商以前,地旷人稀,地价极廉,……于是乃招贫人垦种。定约之时,租价极廉,且多约内写明不准增租夺佃字样”[④],由于最初的租额低,而田主的粮米价却在增加,主佃之间原有的权益分配开始变得不平衡,业主要增租夺佃,佃户则要反抗,纠纷日益增多,天津县议事会对此特别议决办法加以处理,其中对于死佃的议决办法有:业主不得增租夺佃;佃能倒佃,但须声

---

① 前南京国民政府司法行政部:《民事习惯调查报告录》上册,中国政法大学出版社1998年,第17页。

② 同上书,第150页。

③ 同上书,第420页。

④ 同上书,第14页。

明注册;对于业主出资增加土地生产力的,经佃户承认的可增租但仍为"死佃";因土地自然变迁导致生产力增减的,双方可以协商增减租;业主夺佃须给佃户相当的赔偿。这些处理办法反映了"死佃"在新情况下的变通,如一定条件下的增租不夺佃,一定条件下租额的增减等,都使得传统永佃制的性质在物权和债权之间游离,也是传统永佃制在外来永佃权冲击影响下所发生的变化,但"佃户可以转租"却肯定了其性质的归属,难怪杨国桢要认定这种死佃"实际上就是'一田两主'的土地关系"[①]。

2. 东三省情况:东北东宁县

据 1931 年对东三省租佃制度的调查,东三省永佃制主要存在于旗产和官产中,个人私产中的永佃较少。但当时的永佃制已有所变化。①东宁县小绥芬河的裕宁屯垦公司在出租土地时就采取类似永佃制下的"承顶"、"转佃"的做法,本来是"一年一讲"的活佃,由于公司"承认佃户有转佃权,并允许佃出者酌收垦荒垫办费,以偿初垦时之损失"[②],使其具有永佃制的特征。此类转佃的文契称呼很多,有"倒佃字据"、"白字、白契"、"兑约"、"卖契"等,而佃户当初投资开垦的费用则称为"镐头费"(通行于北部)、"肥土钱"(盛行于南部)或"粪底钱"的,因而此类转佃权其实已具有田面权的某些特征。②当时关于永佃户转租土地的事宜,地主的态度不外三种:全部放任,即转租与否,地主不过问;局部放任,即永佃户不将土地全部转租的,地主不过问;绝对干涉,即不准转租,否则撤佃。三种不同的态度,说明了禁止田面权的立法规定在实际执行中的多样化和差异。

3. 江苏省情况

江苏省永佃制一直很发达,除极少数地区残存初始形态的永佃制

---

① 杨国桢:《明清土地契约文书研究》,人民出版社 1988 年,第 130 页。

② 王药雨:"东三省租佃制度"(1931 年),陈翰笙、薛暮桥、冯和法:《解放前的中国农村》第 3 辑,中国展望出版社 1989 年,第 112 页。

外，一田两主已是最主要的表现形态，有些地方田面主占有的比例极高，甚至出现“佃农村”的说法[①]，这种现象正如方行、赵冈等人所指出的：在永佃制盛行的地区，田皮获得独立的产权，田皮自由买卖形成独立的田皮市场，使佃农和地主的身份及相互关系发生了重大的变化。自耕农名义上都变成了佃农，而佃农实际上已经变成田皮产权的业主。在永佃制发展最快的地区，如苏南各县，自耕农完全转化为佃农，整个村庄变成所谓的“佃农村”，也即方行所谓的“佃农中农化”现象。《民事调查报告录》中总结了江苏省各县中“一田亩上设定两个所有权”的习惯：佃户在业主的田亩上投入人力物力，该田亩有肥土或田面之称，佃户对业主的田亩也因而享有相当的地价，相当于在同一块土地上另有一个所有权。凭此权利，佃户子孙可以永远佃种或任意将田面变卖抵押，即使积欠田租，业主只能提起诉讼不得请求退田。[②] 此项习惯中，田面的所有权特性已经表露无遗。

(1)初始形态。江北各县中还有这种习惯的报告：永佃权的存续期间无限制租额固定，丰收之年不多加但歉收之年“则须向土地所有者议予拆减”，当佃户怠于支付佃租时，田主可以削减其永佃权，永佃权人转让、抛弃其权利的，必须征得土地所有者同意。海门县的崇划田，“顶首轻而取租重”、“禁佃户私佃他人”，佃户若有抗租、欠租及延迟交租的情形，业主可以收地另行招种，这是狭义的永佃。海门县也有押租型的永佃制，佃户在缴纳顶首银后，即取得永佃权，欠租达到一定数额时要被收回。而武进县承种契据内的永佃权也是初始形态的。

(2)成熟形态。江苏省物权报告中大多都是田面权的，只是各地名

① 参见赵冈：《历史上的土地制度与地权分配》，中国农业出版社 2003 年，第 262－263 页。

② 前南京国民政府司法行政部：《民事习惯调查报告录》上册，中国政法大学出版社 1998 年，第 180 页。

称不同而已。常熟县之习惯将粮田分为“田底、田面、自业”三种，不同类别的田亩有不同的权利义务，其田面俗称“灰肥田”，自业就是底面俱全的田。淞江县因田有底面之分，相应地有招顶和外顶的区别。招顶是指拥有田面田底者招佃承种，佃户预缴顶首银若干。只有田底无田面者，在种户欠租时，可以将田面作价抵租，另招耕种，为外顶。海门县田制有底面之分，底为“苗”，苗只能收取额租权，面为“过投”，有耕作权，苗与过投为一人所有时，称为“底面地”，虽然报告中认为此处的过投类似民法上的永佃权，但其实际是田面权，因为过投可以转卖于人，且底面地各有不同的价格，过投地价贵，苗地价贱，一般是十对一的比率。靖江县的田面由开荒加工发展而来，称为“工本田”。崇明县的崇划田与海门县的崇划田正好相反，“顶首重而取租轻，业主对于佃户只有收租之权，而不能禁其私佃”，此外，松江旧府属各县也有田面权的形态，田亩素有田底、田面两种名称。

4.安徽省情况

就民事调查报告中所展示的情况而言，安徽省几乎没有初始形态的永佃制报告，有的只是五花八门、形态各异的田面权报告，甚至还有“一田三主”的情况，说明南方各省永佃制已发展到成熟甚至烂熟阶段。

(1)各地不同的名称。旌德县有“丈田与佃田之区别”，分别相当于田底和田面，出卖丈田为“大卖”，出卖佃田为“小卖”。歙县有“不动产的大买与小买”，大买有管业收租之权，小买仅有耕作之权，小买田的移转，大买主不得干涉，二者在契约方面也略有区别。英山县则有“里子与面子之分”，前者是地主所有权，后者是佃户所有权。绩溪县将土地权区分为“起佃、大买、小买、草粪”，“起佃”是大买、小买、草粪三者合一的权利，是完整的土地所有权，大买只有田地所有权无佃权，小买或小顶只有佃权，可以转让，而特殊的草粪权则类似“一田三主”，有草粪权的才有耕种权，交纳大买和小买之租谷但其收益权则超过大买和小买。

(2)一田两主在适用范围和契约上的变化。怀宁县和芜湖县的水面权与水底权各自独立,彼此的权利义务泾渭分明,“当湖水泛涨之际,有水面权者乃于一范围内网取鱼鲜,水退后,其水之柴场、草场、港潦、沟地则归有水底权者分界管有。仅有水面权者不能行使水底之权利,仅有水底权者不能行使水面之权利,此疆彼界划然各别”[①],说明一田两主的适用范围不仅限于土地,其引发的双层所有权开始由田地扩展到水域上来,而江西、湖北、湖南等省也有类似的水面水底权。此外,一田两主的内容和变化也可通过契约的种类和内容加以体现,安徽各县佃田契约有“东顶东卸”和“客顶客庄”之分,“东顶东卸”即“清庄”,是普通的租佃契约,地主随时可以退佃自种,“客庄”即永佃契约,地主只能收租不能退佃,佃户可以自由地将全部或部分佃权“顶拨、辗转和让渡”,其实为一田两主。这种永佃制由于没有最长存续期间的限制,其权利可以永久存在,除非佃权人自己放弃或消灭该权利,这在地主乡绅或具有一定西学背景的报告者看来,实为法所不许[②],妨害土地所有权,容易引发纠纷,其对一田两主的限制和否定态度已现端倪。

5.江西省情况

除横峰县尚有少量初始形态的永佃制外,江西省大多都是田面权的报告,正如宁都县吴知事在报告中特别指出的:“田分皮、骨两业,为赣省最大之习惯”[③],只是这种习惯的名称在各地不同而已。如赣南各县租田有“管骨”和“管皮”之分,管骨者有土地所有权,招人开垦、收租

① 前南京国民政府司法行政部:《民事习惯调查报告录》上册,中国政法大学出版社1998年,第224页。

② 报告者此处所指的“法”,除了包括前清户部则例中的规定外,还包括大理院判例和未实际颁行的两部民律草案之永佃权中的法理。由此可见,民初立法者、司法者受西方法理影响之深可见一斑了。

③ 前南京国民政府司法行政部:《民事习惯调查报告录》上册,中国政法大学出版社1998年,第254页。

纳粮，对田亩不能转佃也不能收回自耕，而管皮者（即承垦者）的赁耕权却可以自由转佃，自由典（即暂退）卖（即杜退），管骨者不能干涉，管骨者按薄收租，时间久远竟有不知田亩所在的，而管皮者往往趁典卖或子孙分产时减少租额或隐瞒不认的，直接影响管骨者的纳粮义务，纠纷滋生；临川县、九江县习惯，田有大小业之分，佃户即使拥有的只是租种权，也被称为“小业主”，这说的就是一田两主的情形。江西省民初的田面权，在新情况下已经有所限制否定或吸收，而这种变化后来也为民国民法所借鉴。

（1）赣南各县的调查者以西方的物权理论为依据，限制或否定永佃制习俗，明确区分了“永佃权”与“所有权”的差别，不认同民间的一田两主习俗，否定双重或双层土地所有权的概念。赣南各县的皮骨田中，“佃户私相顶退，减少租额，甚或田转甲耕，租留乙纳，卒至田去而租空，此皮骨分管之通病也。……乃积习相沿，管皮者误认永佃权为所有权，自由顶退，卒始田主无由过问，此亦流弊之最著者也”[①]，这里调查者有意无意地将“田面权”视为或误认为“永佃权”，指出了田面权实际操作中的弊端，否定了二地主的说法。

（2）南康、赣县等赣南各县“荒歉减免租”的习惯，后来也为《民国民法》第 844 条[②]所借鉴。“皮田被水冲没，管皮者帮粮不纳租”[③]，永佃户每年应纳的租额本是固定的，“无论水旱荒歉，概不减让”，由于天灾致不能耕种，由双方分担损害，减免租额，此为一定条件下的变通。

（3）宁都县的永佃制发达，永顶、永佃等各项权利极易引起混淆，因而高等审判厅特令该县知事将民间的“永顶、永佃以及批退、归并等项

---

① 前南京国民政府司法行政部：《民事习惯调查报告录》上册，中国政法大学出版社 1998 年，第 245 页。

② 陶百川：《最新六法全书》，三民书局 1981 年，第 77 页。

③ 前南京国民政府司法行政部：《民事习惯调查报告录》上册，中国政法大学出版社 1998 年，第 263 页。

习惯”详细调查,以示区分。其“永顶”者是由初始永佃发展而来,承顶人可将权利转让给第三者,但转让时不能增加地租,俗称“倒地税”。“永佃”者,佃户交纳押租钱认租,田主不得无故另佃,佃户有永远耕种之权,但不能转佃他人,实为初始形态的永佃制。“批退”,实为一田两主,由地皮权之移转而形成。“归并”,即普通的买卖田地,转移所有权。此外,江西各县也有不少水底和水面权的习惯,同样反映出一田两主的情形,就不再详细介绍了。

6.浙江省情况。

浙江省是永佃制最为发达的地区之一,其分布广、占有率高、成熟度高,报告录中全部是田面权的报告。

(1)常山县、江山县的山地上有皮骨之分。浙江的一田两主不仅成熟度高,适用范围也扩大,从水田扩展到山地,常山县租种山场要订立揽字、布字:“常山县乡民租种荒山,租户须立揽字交与业主收执,揽字内载明每年交租若干,日后树木长成如何分配等语,俗名‘山皮’。业主须立布字交与租户收执,布字内容与揽字略同,俗名‘山骨’。核其契约性质,实与合同相似,盖山场租金每多低贱,经租户每年费去工本,开垦成熟,始获厚利,若租户立有揽字,业主不立布字,诚恐山木茂盛以后,业主将揽字隐匿,以争权利,租户毫无证据可以提出,势必至所费工本无从收拾,故业主须立布字交与租户收执,互相约束,不至有流弊发生”[①],江山县的山皮、山骨习惯与此“揽字”、“布字”相同。依此山地上的皮骨分权,皮权、骨权各自享有一定权利,类似田土上的一田两主。

(2)金华县有“民田”与“客田”之分,相当于“大买”和“小买”,二者均可自由让渡。嘉兴县之“余花田”也有田面权的性质。天台县的“绍

---

① 前南京国民政府司法行政部:《民事习惯调查报告录》上册,中国政法大学出版社1998年,第288页。

价”被报告者等同于永佃权，其实际上是一种田面权。

(3)报告中出现多例对田面习惯与永佃权的异同比较和利弊分析。民国初年，田面权的习惯，与民法上的永佃权、大理院的司法判决在实际生活中发生碰撞，引发调查者的关注和总结。如海盐县就允许田面权的撤销：永佃权(实为田面权)除与地主有特约外，可以自由处分，不受地主干涉，而地主无故夺佃的，只要付给佃户当初取得佃权所支付的对价即可，大理院也有类似的判决，“租额固定、不允许增租夺佃”本来是永佃习惯的基本特征，而这种传统习惯已经发生变化，并且这种变化是有利于地主而不利于保障佃户。再如黄严县通行的“上下皮田”习惯，土地所有权为下皮权，永佃权为上皮权，而多为地主乡绅的报告者特别指出此项“上皮权”习惯与现行法之区别和抵触之处[①]：一是期限不同，《大清民律草案》之永佃权是20—50年，田皮习惯是永久期限。二是草案永佃权只能用于耕作或畜牧之分，习惯上的上皮权人还可以在田底上造屋、放牧、挖坑、烧窑等，下皮权人不得过问。该上皮权已完全呈现出所有权的样态，难怪报告者带有敌意地将上皮权人称为“垦辟寄住之流氓”，其主观上的态度已是非常明显。

7. 福建省情况

福建省的永佃制向来发达，并且主要是一田两主的形态，只不过“田皮、田骨”的说法与其他地方正好相反，“‘田骨’即田面，‘田皮’即田根，此种分田之例几乎全闽通行”。[②] 政和县习惯，收租纳粮的享有田骨所有权，可自由典卖田骨但不能处分田皮，而纳租者有田皮权，可自由典卖其田皮。古田县的“田面、田根”和“白承耕”，指的是“无田根契据”的一种权利，本来没有田根的人，承批他人根、面俱全之田，耕种久

---

① 前南京国民政府司法行政部：《民事习惯调查报告录》上册，中国政法大学出版社1998年，第268页。

② 同上书，第294页。

了也会发生根主权,不许田主自由退耕。而浦城县的土地契约不是根据土地的大小而是依据苗额的多少,分为"大小苗",有小苗者佃种,有大苗者收租,粮赋由大苗者完纳,小苗者是田底主而大苗者是田面主。建阳县的"山皮、山骨",闽清县的"田面、田根"、"山皮、山底权",屏南县的"面主、根主"等,都是典型的一田两主。而顺昌县的长期佃则是初始形态的永佃制,"按期纳租,永远耕作,但习惯上佃户不能以永佃权让与人也不能赁贷他人"[①],长乐县的永佃权则被调查者套用日本民法典,称为"永小作权",其实顺昌县和长乐县的都是永佃制习惯,但民事习惯的调查者已经开始用"永佃权"、"永小作权"这些外来词来称呼,大概觉得可以通用代替,理所当然地使用。

8. 湖北、湖南省情况

因湖南和湖北两省地处洞庭湖区,发展出有特色的永佃制形态。如湖北黄冈县的"湖业所有权与湖地所有权",广济、谷城县的"塘水与塘底所有权",郧县、汉阳县的"湖底和湖水所有权",湖南常德县的"水面权与水底权"等,都是田面权从田地向水面的扩展。此外还有一种形成田面权的特殊途径,如湖北钟祥县的"自卖自种之永佃权",是卖主在出卖田地时自行保留永佃权而形成的,卖主保留永佃权(田面权),买主拥有田地所有权,其田地所有权虽已归买主,但买主不能自种或另佃,而卖主却能任意转让耕种权,即所谓的"贱卖图耕",其"与法理上之永佃性质不同"[②](而法理上的永佃权是通过书面来设定的),由于买主一开始就没有取得完整的土地所有权,只有田底权而没有田面权,只能听任底面权的各自分离了。湖南安仁县也有"卖田存耕"的习惯,农民卖田而不退耕者,卖主有永久耕作权,买主只能收取田租,即使买主将该

① 前南京国民政府司法行政部:《民事习惯调查报告录》上册,中国政法大学出版社1998年,第302页。

② 同上书,第325页。

田转卖他人，也不影响卖主的耕种权，即所谓的“换东不换佃”，这种习惯是农民在激烈的租佃竞争环境中发展出来的保留耕作权的一种有效途径。

二、一田两主在民国的地位和影响

（一）理论上的被打压和事实上的主导地位

本书第一章对永佃制的成熟形态“一田两主”进行了理论分析，《民事调查报告录》和《中国民事习惯大全》中的大量记载也充分说明，一田两主在民国处于永佃制的主导地位，在部分地区甚至占据绝对主导的地位。由于一田两主是由初始永佃转化而来，二者必然带有许多共同的特征，人们在观念上也不会那么严格区分永佃和一田两主，而初始“永佃”与“永佃权”无论在字眼上还是内容上都存在不少的共性，难怪当时的人们会认为现存的田面权就是永佃权，经常将二者误用或等同。《民事调查报告录》中有多处用“永佃权”一词来称呼、指代事实上的“田面权”。此时的“永佃制”由于西方永佃权的引入已被简单地整体性替代为“永佃权”（虽然民间并没有这样），原有的“永佃”、“长耕”、“佃权”、“长期佃”等称呼都被这外来语“永佃权”所替代了，至少在官方层面是这样构思和运作的。而那些实为“田面权”却被误称为“永佃权”的，经常会出现因佃权辗转、田主竟不知田地何处和粮赋无着的情况，最终引发纠纷，引起官方对田面权的反感和否定，当然理论上的根源在于田面权与民法所有权的独占唯一理念相违背。

民国立法者一直视“单元产权”为经济发展的根本，坚持独占单一的所有权理论，其实以我们今天的眼光来看，这种曾经占据主导的理论已显得有些过时：“根据这种现象，一田两主的民间习俗可以在某种意义上被视为比晚清和民国立法者信奉的观点更现代。它在某些方面更接近分解的权利束主张而不是古典自由主义的主张。无论如何，事实是20世纪的立法者认为习俗完全不能接受。对他们来说,它带有许多他们蔑视的不现代的东西”。[①] 历史也许就是这样的奇怪,20世纪30年代,田面权的这种分层、分束的权利主张显然不符合当时的主流观点,而随后的一些发展变化却使得这种权利已然成为时下流行的新主张、新做法,实在是很有意思。

(二) 一田两主与民国永佃权的冲突

1.理论上的困惑和冲突

中国古代有发达的永佃和一田两主习惯,但永佃权却是近代以来借鉴、移植西方法律的产物,是来源于罗马法上的一种他物权。它不是传统习惯的制度化和法律化,只不过正好与传统永佃制名称相似、内容近似而已,当官方试图用“永佃权”来一劳永逸地整合形态各异的永佃制习惯,并对“一田两主”持否定态度的情况下,永佃权与一田两主的冲突也就不可避免。一田两主在法理上带来的困惑是明显的,同一块土地上存在两个互不干扰、独立运转的田面权和田底权,形成相应的田皮、田骨市场,要想完全掌握一块土地的所有权已不是那么的容易,这种双层所有权或分割的土地所有权与所有权绝对原则相冲突,实质是中国传统民法与西方产权观念的冲突。[②] 此外,在一田两主的关系当中,也“允许在单一业主身上同时呈现土地所有权和土地租赁的二元逻

① 黄宗智:《法典、习俗与司法实践:清代与民国的比较》,上海书店出版社2003年,第102页。

② 张生对此有精辟的见解:中国固有民法中,没有西方民法中如此明晰的“物权绝对”理念和制度;相反,“物权共享性”却是固有法的一大特点。固有法的“物权共享性”是指,在物权权能分离的基础上,多个所有权人、占有人、用益权人、处分权人都对同一物享有不同形式、不同内容的物权;物权权利人的亲属、相邻通过对行使物权的一定限制,而享有权益;或因习惯上承认的某种物权行为,而取得分享物权的资格。固有法的“物权共享性”在社会民事生活中体现为一系列形式,其中就包括永佃权,固有民事习惯承认永佃权人的先买权,当所有人处置不动产时,永佃人因有效的先手物权行为,享有先买权。张生:《民国初期民法的近代化》,中国政法大学出版社2002年,第130—131页。

辑”,既是土地所有者(如田底主或田皮主)又是佃户(如卖田存耕、贱卖存耕等,即原田主卖出田底,而保留田皮;田皮主再次租出田皮),而所有这些习惯的概念和做法,依据西方民法原则和物权体系简直是不可思议的,但是偏偏“双层所有权的思想把这些表面矛盾的想法和习惯调和进一个单一的概念中。它是清代立法者和民国立法者都回绝的一个矛盾概念”。[①]

2.事实上的展现和评价

一田两主有时被称为双层土地所有权,它实际上很好理解,也容易把人带入矛盾的境界。一块土地上有两个主人,各自拥有一片天,各有一定的权利和义务,但两主之间又有着密切的关联,有大主和小主之分,并且被同一块土地紧密相连,但田皮和田底的交易却各有市场,各自交易,互不干涉。它们被同一块土地所牵连着,体现出明显的双重性,“你不可能把田面与田底分开,就像不能把活人的皮与骨头分开一样。隐喻的用法所传达的是与土地相关联的抽象的所有权(两主)及单元整体的不可分性(一田)”。[②]正如黄宗智所分析的:与典卖土地中呈现的法典与习俗间的相互适应不同,田面权中呈现的是一方与另一方的对立,该对立冲突不仅表现在法庭上,也表现在它们各自的话语与逻辑上,由此也可以很好地解释清“如何及为什么清代法典和国民党法典均抵制此习俗”。[③] 在永佃权对永佃制改造和替代的过程中,并没有出现官方所预期的效果,尤其是被法律否定的“一田两主”始终顽强地生存着,只是在影响力和范围上有所减少。国家与社会、制定法与习惯法、外来法与固有法、大传统与小传统的二元结构模式始终存在,彼此

① 黄宗智:《法典、习俗与司法实践:清代与民国的比较》,上海书店出版社 2003 年,第 99 页。

② 同上。

③ 参考上书,第 92 页。

之间的差异、隔阂和斗争在延续，而永佃权和一田两主交锋的事实表明，国家法不能忽视固有的传统习惯，而是要从其中寻找合适、富有生命力的因素，吸纳、融合和巩固，使之原本对应的双方有效地结合起来，这样的法律制度才具有长久的生命力。而事实上，民国土地制度由于受时局和战争的影响，欠缺长期稳定的社会环境，整体运作不佳，客观上，租佃期限明显缩短，短期租佃的比率增加，不定期甚至永久期限的租佃减少，"一田两主"生存的空间变得更为狭小，其因受限打压而出现的萎缩状况自然不可避免。

第三节　民国永佃权的立法例

由于孙中山奉行"和平渐进式"的土地改革，"平均地权"和"耕者有其田"的实现是一个渐进过程，土地问题只能在局部小范围内加以改善，在不改变土地私有制的前提下，政府可做的也只有"保障佃农"、"扶植自耕农"这些比较温和的措施，曾经轰轰烈烈开展过的"二五减租"、"地政实验"和"地籍整理"等活动，大多是有关土地经营利用和土地税收的措施，都没有直接触及到根本的土地权属关系。正如官方文本所说明的，"保障佃农与二五减租可视作一事，为国府当前唯一之土地政策，二五减租不过是保障佃农具体方案之一。孙中山所手定的土地政纲是平均地权……可是国民党具体的土地政策，仍只是保障佃农入手"。[①] 因此，减轻佃农负担、改善租佃关系，是当时南京政府唯一可为的，而农地永佃权的法律调整自然是其中重要的一部分，因为它直接关系到主佃间的关系，关系到农业生产的发展。需要说明的是，这里的"民国永佃权"不再是一个单一的概念，它实际是传统永佃制和外来永

① 《中国经济年鉴》上，上海商务印书馆1935年，(G)91页。

佃权的结合体，虽然这种结合并不是很融洽，还有点水土不服，但它毕竟是外来法对固有法的改造和包容。民国民律中的永佃权主要是借鉴西方的规定，但条文中的"依特别习惯"、"依习惯"的规定，表明民初确实存在与永佃权有关的习惯，所以有学者认为可以将近代的"永佃制"纳入"永佃权"的考察范围中。[①] 永佃制侧重的是习惯，民国永佃权侧重的是民法上的权利，已经是另一层意义的永佃权了，而在这法定永佃权对传统永佃制改造和适用的过程中，民国的立法和司法实践发挥着巨大的作用。

一、清末民初的永佃权立法与习惯

永佃制习惯发展到清末已趋成熟发达，许多民间沿袭的地方习惯，由于广泛适用而得到地方政府的默许。如果没有清末社会局势的巨变，永佃制也许还会继续在不受干扰的环境中发展下去，但清末修律和《大清民律草案》的出台，西方法律体系的引入和人们观念的变化，使得永佃制的生存环境发生巨大的变动，永佃"入律"，从地方习俗一跃成为国家的"制定法"，虽然"此律"还只是草案，虽然此"永佃权"并非彼"佃权"，制定法中的"永佃权"并非从传统习惯转化而来，而是直接从西方民法中引进而来，严格地说，永佃制与永佃权并非同质，其产生发展也并非出自同门，新的制定法势必与原来的习惯发生冲突，所以清末的永佃权立法与永佃制习惯，一方面表现为两者的第一次"非亲密"接触，另一方面更多表现为两者在观念上的冲突。

（一）《大清民律草案》中的永佃权

清末修律全然采用西方法律体系，其民法的引进，远取德国和法国

---

① 赵晓耕：《中国传统法律文化研究》（第三卷），"身份与契约：中国传统民事法律形态"，中国人民大学出版社 2011 年，第 521 页。

民法典，近取日本民法典，民律草案的内容，正如张生所总结的："《大清民律草案》起草完成后，法律草案与社会之间巨大的差距说明理性设计是有限的，立法的力量也不足以根本改变社会，而是需要法律与社会保持一定程度的适应性"。[①] 而《大清民律草案》（以下也简称民律草案）物权编主要是由日本人松冈义正起草的，在立法模式和立法文本上带有典型的大陆法系特色，忽视了固有法的内容，"起草者片面强调立法对社会变迁的促进作用，却忽略了法律与社会的适应限度，正如蔡枢衡所言：'新律和中国法的历史脱节，和中国社会的现实也不适合'"。[②] 这部民律匆忙出台，未及颁布，在清末并没有真正地实施，但已被民国《民律草案》所借鉴采用，也为民国民法典的出台提供了立法蓝本。

在《民律草案》第三编"物权"下，设置"永佃权"一章，共计 16 个条文，第 1086 条至第 1101 条，其设置的理由正如《民律草案》中所说明的："谨按永佃权者，支付佃租而于他人土地上为耕作或牧畜，利用他人土地之物权也，其权利人谓永佃权人，此权利能使土地所有人既受佃租又受改良土地之利益，并使永佃权人于他人土地上得为耕作或牧畜之利益，实际良便，故特设本节之规定"。[③] 其具体内容包括：(1)永佃权的产生原因和依据（第 1087－1088 条）。永佃权依法律行为而产生，用永佃契约来设定永佃权，必须采取书面形式。这种内容法定、官方认可的永佃权完全不同于习惯上自发的永佃制，习惯上的永佃大多是由于开荒、久佃而形成的。(2)永佃权人的权利范围（第 1086 条）。永佃权人通过支付佃租在他人土地上进行耕作或畜牧，并且仅限于此范围，小于传统永佃制之"坟田造屋"功用。(3)永佃权存续期间（第 1089 条）。永佃权存续期间定为 20－50 年，立法者这里所指的永佃权完全没有

① 张生：《民国初期民法的近代化》，中国政法大学出版社 2002 年，第 35－36 页。

② 同上书，第 34－35 页。

③ 商务印书馆编译所：《民律草案》，商务印书馆 1913 年，第 51 页。

"永久"、"无期限"之本意，原因在于"设定永久无期之永佃权有使土地所有权陷于有名无实之弊，故无期之永佃权为法律所不许"[①]。同时期的德国民法并无永佃权的规定，只有"用益权租"，且有期间的限制，而日本的"永小作权"[②]也是有期间限制的。可见，设定期限虽与永佃之名不符，却与日本的规定一致，既保留了永佃权又不违背所有权独占原则，一举几得，但也表现出对习惯的限制和否定。(4)永佃权的转让和转租。(第1091－1092条)永佃权可以转让或赁贷于人，但设定行为禁止或有特别习惯者除外。依《民律草案》第1092条之理由："谨按永佃权人于其权利存续期间内为耕作或牧畜，能否将土地赁贷于人，若不规定明晰，或起无益之争论，故设本条以杜其弊"。[③] 法条并没有否定佃权的转让和转租，除非当初的设定行为禁止的或依照习惯而禁止的，这其实是某种程度上认可一田两主的习惯。(5)永佃权的租额。(第1096条)永佃权人不得请求减免租额，有特别习惯除外。依《民律草案》第1096条之理由："谨按永佃权，大抵期限甚长，即使今岁因不可抗力致收益减额，来岁尚可冀其回复，故永佃权人不得因不可抗力致收益减少而请免除佃租或减少租额，以保护所有人之利益"[④]，实际上是坚持了永佃权的法定物权性质，不能因不可抗力等原因而减免租额。(6)永佃权的抛弃和消灭(第1098－1110条)。

(二) 传统永佃制与西方永佃权的初次接触

从《大清民律草案》物权编起草者身份和出台背景来看，该章是依据西方民法体系来架构的，条文充斥的多是西方的法言法语；从永佃权

---

① 商务印书馆编译所:《民律草案》，商务印书馆1913年，第53页。

② 南洋公学译书院初译、商务印书馆编译所补译:《新译日本法规大全》点校本第一卷，商务印书馆2007年，第298页。

③ 商务印书馆编译所:《民律草案》，商务印书馆1913年，第54页。

④ 同上书，第55页。

的设置来看，永佃权无疑是一种他物权，可以转让和出租，有一定的使用期限；从该章内容来看，包括有永佃权的设定和存续、转让和出租、租额减免等。该章条文在采纳引进西方永佃权的同时（如物权法定原则、不得减免租额等），也考虑到我国传统永佃制的习惯，不少条文中可以见到“有特约或习惯除外”的但书条款，体现一定的灵活性和实用性，如明确规定永佃权人可以将土地租赁给他人来耕作或畜牧，实质就是允许转租的行为，难怪杨国桢会认为《大清民律草案》之“永佃权”章的规定包括了一田两主的内容，认为其与民间实际流行的永佃关系不尽符合。[①]

在《大清民律草案》中，日本法学家拒绝了明清以来盛行的“田面权”概念，以日本民法的“永小作权”为参照，首次使用“永佃权”来调整传统的永佃制，试图构建新的永佃权关系。“永佃权”与原有的“永佃”虽然仅一字之差，含义上也有相似性，但具体内容和运作上仍存在不少的差异。事实上，在永佃权出现后，不少人（包括立法者、司法者以及民事习惯调查者）经常将二者等同，1930 年的民法典正式英文版中，干脆直接用“yung - tien”一词，而不是把它们翻译为“permanent tenure”。[②]理论上而言，永佃制习惯与永佃权立法是完全不同的范畴，它们的交锋必然引起冲突，由于《大清民律草案》未及颁布实施，这种必然的冲突也就没有很多机会发生，至多是理论上的探讨，而当这个版本的永佃权条文被北京政府的《民律草案》几乎不加改造地采用时，在大理院的司法判决中，西方的永佃权与中国的永佃制习惯才开始了真正意义上的法律接触和冲突。

---

① 参见杨国桢：《明清土地契约文书研究》，人民出版社 1988 年，第 97 页之注解 2。

② 参见黄宗智：《法典、习俗与司法实践：清代与民国的比较》，上海书店出版社 2003 年，第 102—103 页。

二、清末民国以来的立法例

清代以前的永佃制更多体现在民间习俗中，很难在国家律法中找寻到踪影，清代《户部则例》中有旗地永佃制的规定，针对的是特定的土地和特定的土地使用者，并不具有普遍性。清末修律后，清末法律改革者以西方法律为蓝本，大规模引进西法，1911 年的《大清民律草案》和 1926 年的《民国民律草案》以德国和日本民法为范本，采纳单一独占的所有权原则，试图用全新的永佃权概念来包容和替代本国的永佃和田面权习俗，新法对永佃制的态度是矛盾的，既排斥又部分地承认，反映当时立法者的矛盾心理，两部草案都没有颁行，并不具有现实法的效力。因而，北京政府主要沿用旧律、习惯和西方法理来调整永佃权关系，前清的《户部则例》和两部民律草案的立法精神是其主要的判例依据，而经大理院整理归纳的判例也是当时重要的永佃权法律。而南京国民政府制定的民法和土地法也清楚地表明官方的立法意图和价值取向，1930 年的《民国民法典》在坚持西方法理和民法基本原则的基础上，借鉴吸收当时流行的"国家干预理论"和"社会公益原则"，对所有权绝对原则有所限制，但对"一田两主"的否定态度并没有改变。民国民法明确否定"一田两主"习惯，打压田面权，名义上是有效地"限制地租剥削、保障佃农"[①]，而在民间习俗与国家法典的冲突中，政府选择了法典，于是占尽优势的业主在成文法的支持下，更加有了"增租撤佃、限制佃权转让"的机会，押租、预租的普遍、租额的加重，以及租期缩短等现象的增加，都说明清末以来长期保持的业佃平衡被彻底打破。

---

① 民国永佃制多为开荒长耕、世代沿袭而成，主佃间除契约外，还有特定的人情关系在，限制、否定它等于推翻祖辈的做法，结果是让田底主能收回田皮权、恢复一元制的土地所有权，直接影响到佃户利益。

(一) 前清现行律之民事有效部分

《大清律例》中的民事条款,是传统法律文化中的民事情节,在清末民初被南京临时政府和北京政府依法援用后,具有了现行法的效力,直到 1929 年民国民法公布施行后才失效,这些内容实际构成清末民初之际的永佃权立法例。该民事有效部分的内容主要包括"田宅"部分之典卖田宅条,条例 3 则;《户部则例》中撤佃条款项 8 条等,而与永佃权直接相关的是《户部则例》中的撤佃条款。[①] 此处的撤佃虽未指明为"佃权",但实有长期或永久租佃之意,传统法律中的永佃明文规定不多,即便有也是简单提及,大概那些约定俗成的永佃习惯已然长存于民间,被民众了然于胸,似乎无需在国家律法中详以明述。

(二) 1911 年《大清民律草案》中的永佃权

即《民律第一次草案》,设有"永佃权"章,共 16 个条文,第 1086—1101 条,详细内容前面已述。该草案"系依据调查之资料,参照各国之法例,斟酌各省之报告,详慎草订"而成[②],而其实民事习惯调查所得的资料,各省的相关报告真正采纳借鉴的并不多,表明中国第一部民律鲜明的外来法特征,它试图用"永佃权"来替代、包容传统的永佃制度,赋予永佃权以物权的特性,但草案未及颁行而清亡,该律并没有真正的执行力,但司法实践中,其立法精神和原则理念已被北京政府的大理院推事加以援引适用,而由此所形成的判例也构成当时永佃权重要的现实法源之一。

(三) 1926 年《民国民律草案》中的永佃权

即民律第二次草案,对《大清民律草案》的改动不大。其在"物权

---

① 《户部则例》田赋门撤佃条款第二:"民人佃种旗地,地虽易主,佃户仍旧,地主不得无故夺佃增租。如佃户实系拖欠租银,许地主撤地另佃。倘佃户揹霸,呈官勒退。或地主实欲自种,佃户虽不欠租,亦应退地。若并无前项情形,而庄头地棍串唆夺佃增租者,严加治罪"。

② 谢振民:《中华民国立法史》下册,中国政法大学出版社 2000 年,第 744 页。

编"中设置"永佃权"一章，共10个条文，第866—875条。条文数目上较之《大清民律草案》是减少了，但内容方面没有大的变化。从该民律增设我国所特有的民事制度"典权"一章来看，说明其在继受外国法的同时，也考虑到对本国固有法的继承，尤其是清末民初所进行的官方主导、声势浩大的全国民商事习惯调查，更是说明这一点。立法者其实已经意识到，忽视本国固有法源"于社会经济消长盈虚，影响极巨，未可置之不顾"[①]，该法同样是草案，没有执行力。此外，民国元年的《奉天永佃地亩规则》，北京政府时期的《国有荒地承垦条例》及实施细则、《不动产登记条例》中也有相关规定。[②] 整体而言，这段时期永佃权的立法例不多，而现实的需要却是客观存在的，于是大理院的推事们只能从司法判例中找寻出路，根据前清现行律之民事有效部分、习惯和法理酌情处理，走出一条中国式的"活法"之路，取得丰硕的大理院判决例和解释例成果。

（四）1929年《民国民法》中的永佃权

这部分内容包括民法物权编和民法物权编立法原则的相关内容。"民法物权编"专章规定永佃权，共9个条文，内容包括永佃权的概念、设定、转让、撤佃和租额减免等内容。"民法物权编立法原则"中对佃权的性质、永佃权与租赁的区别、永佃权的存续期限及转让等，都有明确的立法意图说明，此处的"佃权"特指永佃权。而一般的租佃称为

---

① 谢振民：《中华民国立法史》下册，中国政法大学出版社2000年，第748页。

② 《国有荒地承垦条例》本是扩大永佃权适用的大好机会，但该条例并没有给予这种机会，条文中虽规定个人和法人都可承垦国有荒地，却规定了苛刻的开垦条件和程序，如必须事先向管理机构立案，提出申请书，并按规定交纳保证金（每亩纳银一角），取得承垦权，待按规定将荒地竣垦完毕和缴纳地价后，方可取得所有权证书。因而一般农民无力取得开垦资格，只能由大地主、大资本家承垦，而民初的农垦公司多采用雇工经营而非租佃制，改变了传统的开荒租佃经营方式，一定程度限制了民国永佃权的适用范围。《不动产登记条例》明确规定了永佃权可以作为不动产权利进行登记，并规定登记的方式和程序，体现了对永佃权的监督和管理。

"租赁"。

"民法物权编立法原则"第8条说的是永佃权与租赁的区别:"佃权之设定,定有期限者,视为租赁。

说明:佃权本有永久存续之性质,故定为有期限者,即视为租赁,适用债编关于租赁之规定,以示区别"。

"民法物权编立法原则"第9条说的是永佃权在不可抗力的情况下可以减免租额:"佃权人,因不可抗力致其收益减少或全无者,得请求减少或免除佃租。

说明:佃权为物权之一种,就理论言之,土地所有人固不应负何种责任,然佃权人多属经济上之弱者,故为顾全实际状况,规定如因天灾地变等不可抗力,致其收益减少或全无时,仍许其请求减少佃租,或免除佃租,以保护佃权人之利益"。[①]此处的"佃权"特指永佃权,而一般的租佃称为"租赁"。

(五)1929年《民国土地法》中的永佃权

民法中有关土地部分的物权法规,因与国民党之土地政策密切相关,故大多在土地法中加以规定,对于"土地所有人与永佃权人之间的关系","民法物权编立法原则"只是"仅定原则,以之让诸他种单行法令详为规定"[②],实际上后来出台的民国《土地法》并没有对此特别规定,大概当时的法理和立法已鲜明表明官方的观点:坚持所有权独占、限制和否定田面权。土地法在"土地使用"编"农地"一章中有"耕地租用"的规定,"耕地租用"的部分条款也同样适用于永佃权,体现对佃农耕作权的保护,详情下文中再述。

---

① 《民法物权编立法原则》共计15条,有两个条文事关永佃权,详情可参谢振民:《中华民国立法史》下册,中国政法大学出版社2000年,第772页。

② 谢振民:《中华民国立法史》下册,中国政法大学出版社2000年,第775页。

三、民国民法中的永佃权

（一）立法背景和立法精神的变化

1. 立法背景

1927年成立的南京国民政府，急于通过制定"六法体系"来稳定政局，治外法权的废除也需要中国法律的完备。作为大地主和大资本家利益代表者的国民党政府顺应历史潮流，重视发展资本主义工商业，提倡土地和资金的自由流转，表现在立法上必然效仿西方，借鉴西方最新的立法理念和立法文本，而囿于现实的压力和对习惯的考量，也保留了某些民事习惯，某些立法条文又是依从习惯人情而违背法理的，立法者矛盾和犹豫的心态在此表现得非常明显，反映出"参酌中西"、"中西合体"的知易行难。

据相关资料的记载，民国民法的起草者大多是有留洋西学背景的人[①]，他们熟谙英美法律体系，与西方法律界人士联系紧密，知了最新学术思想和潮流[②]，试图用西方的一整套原理和体系构建民国六法体系，具体到民法中则是采用当时最先进的原则理念，如所有权绝对原则、社会本位原则和社会公益原则，试图通过一系列超前立法来加速实现传统法律的近代化。有学者认为，民国民法制定公布之际正是社会本位法律思想兴盛之时，采用了西方最新的立法原则，其中有关永佃权的存续期间、永佃权人在遇到不可抗力而致收益减少时或全无时得请

---

① 1929年成立的民法起草委员会，委员包括傅秉常、史尚宽、焦易堂、林彬、郑毓秀（其辞去民法起草委员会委员后，由王用宾替补），顾问包括司法院院长王宠惠、考试院院长戴传贤、法国人宝道。委员和顾问共计有9人，有海外留学背景的占7人。详情可参阅张生：《中国近代民法法典化研究》，中国政法大学出版社2002年，第180－184页。

② 当时有不少外国法律家或学者来中国访问和讲学，如美国人庞德、罗炳吉、刘伯穆，法国人宝道等，详情可参阅王键：《西法东渐——外国人与中国法的近代变革》，中国政法大学出版社2001年，附录一。

求减少或免除佃租等的规定，更倾向于保护永佃权人的利益，体现由权利本位向社会本位的转变。[①]

2. 立法精神的变化

民国民法之立法精神的变化，在民法总则和民法各编中都有所体现。法律适用方面坚持“法→情→理”的顺序，首先以制定法为主，其次才是习惯和法理，这已经不同于传统法之“情→理→法”的适用顺序了。《民法总则编立法原则》第1条规定：“民法所未规定者依习惯，无习惯或虽有习惯而法官认为不良者依法理”。[②] 民法总则之起草说明书中也提到：“习惯之效力，欧美各国立法例本自不同。我国幅员辽阔，礼俗互殊，各地习惯，错综不齐，适合国情者固多，而不合党义违背潮流者亦复不少，若不严其取舍，则偏颇洼败，不独阻碍新事业之发展，亦将摧残新社会之生机，殊失国民革命之本旨。此编根据法治精神之原则，定为凡民事一切须依法律之规定，其未经规定者，始得援用习惯，并以不背公共秩序或善良风俗者为限”。[③] 上述这些官方规定确立了民法中的法律适用原则，即“国家法→习惯→法理”，呈现出不同法源的位阶高低，习惯（法）始终是在制定法之后，居于辅助和次要的地位，而作为习惯典型代表的“一田两主”，在此类法律制定和实施过程中，自然要受到限制和打压，呈现出一种变化的状态。

南京政府制定民法典的立法指导思想中也有否定习惯的，担任首届立法院长的胡汉民在1929年4月的《新民法的新精神》演说词中提到：“我们知道我国的习惯坏的多，好的少，如果扩大了习惯的适用，国

---

① 赵晓耕：《中国传统法律文化研究》（第三卷），“身份与契约：中国传统民事法律形态”，中国人民大学出版社2011年，第523页。

② 谢振民：《中华民国立法史》下册，中国政法大学出版社2000年，第753页。

③ 同上书，第755—756页。

民法治精神将更提不起来，而一切政治社会的进步，更将圩缓了”。[①]而即使有好的民事习惯也只能在无法律规定的情况下才能适用，而中国地域广大，各地风俗迥异，“引用全国性的民事习惯调查资料进行裁判是有危险的”[②]，这些调查资料“固可备各级法院及法校教授参考之用，更可作全国风俗改良之前驱”[③]，但功效则不好断定，这些习惯只有经过当事人举证、法官调查认可之后才具有法律效力，才可作为裁判的依据。

(二) 民国民法之永佃权的内容

1. 永佃权的概念和性质

民法第 842 条对永佃权做了解释：“永佃权者，以支付地租在他人土地上永久为耕作或牧畜之物权”。由此，永佃权的性质和特征包括：①永佃权是使用他人土地之物权也；②永佃权是以耕作或牧畜为目的而使用他人土地之物权也；③永佃权是永久在他人地上为耕作或牧畜之权也；④永佃权是支付佃租他人土地之物权也。

依据该条之规定，永佃权如设定有期限的就视为租赁，应适用债权之租赁的规定。此外，永佃权人利用土地如果不是用来耕作或牧畜的话则视为地上权，永佃权与地上权的差别，在 1932 年司法院的一则解释中说得很清楚：“(永佃权)目的在定期收获而施人工于他人之土地以栽培茶桑等植物者为耕作，与地上权不同，应分别适用永佃权或租赁之规定”[④]，地上权是因土地上有建筑物而使用他人土地的一种权利，而永佃权的重心一直在于农业耕作以获取收成。

---

① 王养卫编：《革命理论与革命工作》，民智书局 1932 年，第 848 页。转引自施沛生编：《中国民事习惯大全》，上海书店出版社 2002 年，第 14 页。

② 施沛生编：《中国民事习惯大全》，上海书店出版社 2002 年，第 14 页。

③ 同上书，序言。

④ 南京国民政府司法院 1932 年院字第 738 号解释。

依据我国习惯,佃权期限有无期和有期之分,现实中的确有当事人在设定佃权行为时,订有数十年或数百年存续期间的契约,这种情况若按照民法规定就只能适用租赁,则对佃权保护不够,难怪有学者认为这项永佃权期间的条款不免有矫枉过正之嫌。[①] 相比之下,土地法第117条的规定更为现实可行:"申请为永佃权设定或移转之登记时,申请书内应记明佃租数额,其登记原因,订有存续期间付租时期或有其他特约者亦同",并不否定习惯也不否认佃权的存续期间,甚至认可当事人之间的特别约定。

2. 永佃权的取得

永佃权的取得方式包括法律行为和法律事实两种。(1)因法律行为而取得。此类方式又分为两种:一种是依据契约来设定永佃权,但必须以书面依法完成登记后,永佃权才能发挥效力;另一种是因让与契约而取得永佃权,但永佃权的变动,也应以书面契约和履行登记行为才发生效力。[②] 两种方式都强调书面契约和登记行为是永佃权设立和变动的前提条件,反映出永佃权之物权法定性。(2)因法律行为以外的事实而取得。此类方式包括因继承和法律设定(即法定永佃权)等而取得永佃权[③],但都应依法办理物权登记后才发生永佃权的效力。这里并没有将"久业成佃"的做法规定进来,没有采用法律认可习惯的方式。

3. 永佃权人的权利

(1)使用收益权。依民法第842条的规定,永佃权是支付佃租,永

---

① 曹杰著:《中国民法物权论》,周旋勘校,中国方正出版社2004年,112页之注解1。

② 土地法第117条是关于永佃权设立登记的程序规定:"申请为永佃权设定或移转之登记时,申请书内应记明佃租数额、其登记原因、定有存续期间付租时期或有其他特约者亦同"。

③ 依《土地法》第133条的规定,承垦人自垦竣之日起,无偿取得所领垦地之耕作权,应依法向该管县市地政机关申请耕作权的登记,但继续耕作10年以上者,无偿取得土地所有权。此耕作权有准永佃权之性质。参考史尚宽:《物权法论》,中国政法大学出版社2000年,第214—215页。

久在他人土地上为耕作或畜牧的一种权利，因而永佃权人的使用收益权是永佃权人使用土地和收益土地上天然孳息的权利。(2)相邻权。依民法第850条的规定，永佃权人享有土地所有人的相邻权的规定。(3)处分权。依民法第843条、第845条的规定，永佃权人依法可以转让其权利给第三人，并可在永佃权上设置抵押权，但不能设置典权和将土地出租，即禁止一田两主。(4)地上物的取回权。依民法第839条的规定，永佃权消灭时，永佃权人可以取回在土地上耕作或牧畜所用的工作物，但应该恢复土地原状。

4. 永佃权人的义务

(1)支付佃租的义务。依民法第842条、第844条的规定，永佃权人应该支付地租，但遇有不可抗力而减少收益或收益全无者，可请求减少或免除租额。之前实践中也有因客观情况变化而增租的请求和纠纷，大理院1915年上字501号判例："当事人于设定佃权时，已订明永远存续者，日后若经济状况之变更，足认为原约租额太轻，设定人原无妨以邻近地方为标准，向佃权人为增租之请求"，说的正是这种情形，既认可永佃权的长期永久性，也具有一定的变通灵活性。

(2)不得将土地出租的义务。依民法第845条的规定，永佃权人不得将土地出租于他人，违反者，土地所有人可以撤佃。其实之前实践中，1918年大理院上字第983号判例是允许转租的，既然永佃权是一种财产权，就没有理由来限制其转租，当时的日本民法第272条也是允许转租的①。这里的禁止出租是新民法的一种改变，理由无外乎永佃权之设定一般着眼于当事人之一身，设定的目的也是希望当事人来改良土地，若允许出租则不利于改良土地，容易造成大农剥削小农的现

① 南洋公学译书院初译、商务印书馆编译所补译：《新译日本法规大全》点校本第一卷，商务印书馆2007年，第297页。

象。正如最高法院判例1938年抗字第820号所言:“物权有排他性,在同一标的物上,不能同时成立两个以上互不兼容之物权。故同一不动产设定两个互不兼容之同种物权者,惟其在先之设定为有效”,民国官方对一田两主的态度非常明显。此外,土地法和佃农保护法也有类似的规定,更加体现出官方坚持“一元产权”的坚定立场。①

(3)返还土地的义务。永佃权消灭时,永佃权人对附属于土地上的农作物或工作物应该恢复原状。

5.永佃权的消灭

(1)因土地所有人撤佃而消灭。这是永佃权消灭的主要原因,依民法第845、846、847、849条的规定,撤佃包括两种情形:一是永佃权人违法将土地出租给他人时而撤佃,二是永佃权人因积欠租额达两年之总额者而撤佃,习惯另有规定在外。第一种情形是由于永佃权人违法转租而遭撤佃,有利于保护佃农、减轻租额和田赋的征收,第二种情形是由于永佃权人欠租达到一定数额而遭撤佃,但另有特约习惯者不得撤佃,有利于保护佃农利益。至于“所有人收回自耕可否作为撤佃条件”,民法没有明确规定,其第458条规定了普通租赁之耕作地出租人收回自耕时可以终止契约。相比之下,土地法为奖励土地所有人自行耕作,允许其有撤佃权,土地法第180条规定,当出租人收回自耕时可以终止租佃契约,消灭永佃权。

民法之撤佃条件经常是业佃纠纷发生的原因,实践中往往被业主有心利用,成为撤佃的法宝,导致永佃户哭诉无门,而立法上之撤佃条件范围的大小也是重要的因素。“浙江永佃权之形成,十九为农民乱后所占垦,经官方明令只许收租,不得撤佃,故当时只有人的隶属关系,并

① 土地法第174条:承租人纵经出租人承诺,仍不得将耕地全部或一部转租于他人;佃农保护法第9条:废除包租包佃制度。

无契约明文。……后财厅为增税制定征收永佃契税施行细则，规定有‘此项权利之转移设定均用书面契约，仅口头结定者不发生效力’，于是一般的永佃田主利用这个机会来推翻无书面契约的永佃农。查省佃业仲裁会议决案中，佃农因此种情形不能证明其有永佃权遭撤佃者，比比皆是。而民法中的撤佃条件，亦为促使永佃消灭之有力契机”。①

(2)因永佃权人抛弃而消灭。民法中对此并无特别规定，依据民法第764条的规定“物权，除法律另有规定外，因抛弃而消灭”，永佃权人可以放弃此项权利，比之于土地所有人的撤佃，它是一种主动的抛弃权利。因此，土地法中要求永佃权人应该提前3个月向土地所有人做出明确的意思表示。

(三) 三部民律之永佃权内容的变化

1. 永佃权之租额减免从“不变”到“可以变”

一般而言，永佃权租期永久，租额也是固定不变的，允许永佃权租额的减免，实际上减轻了佃农负担，适应了“二五减租”运动的大趋势，却不符合永佃权之物权理念，反而使永佃权呈现租赁的性质，表明立法者的矛盾心理和立法上的实用主义。受德国民法和日本民法的影响，《大清民律草案》第1096条、《民国民律草案》第870条，严格遵循物权法定原则，规定因不可抗力使永佃权人收益减少或全无时，永佃权人的佃租不得随意减免，除非当事人有契约或有特别习惯。永佃权作为法定的他物权，权利义务皆由法定，不能轻易变动，而作为债权的租赁，则允许当事人变更权利义务，因而，是否允许一定条件下永佃租额的变动，体现出债权和物权不同的性质。民国民法以保障佃农利益为宗旨，第844条明确规定“永佃权人得请求减免佃租”，允许主佃双方变更租额条款，某种程度上又承认永佃权的租赁性质，立法条文的变化其实是

① 章有义:《中国近代农业史资料》第三辑(1927—1937)，三联书店1957年，第253页。

基于如下的考量，《民法物权篇立法原则》第9条之说明："佃权为物权之一种，就理论言之，土地所有人固不应负何种责任，然佃权人多属经济上之弱者，故为顾全实际状况计，规定如因天灾地变等不可抗力，致其收益减少，或全无收益时，仍许其请求减少佃租，或免除佃租，以保护佃权人之利益"[①]，反映了立法者在面对西方物权理论和固有习惯冲突时所采取的现实而有人情的做法，若从性质而言，此条似乎是将永佃权从物权领域退回到债权领域。而灾荒之年减免租额一直是民间的习惯做法，该习惯早在中国北宋时期就有类似的规定[②]，从这个意义言之，这种立法上的变化，似乎是遵从了习惯，这里不妨理解为"习惯优先"。

2.对永佃权采用"永久存续"的期限

民国民法对永佃权的期限设定为无期或永久，一改前两部民律草案之"20—50年"的期限规定，事实上是又回归了习惯做法，符合国人的文化观念，也便于法条的理解和适用。前两部民律草案深受日本民法的影响，借鉴了日本的"永小作权"，将永佃权的期限设定为"20年以上50年以下"（《大清民律草案》第1089条、《民国民律草案》第867条），相比之下，《民国民律草案》以"若法律有特别规定或有特别习惯者"作为例外情形，似乎比《大清民律草案》更加重视"习惯"这个例外，这多少与当时大规模进行的民商事习惯调查活动有所关联，并且草案立法者和民法研究者已经意识到习惯的重要性[③]，民国民法视"永佃权

① 谢振民：《中华民国立法史》下册，中国政法大学出版社2000年，第772页。

② 赵冈：《历史上的土地制度与地权分配》，中国农业出版社2003年，第216页。

③ 《民国民律草案》中增设"典权"一章说明立法者的态度变化，正如民法学者江庸在论及对《大清民律草案》修正时所指出的理由："前案多继受外国法，于本国固有法源，未甚措意。如民法债权篇于通行之'会'，物权篇于'老佃'、'典'、'先买'，商法于'铺底'等全无规定，而此等法典之得失，于社会经济消长盈虚，影响极巨，未可置之不顾"。（参见谢振民：《中华民国立法史》下册，中国政法大学出版社2000年，第748页）

为永久存续之性质”，永佃权是永久在他人土地上的耕作权或畜牧权，这种期限上的变化应该是考虑到我国的永佃制习惯，考虑到永佃权在民间的可接受程度，一直以来的“长耕、世耕、永佃”怎能人为地缩短为几十年呢？因此，民国民法特别规定“永佃权若定有期限者视为租赁”，试图以期限上的差异将永佃权与租赁权区别开来，进一步明确了永佃权的物权特性。

3. 永佃权人可否转租的问题（即是否允许“一田两主”）

两部民律草案（大清民律第1092条、民律草案第868条），允许永佃权人将土地赁贷给他人，除非当事人有约定或依特别习惯禁止的，说明民律草案在引进西方永佃权的同时，并不排斥和否定“一田两主”的习惯，大理院也有不少尊重一田两主的判例，而民国民法第845条则明确规定“永佃权人不得将土地出租于他人”，否则构成地主撤佃的理由，明确反对一田两主，官方的态度如此的坚决，直接导致“一田两主”在各省区的发展受限，田面权在局部地区、一定时期内呈现萎缩的状态。至于官方否定的原因，无非一田两主已经构成对土地所有者神圣权利的威胁，该习惯与物权基本原则相冲突，不利于土地的自由流转，“田面所有权的民间惯习与现在定义的合法的土地所有者（即田底主）的权利直接抵触”。[①] 对此，有的学者认为：设定永佃权的目的是希望永佃权人能够改良土地，增进地力，若允许出租，就不能实现这个目的了，同时也会出现大农剥削小农的情形，不利于保护耕作人。[②] 还有的认为：永佃权人享受的利益很是优厚，既能永久保有该权利，又有减免佃租的特惠，若再允许永佃权人出租土地，就会不劳而获，坐享其成，辗转剥削，

---

① 黄宗智：《法典、习俗与司法实践：清代与民国的比较》，上海书店出版社2003年，第101页。

② 曹杰著：《中国民法物权论》，周旋勘校，中国方正出版社2004年，第115页。

与政府奖励自耕农,减少掠夺的本意相违背。[1]

4.撤佃事由的增加

田主撤佃是对原有永佃权关系的打破,尤其是禁止转租的撤佃理由,于永佃权不利。“继续两年怠于支付佃租或被破产宣告”构成两部民律草案的撤佃理由,民国民法在此条款上则有所变化,一是去掉了“破产宣告”,二是将撤佃内容改为“积欠地租达两年之总额者”,三是增加了“转租”这一项撤佃理由,大概“破产宣告”实在与当时的社会现实距离太远,而转租却是经常会遇到的情况。“继续欠租两年”这个撤佃事项由来已久,似乎是习惯的效应,如罗马法上永佃权之欠租撤佃理由为“怠于支付佃租继续三年以上者”。至于“转租撤佃”理由完全是立法者新创造出来的,为的就是禁止“一田两主”,打击传统永佃制习惯,推行国民党的土地政策,便于土地所有权的流转和资本主义工商业的发展。

总之,三部民律在永佃权条文内容上的变化是各有进退,总体趋势是试图改造原有的永佃制习惯,否定一田两主,法条中以习惯或契约作为例外的情形愈来愈少,体现国家立法权和物权法理的趋势增强,体现传统习惯与现代法理之间的冲突以及立法者在“制定法和习惯法”之间游离和取舍的矛盾在增强。立法者这种主观上的努力,尽管打着“保护佃农利益”的招牌,客观上却打破了原有的业佃平衡,尤其是对“一田两主”的禁止,限制了永佃权人的权利,损害了佃户的权利,有利于地主的利益。民国永佃权条文多少体现了对传统民事习惯的认可和尊重,但这种认可度和关注度却在逐步地降低,西方法律的原则和理念始终是被强调和重视的,尤其是在传统习惯与西方法理之间发生冲突时,国家制定法肯定要优先于习惯。

---

① 梅仲协:《民法要义》,中国政法大学出版社1998年,第569—570页。

四、民国土地法中的永佃权

（一）土地法的立法背景和主要内容

1. 立法背景

上文中已详述民国时期的土地问题和土地政策，土地政策的核心即孙中山提出的“平均地权和耕者有其田”，并在不同时期随之调整发展。土地法也是在此基础上成型并且是贯彻实施土地政策的重要途径，作为起草者之一的地政官员兼学者的吴尚鹰认为，土地法是解决土地问题的主要方法和途径，明确指出了实现土地政策的具体路径：按照地价征税，土地改良归为公有；制定土地法、土地使用法、土地征收法、地价税法等；实现农民的耕者有其田[①]，表明了土地法的宗旨所在。

而从土地法的制定和修改的过程来看，态度是认真、积极和谨慎的。1930 年的《土地法》主要是依据孙中山“平均地权”的要旨，并参考廖仲恺在广州与德国的单威廉博士（Dr. Wilhe Im Shrameier，1859—1926）讨论土地税法的结果，同时借鉴了加拿大、英国、德国等国的土地法案。土地法从草拟到公布，经过一年半的研究讨论。1928 年 11 月开始酝酿土地法，先拟出《土地法原则》9 条，再依据该原则，拟好《土地法初稿》，由土地法委员会召集财政、法制、经济各委员会，多次召开联席会议详加审查，分别修正通过，完成《土地法草案》共 405 条，又提付二读，删去 8 条，再经三读，最后一致通过，于 1930 年 6 月 30 日公布，由此可见，立法态度之严谨认真。其后，土地法又几经修改，以适应现实变化的需要，1934 年拟具修改土地法意见书，1936 年 5 月通过修正

---

① 吴尚鹰：《土地问题与土地法》，载《民国法学论文精萃（第三卷）》，法律出版社 2004 年，第 58 页。

土地法23条原则，使土地法更趋完善，到1946年又颁布《修正土地法草案趣旨说明》，将之前的原则进一步修订，并再次公布土地法。

2. 主要内容

从土地法的基本内容来看，涉及整理地籍、规定地价、统制土地使用、地权调整等内容，共计有总则、土地登记、土地使用、土地税和土地征收五编，共397条，基本包括了土地法原则、土地的开发利用和保护、土地权属等现代土地法的主要内容。因此，土地法内容上是完备的，但从实施过程和效果来看却是散乱而不成功的，撇开动荡时局的因素，后人多认为当时国民党积极推动土地法的主要直接目的是"整理地籍和征收土地税"，民生主义的真谛并未被广为接受。

有学者认为土地法的内容是用"征收地价税"的方法来达到"平均地权"的目的，而平均地权的方法详细规定在土地法中，"准是以观，由社会之所有权化之理论倾向，渐次进入试验期中，殆为不可掩之事实矣"，所有权之社会化与社会之所有权化理论都采纳于土地法中，与民法之物权编相辅而行，相比之下，物权编仅限于私权范围内，保护的是个人权利而已①，对于制定和实施在后的土地法而言，更侧重民国土地政策的实行，并受到当时社会化思潮的影响。

事实上，土地法在公布后就发现存在不少问题，实际也影响到它的实施和效果。中国地政学会明确指出：若依照土地法规定的程序来推行土地政策，实在是缓不济急②，"照价收买、涨价归公"这些办法，在实际上很难行得通，需要修正③，"过去对耕者有其田作正面反对的固不多，但在方法上，差不多都采用'局部的或迂回的'……这是难得有何成

① 曹杰著：《中国民法物权论》，周旋勘校，中国方正出版社2004年，第4页。

② 祝平：《中国土地行政与土地立法之进展》，出版年月不详，第50—52页。

③ 《座谈中国土地问题》，《中央周刊》1948年第10卷第12期，第6页。

就的”。[1] 地政学者张丕介也认为，“国民党在土地政策方面多偏于技术，大部分未接触到问题本身……等到我们把意见整理，变为方案，化为立法，然后付之执行，获得效果，这中间尚有遥远的距离”。[2] 当时这些学者们的观点或多或少，或严或宽的评价点出了民国土地法的实质所在，立法宗旨和内容是先进完备但不那么适合当时的背景，看起来很不错却难以实施到位。[3]

（二）土地法中的永佃权

由于民法物权编已对永佃权有详细规定，因此土地法及施行法中不设专章或专节，而是将永佃权的调整置于“耕地租用”方面来调整。土地法中有关永佃权的条款并不多，土地法在第三编“土地使用”之第三章“农地”一章中有“耕地租用”的规定。而依据《土地法施行法》第42条的规定，“土地法关于耕地租用各条之准用于永佃权者”，土地法第171、173、175、177、178、179、186、187条的规定都适用于永佃权，进一步扩大了永佃权的适用范围。

1. 永佃权人的权利扩张

土地法所指的“耕地租用”即“以自任耕作为目的，约定支付地租，使用他人之农地者”，这里只有“自任耕作”时才能适用土地法。较之民法上的“耕作地租赁”，土地法上的“耕地租用”对佃农有更进一步的保护，比如土地法确立了永佃权人的优先承买权、承典权、收买土地请求权、征收权等多项权利。《土地法》第30条规定了收买土地权，第173条规定了永佃权人的优先承买权，第174条规定了永佃权人不准转租耕地，与民法一样否定“一田两主”，而第175条规定了承租人的征收权

① 《座谈中国土地问题》，《中央周刊》1948年第10卷第13期，第10页。

② 同上书，第10期，第8页。

③ 何莉萍：《南京国民政府土地政策和土地立法之评价》，《法史学刊》2006第1卷，社会科学文献出版社2007年。

更是扩张承租人的权利。[①] 此外,1932 年 12 月,内政部曾通过《租佃暂行条例草案》,加强对佃农利益的保护,细化土地法的相关规定,虽然没有很好地实施,但反映出立法者对永佃权的态度和考量。其第 11 条规定:"业主典当或出卖土地时,佃农依同样条件有优先承典或承买权。土地所有权移转时,除移转于自耕农外,佃农有继续承租权。佃农依地方特殊习惯,有偿或无偿取得永佃权者,得仍依习惯办理"。

2.撤佃事由的增加

撤佃事由的增减直接关系到业佃双方的关系和永佃权的存续问题。土地法在遵循民法物权编的同时,也根据社会情况而有所变化,如增加撤佃事由,尤其是"出租人收回自耕"更是对永佃权人不利。《土地法》第 180 条规定了不定期租佃契约终止的情形,即撤佃事由,同样适用于永佃权。这七种情形具体包括:承租人死亡而无继承人时;承租人抛弃其耕作权利时;出租人收回自耕时;耕地依法变更其使用时;违反民法第 432 条和第 462 条第 2 款规定时;违反第 174 条规定时;地租积欠达两年之总额时。七种情形中,于民法之外又增加了"出租人收回自耕"的撤佃条款,客观上对永佃权制度的发展非常不利。

对于撤佃的条件,是否应该明确列举出来,还是兼顾习惯的做法,各省意见不一致,福建对于通过代价而取得的佃权,主张即便土地所有权移转也不应该变更佃权,应该对这类佃农的佃权进一步保障。1932 年的《租佃暂行条例草案》其原则第 6 项对随意撤佃予以限制:"佃农如能完全履行其义务,除地主收回自耕或土地所有权移转于自耕农时,出

① 《土地法》第 33 条:同一承佃人继续耕作 8 年以上之耕地,承佃人得依法请求代为照价收买其土地。第 173 条:"出租人出卖耕地时 ,承租人依同样条件有优先承买之权"。第 174 条:"承租人纵经出租人承诺,仍不得将耕地全部或一部转租于他人"。第 175 条:"本法施行后同一承租人继续耕作十年以上之耕地,其出租人为不在地主时,承租人得依法请求征收其耕地"。

租人不得任意撤佃”。该条例第9条更是规定了撤佃的十种情形:“承佃人自愿解约时;承佃人死亡而无法定继承人时;业主为生活必要收回自耕时;承租地依法变更其使用时;承佃人因伤病残废且无人代行耕种时;承佃人受刑事处分无人代耕时;承佃人故意荒芜地亩或妨害业主产权,经证明确实时;承佃人将土地转租他人时;土地所有权移转于自耕农时;地租积欠达二年之总额时,但荒年及遇不可抗力者,不在此限”。[①]

3. 对押租和转租的禁止

为适应国民党土地政策和各项地政活动的实施,土地法对押租包租和转佃转包持否定态度。《土地法》第174条中更是明令禁止转租转佃,不管是部分或全部转租,法律禁止的目的在于保证田土的税赋,而转租转佃引发的田土纠纷不利于此。在这样的禁止转佃的大背景下,一田两主所谓的转佃更是不可能,当然会受到法律的打压禁止,因此,对永佃权和田面权的实施有一定的影响。事实上,自清代以来,转佃一直是法律所明令禁止的违法行为,《金堂县志》记载的道光二十九年(1849年)“公议义仓谷石规条”十二则,以及《崇庆县志》记载的社田条规十项中,都有关于禁止私田私自转佃加押的规定,“如有此等情弊,一经发觉,定取田另佃”。[②]

否定转佃的原因主要在于传统的租佃制观点和“耕者有其田”的宗旨。地租具有剥削性,地主不得过度榨取,“若从平均地权原则上观之,所谓地租者,为不劳而获之收益,应全数归公,地主不得而私”[③]。正如

---

① 章有义:《中国近代农业税史资料第三辑(1927—1937)》,三联书店1957年,第299页。

② (清)王树桐、徐璞玉、米绘裳等纂修,同治《续金堂县志》,同治六年(1867)刻本,卷八“民赋”,转引自李德英:《国家法令与民间习惯:民国时期成都平原租佃制度新探》,中国社会科学出版社2006年,第159页。

③ 吴尚鹰:“土地问题与土地法”,载《民国法学论文精萃(第三卷)》,法律出版社2004年,第82页。

民国学者所总结的:允许永佃权人转租,与《佃农保护法》关于废除包租包佃的规定相违背,也加重大农对小农的剥削,与政府减少剥削、扶植自耕农的规定相左,这就是官方禁止转租的主要原因。[①]

总之,传统永佃制经由西方永佃权的改造,最终以"民国永佃权"体现于民国民法中,有了生存和发展空间,但后来的土地法和国民党的土地政策却限制了其发展,再加上人们对于租佃制和永佃制的偏见认识,不难理解民国永佃权在民国后期的艰难发展状况。但从立法上看,民法赋予永佃权以用益物权的地位,同时也不完全否认永佃制习惯,体现兼采包容的模式,而土地法的重心则是经由"平均地权"最终实现"耕者有其田",自然要对租佃制和永佃权加以限制或否定,立法上的这一张一弛、一促一限,真实反映出民国学界对永佃权的两难态度,当然终究还是实用主义占据了上风。

第四节 民国永佃权的司法调整

明清时期的田面权纠纷多会私下解决,除非涉及税收问题,才会闹到官府衙门,而到民国时期,由于有了法律的支撑,再加上地主的恶意所为,这类纠纷日益增多起来,大理院和司法院的相关判例和解释例也随之增加。主佃双方若相安无事还好,一旦发生纠纷,闹上法庭,败诉的多半是无知的佃户。虽然大理院和司法院在法律适用的依据方面差别较大,但在永佃权司法调整方面却并不是很大,有关永佃权的司法判例和解释例在表层的变化之余也有其内在的关联,颇值得研究。由于民国历经三届政府,下面分别以北京政府时期大理院裁判活动和南京国民政府时期最高法院的裁判活动为例加以说明(因最高法院隶属于

---

① 曹杰:《中国民法物权论》,周旋校勘,中国方正出版社 2004 年,第 115 页。

司法院，故以司法院判例简称之)，资料来源主要是郭卫等人的编辑整理和出版的《大理院判决例全书》[①]、《大理院解释例全书》[②]、《最高法院判例要旨》[③]和《司法院解释要旨分类汇编》[④]等，这些资料全面完整、丰富翔实，为相关研究打下坚实基础，文中凡涉及相关判例、解释例的，都原样呈现其字号、年份和内容，以示对比映照。从内容上讲，判例所涉及的法律主要是民法之永佃权章，此外还涉及大理院时期的《奉天永佃地亩规则》、《直隶旗圈地售租章程》，最高法院时期的土地法、佃农保护法等法规。

一、大理院判例和解释例

(一) 大理院之永佃权判例

由于民初法律的整体欠缺状况，司法裁判中对于习惯和西方法理的依赖性较大。大体而言，大理院推事在民事案件中适用的法源顺序如下：法律(现行律民事有效部分和民事单行法)、民事习惯、法理或条理等(西方民法学说原则、民律草案)。1917 年，奉天高等审判厅厅长沈家彝在呈请创设司法部调查会的呈文中就说到："窃查奉省司法衙门受理纠纷案件以民事为最多，而民商法规尚未完备，裁判此项案件于法规无依据者多以地方习惯为准据。职司审判者苟于本地各种习惯不能尽知，则断案即难期允惬。习惯又各地不同，非平日详加调查，不足以期明确"[⑤]，这番话语一方面说明了当时司法官断案时无法可依的严峻现实，另一方面也说明司法实践对于民事习惯的依赖程度，于是司法官

---

① 郭卫编：《大理院判决例全书》，会文堂新记书局 1931 年。

② 郭卫编：《大理院解释例全文》，会文堂新记书局 1932 年。

③ 最高法院判例编辑者委员会：《最高法院判例要旨》，大东书局 1944 年。

④ 刘霨凌著，《司法院解释要旨分类汇编》，大东书局 1946 年。

⑤ 转引自赵晓力："中国近代农村土地交易中的契约、习惯与国家法"，《北大法律评论》第 1 卷第 2 辑 1999 年，第 431 页。

在特定有限的条件下，开始了难得的"法官造法"活动，据统计，大理院自1912—1927年，共审断民事案件2万余件，其中被大理院编为判例，具有法律规范效力的约1757件，"这些判决或明确解释了某一现行法的内容，或对某一现行法进行扩张解释，或在现行法之外创制了新的民事法律规则"[①]，目前收集到关于永佃权的判决例计有44条[②]，这些几经筛选才整理出来的判例（要旨），本身也成为之后法官断案的主要依据，现将其内容整理概括和分析如下：

1. 佃权的性质和特征

有关佃权性质无非债权和物权两种，普通租佃是典型的债权，而佃权则兼有两者并更多体现为一种物权。大理院时期除了前清《户部则例》之撤佃条文外，再无明确的法条规定，但两部民律草案之永佃权的设置已清楚表明官方的物权态度，司法官在实践中已经采用西方永佃权之物权说来断案，形成一系列判例。"佃权为物权，不因业主更换而受影响"[③]，肯定了永佃权的物权性质且不因业主更换而受影响。"佃权与租赁权之区别，以契约内容为断"[④]，明确指出了佃权为法律所认可，点明其与租赁权的区别。这些判例鲜明表达了佃权独立性的理念，以及佃权与租赁的区别，体现不同的权利义务。

---

① 张生：《民国初期民法的近代化》，中国政法大学出版社2002年，第65页。

② 这44条判例的时间跨度从最早的1913年到1919年，用传统的"佃权"称呼来指代"永佃权"，有关民法永佃权的37条，其他法规的7条。判例涉及的事项包括：撤佃事由计有12条，佃权人的权利及限制11条，佃权的认定设定7条，佃权的消灭2条，佃权的期限4条，佃权的性质特征2条，租价之确定2条，增租事由2条，永佃规则的适用范围1条。有时，同一个判例会涉及多项判例要旨，故单项统计数可能会略多于实际的判例条数。

③ 1914年上字第305号：佃权本系物权性质，无论业主更换何人当然永久存在，不受影响。现租则系债权性质，仅对于原业主得以主张，如新业主并未允佃，当然无强求之权。

④ 1914年上字第688号："佃权之存在已为现行法律所明认，而其是否佃权抑系通常租赁权，自应视当事人间契约之内容以为断"。

2. 关于永佃权的认定和设定

永佃权的认定是对习惯上永佃契约和原有佃权关系的确认，通过司法上的确认来完成国家法对习惯的认可和改造。永佃权的设定则是依据法条而为的设立和登记行为。认定和设定主要指永佃权的成立要件，而永佃权的成立涉及习惯上要件和法律上要件两方面，前者如“不标明永久字样”、“不以书面契据”等，后者主要指民法中永佃权成立的法定要件。

正如大理院 1913 年一则判例所指出的“佃权成立应具备一定要件”[①]，其成立要件包括法律上的和事实上的习惯，不能仅以有无“永佃”字样作为判断依据。而民国事实上的永佃权多为习惯上的永佃和一田两主，在 1922 年《不动产登记条例》颁布之后[②]，田主趁机利用业佃纠纷和不动产权利登记的契机，要求重新认定永佃权关系，而有些永佃权关系就在此过程中被否决了，也算是新法对传统永佃制的一种冲击。

(1)佃权的认定。对永佃制习惯的认定，计有“庄头壮丁名目、租契不必有永远耕种明文、带地投充之人、佃权设定不以订立书据为要件”等事项。以“庄头壮丁名目”[③]、“带地投充”[④]作为认定要件的，主要是基于旗地存在的客观事实及“习惯上旗地多采永佃经营方式”的事实，

---

① 1913 年上字第 137 号：“佃权成立应具有一定之要件，习惯上亦即有一定之标准，不能以原契据内无永佃字样即可断定为非佃权”。

② 依《不动产登记条例》的规定，永佃权的设定、保存、移转、变更、限制、处分或消灭，都应该进行登记，而只有经过登记后的永佃权才具有对抗第三人的效力。

③ 1913 年上字第 93 号：“有庄头壮丁名目即属佃权关系之发生”。

④ 1916 年上字第 792 号：“带地投旗之关系，征诸前清旧例，与圈地性质大略相同，其地之原所有人虽已丧失其所有权，而仍得有永佃之权利。此项佃权苟非有法律上之原因已归消灭或已移转于他人，自可传之子孙为遗产之一种”。

而"租契不必有永远耕种明文"①,则以契约内容所载之佃户权利作为判断依据,是以事实上的永佃制习惯为判断的。"佃权设定不以订立书据为要件"②,更是明显的不以法定条件而以习惯上的事实作为认定依据。

(2)佃权的设定。设定是以法定方式予以认定永佃权的,如"重复佃权以设定在先者为有效"③,"永佃权之设定不必定有押租,旗地之外亦有永佃地"④,都是以永佃权的物权性质来加以认定。而"官地浮多,由佃户先报",允许报的、登记的就是永佃权。⑤

3. 撤佃的事由

撤佃是对原有永佃权关系的解除,是永佃权消灭的原因之一,因此纠纷最多、判例也最多,特单独列出。撤佃事由的增多,反映出当时永佃、田面权受限制和打压的现实。在民国地价上涨、业佃激烈竞争的背景下,撤佃对于佃户非常不利,直接导致永佃权的减少。撤佃权当然不能随意行使,依法或遵从习惯,大理院也确立了"主张撤佃须有法令或习惯所认之原因"⑥的判例要旨,明确佃权撤佃的法律适用。大理院有关永佃权撤佃的判例共有 12 项,其撤佃理由可概括为允许和不允许或

---

① 1915 年上字第 2250 号:"租契虽无永远耕种明文,然经载明佃户不愿或不能耕种时乃将地交回而除拖欠租粮外并未附有何项解约之条件,其为佃权之设定,亦自显然无疑"。

② 1918 年上字 1265 号:"佃权之发生原不限于佃户佃垦之一端。在现行法上既无五十年最长期之限制亦非以订立书据为要件,苟有历久惯行之事实,足以认定有佃权之存在者,依法自应予以保护,地虽易主亦不许无故撤佃"。

③ 1918 年上字 1457 号:"佃权应有优先效力,故于同一标的地上设定重复之佃权,则应以设定在先者为有效"。

④ 1919 年上字 377 号:"佃权之设定固不必尽出于地主收有押租之原因,而就民粮地亩设定佃权者与旗地永佃关系发生之原因虽有不同,要难谓旗地以外之地亩不能有此项权利关系之存在"。

⑤ 1916 年上字第 9552 号:《奉省清赋章程》第 7 条称:"佃户承种官租地内,如有浮多,准佃户首报交价,作为该佃永业",他人不得争执。

⑥ 1917 年判例上字第 1437 号:"凡因特别法令、习惯或当事人间之特约于他人土地上享有佃权者,应以具有该法令习惯或特约所认许之撤佃原因时,地主有主张撤佃之权"。

合法和不合法的两类，允许撤佃的有 8 项，不允许的为 4 项。虽然前清户部则例中有“人民佃种旗地不得无故增租多佃”的规定，但判例中允许撤佃的数量明显多于不准撤佃的，撤佃理由明显增多，尤其是法律之外撤佃理由的增多，体现实践中田主和佃户势力强弱的变化。明清以来一直相对稳定的主佃关系开始变得不稳定，永佃制习惯在西方法律观念的影响下，被地主以各种理由撤佃而变得日渐势微，佃权人权利开始受限，传统永佃制关系已然在变化。

(1)允许撤佃的理由

前清户部则例规定了撤佃的两个法定理由，“欠租和地主收回自种”，但又具体表现为多种形式：①“有欠租事实者”。[①] 该判例不允许的是无故夺佃，允许的是有原因的撤佃，如佃户拖欠租银和地主收回自种的法定情形，大量的夺佃事实使原有永佃制关系变得不稳定，纠纷增加，“永不增租夺佃”、“不许夺佃”的约定或习俗在民初动荡的背景下变得愈加脆弱了。②“不按期和不按约定租额交租者”。[②] 明确指出撤佃的事由：不按约定的年份交租或不按照判定的租额交租者，又一例经司法审判而确立的“法外撤佃理由”。③“屡经催告不付租者”。[③] 又一撤佃事由：屡经催告仍迟延不支付佃租。④“地主收回自种者”。[④] 判例

---

① 1913 年大理院判例上字第 69 号：“前清户部则例继续有效之条款载，民人佃种旗地，地虽易主，佃户仍旧，地主不得无故夺佃增租，如佃户实系拖欠租银，许地主撤地另佃，倘佃户揹霸呈官勒退，或地主实欲自种，佃户虽不欠租亦应退地，若并无前项情事而庄头地棍串唆夺佃增租者严加治罪等语，在民事法上其为强行法规不能稍有变更”。

② 1913 年大理院判例上字第 140 号：“佃权消灭之原因虽不一端而，如交租年份不按照原约或裁判所定租额交租者，即可举为一例”。

③ 1915 年大理院上字第 582 号：“佃权人屡经催告仍怠于支付佃租者，地主得令其退佃”。

④ 1916 年大理院判例上字第 959 号：“户部条例撤佃条款载，人民佃种旗地，地主不得无故增租夺佃，如佃户实系拖欠租银，许地主撤地另佃，倘佃户揹霸呈官勒退，或地主实欲自种，佃户虽不欠租亦应退地等语，据此则，旗地苟非佃户拖欠租银或地主实欲自种即不容遂行夺佃而地主实欲自种者，尤必在生活上地主确有自种之必要而后可令佃户退地，固不得借口自种遂行剥夺佃户永佃之利益，此征之该则例之本旨当然之解释也”。

承认撤佃的两个理由,既认可法律规定又不想否认习惯,但主张要严格适用之。此外,1913 年上字第 69 号(上文注解中已有判例内容,故略)在法定撤佃理由之外,也增加了“地主实欲自种”这一理由,而这些法外的理由经大理院判决的认可和援用后,最终也成为法定理由了。⑤“欠租盗典者”。[①] 将欠租盗典作为撤佃的正当理由,并规定佃户不得以补缴回赎而拒绝地主撤佃,实际是于地主有利而于佃户大不利也。⑥“经济情形大变动者”。[②] 该判例将“欠租和经济情形之变动”作为正当的撤佃理由,尤其是基于定约时经济基础的考虑,当经济情况发生了非所预期的变化时,允许以“公安公益”为由撤佃,不能不说是一种灵活变通的做法。⑦“欠租撤佃之条件”的释义。[③]《奉天永佃地亩规则》第 7 条进一步细化了撤佃的事由,“佃户一年以上不交付佃租或籍事故减交佃租至二年以上者”,其实撤佃条件于佃户而言更为苛刻,使得地主更容易撤佃,判例为此特别强调了撤佃权行使的要求,即“纯系由于佃户一方之原因,并无归责于地主之事由”,也算是不那么偏袒一方吧。概言之,上述判例中所确立的撤佃理由,既有法定的撤佃理由,如“佃户欠租”、“地主自耕”,也有实践中新创造的法外之理由,并最终经由判例的方式合法化,如“经济情形变动”等,体现了司法者开创和现实性的做

① 1915 年大理院判例上字第 389 号:“欠租盗典,苟其事实一度发生则其撤佃原因即一度成立,不能以佃户允为补缴或赎回,即可谓其原因消灭,而得拒却业主撤佃之主张”。

② 1914 年大理院判例上字第 708 号:“当事人间订定永远存续之租佃契约,苟具备其他契约之成立要件,即不得遂谓为无效,惟当事人间订立此种契约,往往以经济上通常状况为决定意思之基础而事后发生之特别情形则有非所预期者,自应本于解释当事人意思之法则,以适合于公安公益为条理而予以适当之判断,故当事人立约之初虽泛言永久不得增租夺佃,如系有法律上正当理由,仍可认一方有解约(如佃户欠租之类)或增租(如经济情形确定大变动之类)之权利”。

③ 1919 年上字第 794 号:《奉天永佃地亩规则》第 7 条载:“佃户一年以上不交付佃租或籍事故减交佃租至二年以上者,地主得撤佃另行招佃”云云。依法律不溯及既往之原则,应自该规则施行后,佃户拒不交租达一年以上,且纯系由于佃户一方之原因,并无归责于地主之事由,然后方能完成撤佃之条件。

法，是典型的法官造法。

(2)不允许的撤佃理由

不允许撤佃其实是对原永佃权关系的维护，保护佃户的利益。大理院判例中，该项理由计有4项，较之允许撤佃的理由为少一半，这就不难解释为何民国时期永佃权受限减少的缘由了。“典买永佃权不为撤佃理由”[①]，“因涉讼无从交租者不得撤佃”[②]，“旗地之佃权不因变为民地而剥夺”[③]，而“因天灾等一时滞纳非存心措欠者不得撤佃”[④]，更是在肯定欠租为撤佃理由之余，强调要严格限制适用，不得随意滥用、成为地主夺佃的筹码。虽然不允许撤佃的理由在数量上不占优势，也说明司法官对民情的关注，将诸如“典买永佃权、旗地变民地”之理论上不许，“涉讼、天灾”等客观原因不能，以及“地主故意不肯收租”等主观原因不能，都加以区别对待和正确处理，体现对永佃权关系的肯定和维护。

4.永佃权的期限

两部民律草案对永佃权期限都有所限制，都限定为50年，与习惯上佃权之“永久无限制”观念相异，由于民律草案并没有真正地实施，在实践中并未引发什么冲突纠纷。民初实际存在和运行的还是习惯法上的永佃制度，采用的是“永久无期限”的概念，大理院的司法判例也是以此为断，即以前清现行律之民事有效部分为依据。大理院之所以放弃

① 1915年大理院判例上字第302号：“典买永佃之权本属佃权人之自由，不得以之为撤佃之原因”。

② 1919年大理院判例上字第505号：“因涉讼以致无从交租与通常无故延欠者究不相同，业主不得据以主张撤佃”。

③ 1915年上字第1731号：“旗地佃户依户部则例所载，地虽易主不得增租夺佃，则佃户享有此项利益自不能因该地改归民人所有或已经升科即予剥夺”。

④ 1915年大理院判例上字第1731号：佃户欠租之事实成为撤佃之原因者亦自有限制，在地主故意不肯收租以致佃户未能缴纳者，地主固不得据以主张撤佃；即令佃户因一时水旱天灾以致滞纳并非存心措欠者，亦自不能为夺佃之原因。

民律草案之永佃权期限的规定,无非是考虑到永佃制的习惯效应,希望判例能得到人们的认同,具有真正的执行力。大理院这种实际运作的良好效果,也为民国民法所借鉴吸收,其对永佃权采用的正是“永久无期限”的设置,既符合习惯用法,也与罗马法之永佃权内容相适应。大理院有关永佃权期限有4个判例,即“佃约不能释为有定期者即系永久存在”①,“约定永久存续之佃权不得擅请消灭或缩期”②,“佃权无最长期之限制”③,“官田原佃亦无一定年限之限制”。④

5.永佃权人的权利及限制

(1)永佃权人的权利。这里指的权利更多是法定权利之外但事实上应赋予或补偿佃户的权利。“佃权人得使用收益土地”⑤,肯定佃权人的使用收益权。“佃权得对抗业主,退地时亦得请求返还有益费”⑥,肯定的是返还请求权。“佃权人得为转佃,因转佃取得权利之第三人亦得对抗业主”⑦,肯定的是转佃权。习惯上的永佃制在当初取得权利时,佃户都付出了相当代价,如投入人力物力垦荒、交纳押租金等,而当

---

① 1913年上字第140号:“永佃关系本属物权性质,故其所定特约如不能解释为有一定期之期间或已声明为永久者,则法律上既无最长期之期限,即得永远存在”。

② 1915年上字第501号:“现行法令关于佃权之存续期间,并无明文限制,则审酌我国现在之条理,当事人于设定当时既已订明永远存续者,遂行请求消灭权利或减缩期间,于法既无根据即不认为正当”。(该判例与最高法院1934年上字第489号判例要旨大体相同。)

③ 1915年上字第836号:“佃权之存在期间在现行法上并无最长期之限制,故依当事人之约定或各该地之习惯,自得使之永远存在”。

④ 1915年上字第1654号:“官地之原佃庄头不得无故增租撤佃,为官田章程之所明认,并无一定佃种之年限”。

⑤ 1915年上字第444号:“物权法理佃权人于其权利存续期间内,除设定行为禁止或有特别习惯外,得为耕作牧畜等行为”。

⑥ 1919年上字74号:“开垦该地之佃户自可照常耕种,无虞新业主之无故夺佃即或退地不种而因开垦所出之有益费用亦可依法请求返还”。

⑦ 1916年上字第1015号:“佃权之设定除有特别习惯或设定行为禁止转佃外,佃权人原得本于其权利转佃于第三人,其因转佃关系取得权利之第三人在原佃权人权利未经消灭之前,即得以之对抗业主”。

永佃权利义务关系发生变动，地主欲收回佃权时，土地所有权人要对永佃权人做出一定的补偿才为公平。“取得佃权时给有对价者，地主于撤佃时应价还之”[①]，“旗地撤佃应补偿兑价”[②]等判例，都是强调物权取得的对价性和对抗力的。

(2)永佃权的转让及限制。无论是大理院司法实践还是民间习惯中，都认可和尊重习惯上的永佃和一田两主，实际上永佃权人享有使用、收益和转让等权利，“佃权人得处分其权利”[③]，“佃权得以转让”[④]，“关于让与得依设定行为及习惯”[⑤]等项判例，都很好地说明了这点，而且这些判例兼顾了习惯做法与西方法理之规定。此外，关于旗地上的转让也有专门判例，“直省旗圈之买卖，仅让与收租权”[⑥]，这实际肯定了旗地上的田底权可以自由转让，但并不影响同一块土地上田面权的存在。“售租不售地，以旗圈食租地为限”[⑦]，强调对特定范围内土地(旗圈食租地)转让的限制，只能转让田底权或田面权，不认可田底田面的一同转让，大概是维护仅有一些的旗民利益吧。

---

① 1913年上字第140号：“凡因佃权人不交租夺其佃者如于约定权利之初即给有一定之价额(押租等)，则应由地主返还之，若系因买卖等原因由佃户取得永佃之权者，倘无特别习惯及特别情形，地主应照给其取得权利时所费对价之额”。

② 1915年上字第1731号：民人佃种旗地，若(一)佃户实系欠租，(二)或地主实欲自耕，固可令其撤佃退地，惟旗地佃户对于所佃地亩，视同己业，辗转兑佃，均有兑价，若骤行撤佃，则不特佃户之兑价无端损失，而地主一造，从前仅有受制限之所有权，一变而得为该地之完全使用收益，自无此理。故地主欲消灭佃户之佃权，非给以相当之兑价补偿不可。

③ 1913年上字第140号：“佃权人对于自己之佃权，除与地主有特约外，自得自由处分，毋庸受地主之干涉”。

④ 1915年上字第252号：“佃权人于权利之存续期间内，得将其权利转让于人”。

⑤ 1916年上字第333号：“佃权人虽得将其权利让与他人，但设定行为为禁止让与或关于让与有特别习惯时法律并不能强行干涉，仍许其依设定行为或照习惯办理”。

⑥ 1915年上字第2129号：根据《直省旗圈地售租章程》的规定，“关于直省旗圈之所谓买卖，不过系业主将其收租权让与他人，而不得任意向佃户请求收地”。

⑦ 1919年上字第776号：“旗产圈地售租章程所谓‘只许售租，不许售地者’，惟限于旗圈食租地。若在老圈契置地亩，则仍应查照旗民交产之旧例办理，而不适用此项章程之规定。”

(3)关于永佃权转租(即是否允许一田两主)。上文中已详细提及,一田两主是永佃制在民国时期的主要表现形态,佃户转租、做二地主的现象当然比较普遍。当时的法理(即两部民律草案)和地方习惯都是认可一田两主的,允许永佃权人的转租,田底所有人不得干涉,司法实践中也予以认可,因此类纠纷发生的案例并不多。判例之"佃权人得处分其权利",强调佃权人可以自由处分其佃权,其中当然包括转租权,除非与地主有特别约定。1918 年的一个判例干脆明确规定"佃权人得以佃地转租"。[①]这两个判例都允许佃权人自由转让其佃权,表明对一田两主的认可。

6. 佃权的消灭

这里的佃权消灭指的是除撤佃外的其他事项,如"佃权外设定有质权者,质权消灭,佃权不随之消灭"[②],指的是在同一土地上设有多项他物权时(如佃权、典质权),这些权利并列存在、互不影响,这里其实已经将永佃习惯通过官方认可的方式当然视为一种物权。"佃权不因所有人与受让人之契约而消灭"[③],强调同一块土地上可以存在两种独立的物权:所有权与佃权,实为"换东不换佃",强调的是佃权的独立性与物权性。

7. 增租的事项

增租事项实为当事人权利义务的变动,增租反映出业主愈加强势

---

① 1918 年上字第 983 号:"佃权人得以其所佃之地转租于他人"。

② 1914 年上字第 975 号:佃种旗地之习惯,常有地主于佃权外复就该地收租之权利设定质权(权利质),以担保佃户之债权者(此时大都于质权存续期间内减免佃租),既系于佃权之外另就收租权利设定典质权,虽契内载有"钱到许赎"字样,亦仅能认为典质权因之消灭,不能遂视为承认该地主即有收回地亩,不许佃种之权。

③ 1915 年上字第 1117 号:"所有权与佃权为各别之物权,所有权移转,佃权当然不能消灭,故如以所有权让与他人并与让受人为消灭佃权之契约者,其契约不能对于佃权人生效自不待言,即因该契约履行之不能致让受人受有损害者亦只许让受人向让与人请求赔偿,断无令让与人赔偿佃权人,而将佃权消灭之理"。

而佃户处于弱势的趋势。1919 年的两则判例要旨，反映出民国中期此类纠纷日益增多的事实。“除第 9 条情形外，不得更有要求加租之原因”[①]是对增租的肯定即适用上的限制，鉴于《奉天永佃地亩规则》第九条规定了佃租不足以完纳田赋时、地主可以增租的情形，可以要求增加到租额足够缴纳田赋及佃租旧额为止，判例特别强调不得额外再增加增租事由，否则就是对佃户非常不利、有违公平法理。“佃租不足完纳田赋”之解释[②]则是在同一个判决例中对关键术语的解读，它是指的并非全部佃租不足以缴纳田赋，而是指地主原计充当田赋的佃租部分不足以缴纳田赋，目的是保障业主即使在田赋负担增加的情形下也能获得预期的收益。

8. 租价的决定权

租额之多少，按照习惯本是由主佃双方来决定，但清末民初的动荡形式、租佃纠纷的增多，官府有意无意反倒成了居间调停者。“直省旗圈地租价可由县知事酌定”[③]，这样做的好处是迅速解决纠纷，业佃再各行其是。至于租价的具体确定也不是随意的，要参考多种因素，“租价与地质是否相称及其约定标准，应于查勘后斟酌断定”[④]，指的是“租价与地质不能相称之地，不能按照每亩租价加十倍出售个人规定”，而是要多方勘察考虑后再决定。

---

① 1919 年上字第 794 号：“规则第 9 条所谓‘佃租不足完纳田赋时’云云”，第九条明确规定了可以增租的情形，若再有可以增租的情形，“对保护佃户不免失于过薄，自非法理之平”。

② 1919 年上字第 794 号：规则第 9 条载“佃租不足完纳田赋时，地主得要求加至敷纳田赋及佃租旧额为止”云云。立法之本意是说：地主和佃户契约明定田赋由地主缴纳的，订约之初，地主原计以佃租内之若干充当田赋，以若干为自己的收益；后来，因新增赋税负担加多，地主的收益必然减少，从保护地主之道才设此增租的规定。该条所谓“佃租不足完纳田赋”，并非所收佃租的全部不足以缴纳田赋，指的是原计充当田赋的佃租部分。

③ 1916 年上字第 529 号：“旗地租额之轻重，若干与地质肥瘠不能适合或有其他特别情形者，该县县知事自有酌中定价之权，并不受一定加价办法之限制，至明且显。”

④ 1921 年上字第 630 号。

9. 永佃规则的适用

这是针对特定地亩之永佃权的适用，特定永佃规则的适用范围在区域上和契约形式上有限定，“非由契约而生之永佃权，不适用永佃规则”[1]，强调习惯上的永佃还是按照习惯处理为宜。言外之意，依习惯或祖辈继承而来的、不具有书面契约形式的永佃权不适用该规则。

（二）大理院解释例全文之分析

1. 解释例一：1920 年大理院致浙江省高等审判厅函

“查金华之习惯，同一田底分大买小买，大买者收租（业主），小买者永种（永佃权），又曰大租小租。如永佃权人不自耕种，得转佃于他人耕种，所入租息，如大租之数，故曰小租。大买小买各有统系，买卖时不相干涉；惟小买人取得永佃权之初，须向业主订定租约，约上载明每年租息若干，及租息不清、听凭改佃等字，遇有租息拖欠时，先由业主提出租约呈追，经官署讯明实在，永佃权人仍不肯补偿或无力补偿，再由业主依约声请退佃；退佃以后，核计小租之所入，足偿所欠租息之数，或永佃权人自愿如数补清，永佃权仍归原永佃权人所有，业主不得作难，此金华历来通行之习惯也。惟现在永佃一方，因农事改良，收成渐见发达，一班农民趋重小买，以致小买权之价值高出大买之上（例如大买小买值洋一百元大买四十元小买六十元）。

查钧院判例，永佃权各项之规定，退佃原因，类分二种：（一）拖欠租银，许地主撤地另佃；（二）地主实欲自种，永佃人虽不欠租，亦应退佃。夫地主实欲自种、亦应退佃，此例在金华万不能通行，但亦未见有据此而声请退佃者，姑不置论；而少欠租银、许地主撤地另佃，此例与金华租息不清、任凭改佃之习惯，尚不抵触，惟退佃之后、补清租银或已将小租

---

[1] 1918 年上字第 1204 号：《奉天永佃地亩规则》第 1 条规定：“地主、佃户定永佃契约者，除另有法令规定外，适用本规则之所定。”

抵清前欠，永佃权仍应归还原永佃权人所有，此亦为金华永久通行之习惯。今钧院并无此种判例，而司法衙门又不根据习惯，以致永佃权人例无可援，诉不得直，致使有永佃权者，所欠租银不达十元，而损失永佃之对价至数十元或数百元之巨，虽钧院判例有偿还取得费用之规定，但今昔时价不同，远年契据已失，总不如补清租欠，回复永佃权之习惯，双方无吃亏也。况利之所在，人必趋之，永佃权即为农民所注重，价格甚高，一经改佃，业主坐增半数以上之权利；若退佃之后，永无回复之地步，为业主谁不百计图难，以为声请退佃之计划；此风一开，则永佃权之危险，实有不堪设想者。会长为维持农民计，敬呈地方习惯，凡因欠租而受撤约退佃之宣告者，是否仍可依据地方习惯，许其补清租息，返还永佃主权，保双方利权。……本院查地主提出自种证凭，许其撤佃，户部则例本有明文，惟该则例只适用于旗地（本院判例亦专就旗地而言），于一般永佃民地，并不适用；至关于一般佃地之欠租，应至如何程度，始准撤佃，本院亦有先例，检送判决文一份（二年上字 140 号）备考。惟既经业主有效撤佃之后，若佃户补清欠租，不经业主同意即可回复佃权，殊于土地之移转，经济之流通，以及权利之效用等，多有窒碍，即使有此习惯，亦应认为有背公益，不能采用”。①

分析如下：浙江省金华县农会根据现实中的永佃权纠纷呈报撤佃所涉及的法律、判例、习惯及其彼此之间的选择等，请求大理院结合相关判例作出解释。从中可以看出个案中在诸多的法律适用依据中，基层官吏和大理院的多种取舍考量，及其背后的原因。

①金华之习惯为当地所认可。金华的习惯充分考虑了永佃权形成的历史文化因素（如恩情、开荒所得等），侧重保护佃权人的利益，即便

---

① 1920 年统字第 1232 号，郭卫编：《大理院解释例全文》，会文堂新记书局 1932 年，第 709－710 页。

有欠租事实,经过补救、补足后仍可继续持有,业主不得干涉,农会也认可。这里的“欠租”并非撤佃的绝对事由,而是有变通之处,合情合理为乡民所认可。②金华之习惯与大理院判例之冲突。随着情况变化,小买(田面权)价值高于大买(田底权),价值比重的变化导致撤佃纠纷增加,而金华之习惯做法又与大理院判例认可的两种撤佃事由(佃户欠租和地主自种)有不一致之处,尤其是大理院“地主自种撤佃”事由与金华习惯相冲突。③当地乡绅官吏之建议做法:保留习惯。上述允许撤佃的事由对业主有利而对佃户非常不利,这种做法对永佃权的存续非常危险,因而当地农会会长特建议保留习惯,对那些因欠租而遭撤约退佃的人,准许补清租息并返还永佃权。④大理院解释例的回复:否定习惯。大理院遵循先例之规定(即 1913 年上字第 140 号:“凡因佃权人不交租夺其佃者如于约定权利之初即给有一定之价额(押租等),则应由地主返还之,若系因买卖等原因由佃户取得永佃之权者,倘无特别习惯及特别情形,地主应照给其取得权利时所费对价之额”),认为欠租可以成为撤佃事由,并否认“补清欠租即可返还永佃权”的习惯(除非经由业主同意,而事实上业主巴不得尽快撤佃,怎么可能再同意回复佃权呢),理由是不利于土地流转、经济流通和权利的效用发挥等。回复充分说明,当永佃权的一些习惯与判例有相似的内容,则继续用之,当某些习惯与民法基本原则相背而不被认可。解释例完全否定习惯,导致佃户几代辛苦耕耘或有偿获得的佃权更容易被撤销,而业主则以各种理由可轻易撤佃、另佃或自种,打破了原有习惯下的平衡做法,佃户某种程度上的占优占先开始被业主占优所取代,因为业主握有的是田底权,也就是现代民法之土地所有权,依据法理,理应保护田主所有人的权益。

2. 解释例二:大理院致浙江第二高等审判分厅转江山县农会函

“(甲)江邑习惯,佃人向田主佃种,有揽种浮种之不同。揽种者,佃人向田主出有押揽洋元并订有合同契约,如田主欲令佃人退佃,须将押揽洋元返还方可，故其性质近于永佃权。浮种则不然，初无押揽洋元，仅以佃种交租为唯一之条件，故其性质近于赁贷借。是以原始之佃户，对于最初之业主，苟未缴有揽洋，以后虽经辗转相顶，至有代价继续取得物权之业主，既不负担偿还顶价之责任，亦不以曾经转顶，遽受永佃权之拘束。此项习惯究竟有无法的效力？（乙）永佃权既经设定而佃户不按约定交租，查照钧院之判例，原有可以消灭权利之规定。然欠租是否要在两年以上，其一年内有意抗欠、颗粒不交者，可否夺佃？（丙）法律上认为有通常永佃权之佃户，虽未欠交租谷，而地主对于该土地内确有虽有之必要，若葬坟造屋等重大之事实，地主可否声明收回使用土地权，并给还佃户取得权利时所费对价之额，以为退佃之条件，抑或非经同意绝对不得声请退佃？”[①]（大理院回复略）

分析如下：这个解释例同样涉及撤佃事由，是对“欠租撤佃事由”的扩充适用，同时也强调对于欠租撤佃的永佃权，田主应该补偿永佃权人所付出的对价和损失，体现出注重法律之外，兼顾情理的做法。

对于农会会长呈请的问题，大理院分别做了回复。①承认江邑习惯具有法律效力。因揽种情形返还押租的可以撤佃，租赁的则可以直接退佃。“揽种押租”是永佃权产生的主要方式，只要业主返还押租揽洋即可退佃，这是习惯做法也为官方认可。而对于没有永佃权的租赁私向转顶，业主不受返还顶价的拘束，可直接撤佃不受永佃权之限制。②欠租撤佃事由的扩充。大理院认可欠租是撤佃的法定条件，但之前判例认定的要件为“租欠达二年以上者，而且遇有灾荒歉收年还可酌情减少”，而这个回复则是非常干脆，“佃户欠租在二年以上或一年内有意抗欠、颗粒不交者，自许撤佃”，无形中扩大了业主撤佃条件的适用，对

① 1921年统字第1645号，郭卫编：《大理院解释例全文》，会文堂新记书局1932年，第950页。

佃户非常不利。③撤佃的补偿。永佃权人虽然不欠租,但地主实欲自种或有其他必要情形,如葬坟造屋的,也允许业主撤佃收地,但佃户因收地而受到的损失,业主应给予相当之补偿不可,但这个相当的补偿到底多少为合适,只待实践中双方的协商处理了,考虑到地价日涨,即使有所补偿也不及拥有永远耕作权为好。

二、司法院判例和解释例

(一)最高法院之永佃权判例

司法院是南京国民政府的最高司法机关,下辖司法行政部、最高法院和行政法院等机构,这里的判例主要指最高法院的相关判例。最高法院有关永佃权的判例较之大理院时期明显减少,主要是民国民法颁布实施后有了明确的法律依据,法律适用上的困难或不确定自然减少。其次是实践中永佃权受限打压、被撤佃增多导致数量减少的客观事实。所涉判例时间跨度从 1927 年到 1944 年,涉及的法律有民法、土地法等,判例数量共计 21 个,判例内容主要包括永佃权习惯的认可和否定、撤佃事由、永佃权人权利及限制、租额变动等,而在土地法实施之后,有关耕地租用势必和民法之规定存在冲突和选择适用的问题,“土地法与民法之关系”[①]成为最高法院判例经常涉及的部分,1939 年的判例明确点明:耕地租用方面的法律适用,土地法是民法的特别法,优先适用。解释例则是来自司法院对相关法律的解释,具有法律效力。这部分资料主要来源于《最高法院判例要旨》[②]、《司法院解释例要旨汇编》[③]等,因资料有限,所收集的判例难免不全,解释例也有待以后的补充完善。

① 1939 年上字第 132 号:“土地法关于耕地租用之规定为民法之特别法,自应先于民法而适用之”。

② 最高法院判例编辑者委员会:《最高法院判例要旨》,大东书局 1944 年。

③ 刘霨凌:《司法院解释要旨分类汇编》,大东书局 1946 年。

1.对永佃权习惯的态度

判例共计有7个。最高法院判例中对永佃制习惯的认可有一个明显的时间段,即以“1930年5月5日”民法物权编施行法的施行日期为准,在此之前的最高法院判例,由于没有生效的民法条文,仍然采用大理院判例的做法,“在法无明文规定时适用习惯”,在此之后则以民法物权编的规定为准。[①]“适用物权编之事例二”[②]判例要旨讲的就是这个意思,自物权编施行后依据物权编的规定,不再依据习惯。至少在如下这几个永佃权的判例中,此项法律适用的特点表现得非常明显。

首先是对永佃制习惯有条件的认可。司法院在认可某项习惯为习惯法、认可其为有效力的法律时,以“多年惯行之事实及普通一般人之确信心为基础”[③],该判决确立了“判断习惯法成立的基本要件”。最高法院对旗地佃权习惯的法律适用有明确规定:“物权编施行前发生之旗地佃权,依物权编施行法第一条,并参照司法院586号解释后列判例应仍适用”,而根据物权编施行第一条的规定,旗地佃权发生在施行前,所以不适用物权编的规定,言外之意还是适用之前的习惯,相当程度还在认可永佃制习惯,其中就包括了一田两主。“历久耕种旗地之佃户推定其有佃权”[④],“现种旗地之人如无反证,应推定其有永佃权”[⑤],体现出

① 民法物权编施行法第1条:“民法物权编施行前发生之物权,除本施行法有特别规定外,不适用民法物权编之规定”。

② 1933年上字第3944号:“民法物权编施行前取得之永佃权,其效力自施行之日起依民法物权编之规定”。

③ “习惯法之要件”。1928年上字第613号:“习惯法之成立须以多年惯行之事实及普通一般人之确信心为基础”。

④ 1929年上字第2177号:“历久耕种旗地之佃户,应推定其有佃权”。

⑤ 1930年上字第2011号:“人民佃耕旗地,地虽易主,不得无故夺佃,为法例所明定。此项规定,明认现种旗地之人为有永佃权,庄头既系前清王公府第经征租项之人,凡在庄头管理下之王府圈地,若无相当之反证,即应推定其佃权属于现种该地之人,不属于庄头”。

对旗地佃户合法权益的保护，而 1949 年的这个判例[①]，则是通过契约记载的内容和耕种多年的事实来认定上诉人的永佃权。

其次是否定习惯。上述这些习惯在 1933 年的这个判例之后[②]，在适用上都有所限制，即自 1930 年 5 月 5 日（民法物权编施行之日）起，旧有的永佃制习惯效力按照新法的规定执行，原则上与新法条文相抵触的习惯都不再适用，这也基本符合“法律→习惯→人情”的法律适用顺序，与传统社会中的“情—理—法”顺序相比有明显的变化。

还有就是对习惯的两面做法，部分肯定部分否定。“本族先买权习惯无效，原佃先买权之习惯为有效”[③]，这是对永佃权人享有先买权习惯的认可，这种先买权甚至优先于本族之先买权，原因在于永佃权人对土地有利害关系而本族先买权却因违反公共秩序而被认定为无效，这里对习惯的判断依据已经上升为民法之基本原则。

2. 撤佃事由

计有 4 个判例。撤佃纠纷在大理院时期一直较多，而在民法和土地法对撤佃作出明确规定后，这类纠纷大为减少。撤佃的原因同样有允许和不允许之分，计有 3 个判例。①允许的撤佃理由。“短稞为撤佃之原因”[④]，这是 1929 年一个判例确立的撤佃事由，“短稞”即欠租。若

---

① 1949 年穗上字第 268 号判例：“上诉人承租耕地历百年有余，其租约内并载有永远耕种字样，此项契约依其记载之文义与夫耕种多年的事实，如不能究明当事人立约当时别有与此相反之真意所在，则上诉人主张为永佃权之设定，而非租赁之性质，即难谓为无据”。转引自曹杰《中国民法物权总论》，第 281 页，中国方正出版社 2004 年。

② 1933 年上字第 3944 号：“民法物权编施行前取得之永佃权，其效力自施行之日起，依民法物权编之规定”。

③ 1929 年上字第 1274 号：“本族地亩有先买权之习惯，因有背公共秩序不能认为有法之效力，自以原佃有先买权之习惯为有效。惟所谓原佃系指自始开垦佃种或持有价买佃权之卖据者而言，因其与所种之地有特别利害关系，自非普通租种他人土地者所可比拟。”

④ 1929 年上字第 2208 号：设定佃权若有短稞等情事，亦足成立撤佃之原因。民法 846 条。

该判例发生在1930年5月5日后(民法物权编施行后)，则是一个明显违法的撤佃理由，因与民法第846条“积欠地租达2年之总额”的撤佃规定不符。此项明显违法的判例直到2002年才由台湾最高法院议决不再援用。②不允许的撤佃理由。1930年的一个判例，“有历久惯行事实，足以认定佃权存在，亦应保护”①，即使换了新业主也不得无故撤佃。1933年和1939年的两个判例则确立了“不得以地主收回自耕而撤佃”的规定，法律依据包括民法和土地法。“出租人收回自种仅能终止租地契约不能终止永佃权契约”②，这个判例实际涉及民法第842条、第458条以及土地法第180条的规定，所以在判例要旨的归纳方面呈现多样化的表达方式，前面这种说法是简单明了的，下面这个判例要旨则显得更为学究，“土地法所谓出租人收回自耕时得将不定期限租用耕地之契约终止者限于对租地契约为之，永佃权人对于讼争地亩有物权关系，自不得根据土地法主张收回”，否定了之前大理院判例的做法(即田主收回自耕可以撤佃)，再次以判例形式保护了佃户的永佃权。上面这个要旨主要的法律依据是土地法，也有主要依据民法条文而总结出的判例要旨，“458条于永佃设定契约有无适用”③。1933年的判例，一方面承认民法第458条的规定(即“耕作地之出租人，如收回自己耕作，得终止契约”)，另一方面以永佃权并非租赁权而否定适用该条款，清楚界定了永佃权的物权性质，而“出租人收回自耕”也是土地法第

① 1930年上字第856号：“佃权之发生，原不限于佃户佃垦之一端，苟有历久惯行之事实，足以认定有佃权之存在者，依法应予保护，虽地已易主，亦不许新业主无故撤佃”。

② 1933年上字第2029号：土地法第180条第3款出租人收回自耕时虽得将不定期限租用耕地之契约终止之。然本件上诉人在第一审无论并无自耕之声明，且被上诉人既有永佃权即对于讼争地有物权关系，而土地法第180条所谓得终止者实仅为租地契约(即仅为债权关系)，两者不得混淆。

③ 1933年上字第2029号：“耕作地之出租人如收回自己耕作，依民法第458条之规定，固得终止契约，但永佃权设定契约，并非租赁契约，不在适用同条规定之列。故有永佃权之土地，其所有人不得因欲收回自己耕作即行撤佃”。

180 条所认可的租佃契约终止情形。但 2002 年台湾最高法院却决议不再援用该条,理由正是“本则判例与现行民法第 458 条规定之意旨不符”(即出租人收回自耕,终止契约),某种程度上似乎又认可其租赁的性质,反映了司法者在此问题上的反复性。

1939 年的判例同样认为“不得以地主收回自耕而撤佃”,原因在于永佃权的性质及严格依据法律的规定。“收回自耕是否撤佃之原因”(或者“土地法第 180 条是否准用于永佃权”)[①],这里的法律依据一是民法之第 845、846 条,“收回自耕”并非上述法条所认可的法定撤佃理由,一是土地法第 180 条的规定不适用于此,而归根结底还是确认了永佃权的物权属性,自不适用普通租佃契约的规定。

3. 永佃权人的权利及变动

共计有 8 个判例,具体包括永佃权人的权利及限制、变动等内容,整体上呈现一种限制、压制的趋势,客观上不利于永佃权的存在。

(1)物权转移的法定要件。“不动产物权之设定或移转非订有书据不生效力”[②],以及“不应依习惯之事例二”[③],都强调民法实施后物权的设定和转移必须采用书面形式,即使有相反的习惯,也予以否定。(2)土地转让不影响永佃权。“永佃权之效力”[④],1932 年的这个判例明确规定了土地所有人的变更不影响永佃权的效力,继续坚持永佃权的物

---

① 1939 年上字第 1030 号:“永佃权非有法定撤佃原因,土地所有人不得撤佃,此按诸永佃权之性质及法律规定撤佃原因之本旨,殊无疑义。民法既未规定土地所有人得因收回自耕而撤佃,土地法施行法第 42 条所举土地法关于耕地租用各条之准用于永佃权者,又无第 180 条第 3 款在内,土地所有人自不得以收回自耕为撤佃之理由”。

② 1929 年上字第 642 号:“设定或移转不动产物权之契约,非经订立书据不生物权得丧之效力”。

③ 1940 年上字第 1513 号:“不动产物权移转或设定应以书面为之,民法第 760 条设有明文规定,纵令当地移转不动产所有权确有交付老契以代订立书面之习惯,依民法第 1 条之规定亦无适用之余地”。

④ 1932 年上字第 1620 号:“土地所有人将其土地所有权让与于他人时,永佃权并不因此而受影响”。

权性质，给予永佃权人物权性的保护。(3)永佃权人的先买权。“永佃权人得因习惯而有先买权”[①]，“习惯上有先买权之长期佃户，就业主与第三人已成立之买卖契约，得诉请撤销不能主张无效”[②]，都是肯定永佃权人的先买权。1944年的一个判例却是另一番的做法[③]，一方面是认可土地法和土地施行法的规定[④]，将原本只适用于普通承租人的条款扩张适用于永佃权，即“永佃权人对佃耕之土地有优先承买之权”，此为民法之外增加的一项永佃权人的权利，而另一方面是当这种先买权受到侵害时，如土地所有权人违反此项规定，将出租的土地卖给他人时，永佃权人只能向土地所有人请求损害赔偿，而无权主张该买卖契约无效，使永佃权人将两权合一、做真正自耕农的愿望落空。从结果上看，该判例的内容似乎并不完全支持法条的规定，先买权的效力抵不过买卖契约的效力，无权主张契约无效物权似乎最终不敌债权。2002年台湾最高法院议决不再援用此项判例，理由是“现行土地法第104条规定先买权有物权之效力”[⑤]，确认了此项先买权的物权性质和优先效力，使永佃权人和土地所有权人主体更容易合二为一，客观上也会使永佃权逐渐减少甚至消失。(4)永佃权上可设定抵押权，但不能设定典

---

① 1928年上字第366号：“永远佃租他人之土地，就其土地有利害关系时，该地方习惯租户如有先买权利，法院固可采为判断标准，否则无从引为根据”。

② 1929年上字第390号：“长期佃户纵令依习惯有先买权而且未经舍弃，亦只能对于业主与买主所立之买卖契约诉请撤销而不能谓其契约当然无效”。

③ 1944年上字第4533号：“土地法第173条之规定，依土地法施行法第42条固于永佃权准用之。惟此仅为永佃权人土地所有人间权利义务关系，土地所有人违反此项义务，而将土地所有权让与他人时，永佃权人仅得向土地所有人请求赔偿损害，不得主张他人受让土地所有权之契约为无效”。

④ 土地法第173条内容：出卖人出卖耕地时，承租人依同样条件有优先承买之权。土地施行法第42条将此条款扩张适用于永佃权。

⑤ 中国台湾现行《土地法》第104条：基地出卖时，地上权人、典权人或承租人有依同样条件优先购买之权。……出卖人未通知优先购买权人而与第三人订立买卖契约者，其契约不得对抗优先购买权人。

权。“永佃权之让与与买回权之保留”[①]，此判例明确否定在永佃权上再设置典权，设定必导致行为无效，因为抵押不转移物的占有，抵押关系的设定并不影响原有的永佃权关系及永佃权人的权利，而永佃权上设定典权则不同，它等于是将土地的耕作权从永佃权人手中移转到承典人手中，实为永佃权的转让，除非当事人实为转让永佃权却误作为典权之名称。

4.租额的变动

共计有两个判例。“土地所有人与永佃权人间关于地租之增减应适用债编之规定”[②]，明确认可永佃契约租额变动的法律规定和现实理由，侧重从民法租赁之规定来作出裁判，将原本适用于租赁的条款类推适用于永佃权，允许永佃权租额在一定条件下增减，该租赁条款即民法第 442 条(即“租赁物为不动产者，因其价值之升降，当事人得声请法院增减其租金，但其租赁定有期限者，不在此限)，而事实上的租额变化多是增加而不是减少。当然，同一个判例中也有侧重从土地法规定来作出裁判理由的[③]。应该说，对该条款的适用是适应当时经济变动和土地价值变化而作出的变化，但实际上却改变了“永佃权租额固定”的传统习惯和事实，对永佃权人很不利。在黄宗智看来，许多田底主借助国

---

① 1939 年上字第 996 号：“永佃权在民法上有得为抵押权标的物之明文，而无得为典权标的物之规定，永佃权人就其永佃权设定典权自属无效。惟当事人之真意系在基于买卖契约让与永佃权，而其买卖契约订明出卖人得返还其所受领之价金买回其永佃权者，虽误用出典之名称，亦应认为出卖人于买卖契约保留买回之权利”。

② 1934 年上字第 489 号：“土地所有人与永佃权人间关于地租之约定在性质上本属债之关系，法文既未就永佃权地租特别订明，自应适用债编之规定。故设定永佃权时所定之地租，如因嗣后经济状况之变迁在社会上一般情形足认为显失公平时，即应许当事人得为地租增减地租之请求”。

③ 1934 年上字第 489 号：“土地法所谓出租人收回自耕时，得将不定期限租用耕地之契约终止者，限于对租地契约为之。永佃权人对于讼争地亩有物权关系，自不得根据土地法主张收回”。

民党法典赋予他们相对于田面主的扩张的权利，利用允许增租的条款来达到增租目的，这是过去民间习惯所不允许的，1933 年顺义的一个案例充分说明了这一点，法院允许土地所有人在价格上涨时声请法院增租，最高法院的几次决定明确地表明第 442 条适用于永佃地。[①] 这样，法院通过判例改变了法律规定、扩张了当事人的权利，当然有其合情合理的理由，表达了官方立场。到 1939 年时，另一个判例也有类似的判断，“佃租之增减”[②]，专门就“民法 442 条与永佃权”的关系作出说明。

（二）司法院之解释例分析

1. 解释例一：1937 年 7 月 31 日南京司法院 1703 号

“来问所称稻田面权，既系由佃户承垦生田而来，其承佃纳租及得将权利让与他人各情形，与民法第 842 条所定永佃权之性质相当，自可依声请以永佃权登记，至保有田底权之地主，本为土地所有人，当然以所有权登记”。[③]

该解释例之要旨可概括为“稻田面权性质等同于永佃权”，侧面地反映出江苏省田面权广泛适用的实际情形，但司法院解释例将田面权认定为永佃权却是一个显而易见的错误和事实，官方对一田两主的否定态度非常明了。“官方正式法把民间习惯纳入到它的体系中，但却犯了指鹿为马、张冠李戴的错误，如一田两主，西方物权法体系中并无这个‘怪物’，田皮权被轻易地指认为‘永佃权’”[④]。

分析如下：这个解释例涉及永佃权和田面权的关系，二者是否等同

---

① 参照黄宗智：《法典、习俗与司法实践：清代与民国的比较》，上海书店出版社 2003 年，第 108 页。

② 1939 年上字第 439 号：“民法第 442 条之规定于永佃权佃租之增减应类推适用”。

③ 刘霨凌：《司法院解释要旨分类汇编上》，大东书局 1946 年，第 1211 页。

④ 赵晓力：“中国近代农村土地交易中的契约、习惯与国家法”，《北大法律评论》第 1 卷第 2 辑，法律出版社 1999 年，第 491 页。

以及田面权如何登记的问题，反映出由于两个概念的类似和界限不明，即使是地政局的工作人员也不清楚应该以何种名义来为田面权登记和登记的程序等。

(1)事实部分。这个解释例源自1937年江苏启东县地政局的一份呈文，当时已是民法物权编施行7年之后，在民法否定一田两主实施的7年后，田面权习惯却依然存在，“启东土地有买价地与崇划地之分。前者为一人完全所有，面积甚少。后者分底面两项权利，各有所属，占全县面积80%以上。面权设定由于佃户承垦生田，除投施垦本外，复须缴纳巨额顶首，顶首与垦本并称田面价，佃户取得田面权。力田约租移转买卖，转佃造屋得自由处置。业主保留田底权收租完粮由来已久。江苏各县因不乏其例”，该省的常熟、吴县、无锡等县也有同样的情形。由于时势的变化(如耕地的缺乏、战争的影响、水旱歉收等)，导致启动县田面价格上涨而田底价格下跌，“底面价比率自六倍至十倍不等，远出其它田面权设定县份之上”，说明事实上的田面权比之田底权价格更高而且更抢手。

(2)疑惑部分。由于民国民法和土地法都没有田面权的规定，土地登记中也只有土地法中所列的6项权利，即所有权、地上权、永佃权、地役权、典权、抵押权，地政机关在办理土地权利登记时，不知将事实上的田面权登记为哪项权利，引发实际的困惑。实践中有两种观点：一种是合并登记，“底面权既已成为业佃对于同一土地所有权同时享受之各别权利。本身均似为所有权之一部。面权如亦为所有权。则应与底权同时合并登记”，视田面权为所有权之一部分，将田底权和田面权同时合并登记；另一种是附带登记，先办所有权登记，而列田面权为他项权利附带登记。启东县地政人员在登记中的疑惑，既反映了该县田面权的普及情况，也提出了自己的观点。

(3)对田面权性质的疑惑。正如呈文中所指出的事实：“田地划分为田底权、田面权是地方相沿的旧习惯，而且田面之价值一般高于田底，故田面权之重要并不亚于田底所有权”。因而，地政人员提出这样的问题：所谓田面权，是否与永佃权之性质相当？田底权是否与所有权之性质相当？究竟将田面权登记为哪项权利？而司法院的回答则非常干脆，“以永佃权登记之”，反映出鲜明的否定田面权的观点，他们认为在民法实施后，权当以法律规定为准。

2.解释例二：1947年12月22日，院字第3743号

“来问所称之田面权如系支付佃租，永久在他人土地上为耕作或畜牧之权，自应认为永佃权，而为该项权利之登记，田面权人得不经田底权人同意而将田面权出租之习惯，虽与民法第845条之规定不合，亦仅不得依以排除同意之适用，其田面权仍不因此而失其永佃权之性质，倘来文辗转租让实系永佃权之辗转租让，则为民法第843条之所许，尤无问题”。①

分析如下：这个解释例同样反映的是因对田面权与永佃权关系的误解而产生的误用问题，不该互相指代的乱替代使用，极易造成歧义。

(1)解释例将本为“田面权”的习惯错误认定为民法上的永佃权，并通过法定登记的方式予以认可，书面登记虽然是对佃权人权利的保护，但却限制或否定了佃权人的部分权利，如转租权，只因民法第845条之规定：永佃权人不得出租土地，否则构成田主撤佃的理由，只因上文中已经提及的“一元产权”理论。其实，“田面权之出租与永佃权之让与仅有表面上的相似性，田皮权比永佃权包含更多的权利：一是独立的转让权，二是不得以欠租为由夺佃。将田皮权硬指为永佃权无疑削弱了田皮权人的利益。……民法第845条规定把田皮权等同于永佃权在实

① 保成六法全书编辑委员会：《六法全书·民法》第四版，保成文化事业出版公司1992年。

际中给田骨权人撤佃和限制田皮转让提供了借口。……对民间习惯的无视与无知,终于走到了法律保护佃权的立法原意的反面”。[①] 其实,立法者最初是想兼有习俗和法典的,一定程度上试图适应习俗,所以民法条文中间或会出现“依习惯”、“遵从习惯”的字眼,“但最后他们还是坚持了单一所有者的产权理论而摒弃习俗中的一田两主的逻辑。只承认田底主一人是合法的所有者,所以他们不能允许田面权,留下的只是永佃的租约逻辑。正是在该基础上,他们否定民间惯习,让田底主防止田面主转租土地、在欠租两年的情况下撤租以及申请增租。与民间惯习的这些矛盾毫无疑问加深了法典与习俗之间的紧张关系——一个已困扰法庭数百年的关系”。[②]

(2)既然已经将田面权视为永佃权,田面权的转让就是永佃权的转让,符合民法第843条的规定,永佃权人可以将其权利让与他人,只不过这里让与的只是狭义的永佃权而不是当初具有强势地位的田面权了,田面主的转租权被剥夺否定,剩下的只是彼此间的永佃契约关系所确立的民法上的一种用益物权,不再复有曾经的双重土地所有权或分层土地所有权,立法上对一田两主是否定的,司法上再通过判例和解释例再予以明确,显示出官方坚定的立场。

3.解释例三:1942年8月29日院字2387号

“福建(仙游)县习惯俗称之大租,收租人又称大租权人,谓之庄权人,负纳赋责任,虽有所有权仅占业权1/3,纳大租人称为根权人,占业权2/3。其收租租额约占正产物收货总额1/6。庄权根权均可自由移转,惟应征得他方权利人之同意。内容系因契约设定,其原有大租契多

① 赵晓力:《中国近代农村土地交易中的契约、习惯与国家法》,《北大法律评论》第1卷第2辑,法律出版社1999年,第491—492页。

② 黄宗智:《法典、习俗与司法实践:清代与民国的比较》,上海书店出版社2003年,第107页。

因年久遗失，现在民间遗存者，多为承管契。……纳大租人对于土地之权利，为负有负担之所有权，收大租人之权利为物上债权之一种，纳大租人之权利，移转于他人时，纳大租之义务，当然随之移转”。[①]

分析如下：这是有关“纳大租人”之权利和“收大租人”之权利性质的解释，对于民间习惯上称之为双重所有权的概念，司法院依然认为只是所有权和债权，再次坚守民法的规定。

(1)福建省之田面权习惯向来发达，对田面和田底的称呼也很独特，仙游县习惯所谓的“纳大租人”（“根权人”）即“田底主”，拥有土地业权的 2/3，而“收租人”、“大租权人”（“庄权人”）即田面主，拥有土地业权 1/3，负纳赋责任，并且庄权和根权均可自由移转，但要征得另一方面权利人的同意。这里的权利自由移转已经有所限制，按照田面权的属性，其转让完全不必征得田底主的同意，这不妨看作是民国永佃权法律调整后的一种变化。

(2)从占据土地价值的比例上看，根权重于庄权，田底权重于田面权，并且习惯还是将两者都称之为所有权，学者也有类似的看法，“大租为一种物上负担，其实庄权有类似于上级所有权，根权有类于下级所有权”[②]，但官方还是明确否定了土地双重所有权的说法，“纳大租人”的权利即有负担的所有权，而“收大租人”的权利就是一种债权，彼此的权利义务关系通过永佃契约来设定。尽管如此，无论民间习惯还是学者的说法都不会轻易地改变。

三、从大理院判例到最高法院判例的变化

从内容而言，两院判例整体上没有明显的转折和变化，要说有变化

① 刘霁凌：《司法院解释要旨分类汇编》，大东书局 1946 年，1209—1211 页。

② 史尚宽：《物权法论》，中国政法大学出版社 2000 年，第 207 页。

主要以 1930 年物权编的施行为界限,在此之前的判例(包括大理院和司法院的判例)在无法可依时可适用习惯,在此之后的判例主要以制定法为依据,不再适用习惯,而作为一田两主的习惯更是被否定。司法官基本遵循"法律一习惯一法理"的顺序来断案,尽量小心谨慎行事,但有时也不完全拘泥于法条,在遵循法律的同时,司法官依人情法理或时局时事而有所变化,以适应实际情况同样体现出法官造法的良好效果。

(一) 数量和纠纷类型上的减少

有关永佃权的判例,大理院之数量明显多于最高法院,以郭卫所编之《大理院判决例全书》所记载的内容为准,大理院自 1912—1926 年十几年的时间内,被上升为判例的永佃权案件计有 44 件,而最高法院判例近 20 年的时间内只有 21 件(其中还包括几个不专属于永佃权的判例)。在纠纷类型上也大为减少,永佃权期限、永佃权转租的纠纷很少见到,原因在于:第一,民法物权编永佃权和土地法条文的颁布,初步建立了民国永佃权法律体系,确立了永佃权人的权利义务关系,法律适用上的不清楚和实践中的争执也开始减少,永佃权的法律适用由大理院时期的捉襟见肘进入了最高法院时期的游刃有余阶段。第二,土地不再是主要的投资方式,土地耕作也不再是农民唯一的生存手段,工商业的发展,不在地主的增多,一田两主的受限打压等,使永佃权制度不再有更多的发展空间,导致人们对其关注度逐渐减少。此外,民国民法也明确规定,永佃权的期限无限制、不再限于 50 年,禁止一田两主,限制转租等,这些都使得佃权纠纷明显减少。

(二) 内容上的些许变化

1. 对永佃权习惯的认可或否定

大理院判例中既有认可永佃传统的判例,如"庄头壮丁名目"、"佃权人得以佃地转租"等,也有肯定永佃权人的物权性质的,如"佃权得以转让"、"佃权人得使用收益土地"。最高法院判例中同样既有肯定佃权习惯和永佃权人的先买权，也有限制或否定佃权习惯的情形，如永佃权的设定和转移都需要书面契约才能发生效力等。大理院时期，因法律的缺位适用法律的顺序更多按照“习惯一情理一法理”来考虑，而最高法院时期判决依据的顺序是“法律一习惯一情理”。在这种转变中，一些传统的永佃关系因法条的倾向性规定而被不怀好意的业主诉诸法庭，地主企图将“载有永远耕种字样”的契约认定为租赁关系，企图否定永佃权，幸好司法官坚持法理，作出了有利于佃权人的判决。但也有援用土地法规，成功将永佃权视为耕地租用，公然增加租额，限制永佃权人权利的情形。

2. 业主撤佃事由

这方面的纠纷比较多，清末民初以来的社会巨变打破永佃关系的平衡，地主把握时机，利用各种借口单方要求撤佃增租，导致撤佃案件数量增多。大理院的 2 个判例各有侧重。大理院 1915 年上字第 1731 号判例侧重保护佃户利益，在佃户有欠租事实的前提下，以佃户主观上是否有欠租之心作为判定依据，如地主故意不肯收租或佃户因天灾水旱而迟延交纳的，都不能成为地主撤佃的合法理由。大理院 1915 年上字第 501 号则是保护地主的利益，允许旗地在有理由的情况下增租或撤佃，反映司法实践随时而变的特性，判例中所谓的理由主要是民国初期出现的旗地民地化现象，旗地与民地一样要丈量升科、缴税纳粮，旗地地主的负担相对增加了，因而在地主所得租额不够纳粮的时候，允许地主增租，但在地主要求撤佃、消灭佃权的情况下，特别规定地主要给予佃户相当的对价补偿，又是对佃户利益的保护。而最高法院 1939 年上字第 1030 号判例坚持法定的撤佃理由，否决了土地法及施行法中的与民法相抵触的条文，即“土地所有人不得以收回自耕为撤佃之理由”，更是对永佃权人的利益的保护。

概言之，大理院推事在法律不完备的情况下多以旧律、习惯、法理甚至人情为主,而最高法院法官在民法物权编和土地法施行后,严格依据法律规定行事,因而两者对永佃制的传统习惯会有不同的做法,前者遵循习惯甚至对一田两主也予以认同,后者在永佃权的法条下明确否定田面权,对习惯是附条件的认可。前者诸多详尽的判例和先例对后者的立法司法实践具有重要的指引和借鉴作用,如永佃权的期限、对习惯的尊重等。两者在租额的变化调整、对佃权人权利的限制等方面,具有关联性和相似性,客观上限制了佃权人的权利,增加了业主的权利,而撤佃增租、否定田面权、适用租赁条款等判例,无形中也限制了永佃权的发展。

第五节　1930 年后的民国永佃权:法律调整后的永佃权

《民事习惯调查报告》中收集整理的大多是清末民初的永佃制实况,反映的多是未经改造冲突的永佃制原貌,而民国二三十年代,经过民法和土地法的立法调整,大理院和司法院的司法调整,在民国立法和司法双管的作用下,西方永佃权对永佃制习惯改造的结果如何?谁最终占据了上风?调整之后的永佃权又是怎样的一种状况呢?这些都是下文中所要叙述分析的。民国永佃权真如有人说的那样:"永佃制已经开始崩溃了[①],永佃制在进一步衰落了"?[②] 还是呈现出另一番不同的面貌呢?下面以民国三四十年代的官方和民间的各类统计资料、农村调查、地方志以及各类学者著作为史料,加以说明。不可否认,材料的选取有一定的局限性,不能完整地反映出永佃制的真实面貌,但某种程

① 章有义:《中国近代农业史资料》第二辑(1912—1927),三联书店 1957 年,第 84 页。
② 章有义:《中国近代农业史资料》第三辑(1927—1937),三联书店 1957 年,第 250 页。

度上已足以说明永佃制在民国存在和运行的现实,尤其是第一手的调查资料,反映出租佃制实况和各地农民的真实生活,比之官方的统计数字和图表更具说服力。这些材料大概分为两大类,一类是客观性的统计资料和农村调查(如实反映农村永佃制实况),一类是主观性的学者观点和学术判断(其材料是真实的,但结论会有所偏激)。

需要说明的是,这里的大标题是"永佃权",小标题用的还是"永佃制",主要是想表达和展示永佃制习惯在民法永佃权条文和土地法条文颁布实施后的情况,看调整后的永佃权在民间的真实情况如何。

一、统计分析中的民国永佃权状况

(一)永佃制在民国租佃制中占有比率的变化

1.《全国土地调查报告纲要》的统计资料

由南京政府土地调查委员会组织的全国土地调查活动,开始于1934—1935年,但报告纲要的整理统计和出版却是1936—1937年间的事,据"各省永佃制比重"表的统计(表6),在全国16个省份中(台湾省除外,其实该省的永佃制自清末以来一直很发达)都存在着永佃制,只是在占有比例上不同而已,永佃权在全国16省的平均比例是21.1%,比之明清时期的繁盛状况已是有所下降了,其中绥远和察哈尔两省的永佃制因清代大面积开荒的缘故,占有比例最高,70—80%,其次是安徽、浙江、江苏省,因开荒加工、战乱等原因也有较高的比例,30—40%。整体而言,民国永佃权的比率变化和原因正如纲要中所指出的那样:"永佃依民法有永远耕作之权利,地主不能轻易撤佃。又各地,每有田底田面之分,买卖移转,俱可分别为之,田底为所有权,田面可视为使用权,田底权人只可收租不能撤租,故此种田面权在法律上称之为永佃权。……永佃次之,十分之二强……永佃虽似稍胜,然以田底田面之关系,于业强租重时,耕者任受侵渔,欲自动脱佃而不能,反失身心之自由”[①]，官方的这个统计说明也是混淆了永佃权和田面权，并且视永佃权为一种束缚佃户身心自由的一项权利，其潜在的限制打击永佃权的态度非常明显。

表6　各省永佃制比重[②]

省份	百分比
江苏	40.9
浙江	30.6
安徽	44.2
江西	2.3
湖南	1.0
湖北	13.4
河北	3.9
山东	4.5
河南	2.6
山西	4.2
陕西	0.5
察哈尔	78.7
绥远	94.0
福建	5.2
广东	1.7
广西	11.7
合计	21.1

2. 民国实业部统计资料

据1935年南京政府实业部“各省租田期限百分数表”的统计（表7），永佃制的占有率在十年间（1924－1934）略有下降。该表统计了8个省份，1924年和1934年，“1年期、3－10年期、10－20年期、永佃、无

① 《全国土地调查报告纲要》，出版者不详1937年，第43页。

② 土地委员会编：《全国土地调查报告纲要》，出版者不详1937年，第45页。

定期”租田所占的百分比的变化。8省的总平均值中，永佃和10－20年期的百分比都有所下降，永佃在1924年的比率为12%，到1934年时已降为11%，而一年期和无定期的租佃比率却都上升了，说明当时短期租佃的流行和长期租佃的受限，这种变化无疑是民国永佃权在法律调整后的一种反馈，是地主们利用法律大肆打压永佃制的结果。图表中，除江苏省的永佃制罕见地略有上升外，其余5省（浙江、甘肃、江西、山东、河南）下降，两省（安徽、山西）持平，可见在这些有永佃制的省份中，它已呈现轻度萎缩的状态，但并没有达到如某些资料所言的“崩溃、没落”的程度。其实况正如官方资料所分析的：“永佃物租制之前途已显黯淡之色。盖押租势力之普遍的伸张，与折租日租之日见发展，实与永佃制以严厉之威胁与莫大之打击”。[①]

表7 各省租田期限百分数表[②]

	1年		3－10年		10－20年		永佃		无定期	
	1934	十年前	1934	十年前	1934	十年前	1934	十年前	1934	十年前
总平均	25	23	27	27	8	10	11	12	29	28
江苏	20	15	37	41	3	8	11	9	29	27
山东	39	35	35	35	5	8	8	9	13	13
河南	15	13	33	31	9	13	5	6	38	37
江西	30	30	18	20	4	5	9	10	39	35
浙江	20	19	20	18	8	9	37	41	15	13
安徽	—	—	10	10	10	10	5	5	75	75
山西	58	56	8	8	4	6	4	4	26	26
甘肃	20	20	50	50	20	20	10	10	—	—

① 实业部中国经济年鉴编纂委员会：《中国经济年鉴》（上）1934年，第7章，(G)第80页。

② 实业部中国经济年鉴编纂委员会：《中国经济年鉴》1935年续编，第7章，(G)第101—104页。

3.日本满铁调查资料

这些资料主要指1937年后，日本出于收集中国民情资料的缘故，由满铁调查组对华北和苏南农村进行调查中所收集整理的资料，反映了民国后期租佃制的真实状况，充分说明永佃制继续存在的事实。据"苏南农村不同租佃期限分类统计表"(1938－1939年)的统计(表8)，30年代末期，苏南农村中，永佃和无限期的租佃契约占90.7%，定期租佃(租期为1－10年)只有2.5%，与同时期华北农村租佃关系频繁变动不同，苏南农村租佃关系继续呈现长期化的发展趋势，这种"租佃契约年限长期化，常常使佃农产生一种'业主'意识，在观念上把租入的土地看作是'自家的'土地"。①

表8　苏南农村不同租佃期限分类统计表(1938—1939年)②

地名	户数	佃户[1]	租佃契约中不同租佃期限(件数)				
			永佃	无限期	定期[2]	不详	合计
无锡荣巷3村	80	18	—	40	1	—	41
松江华阳桥4村	63	60	118	8	1	13	140
常熟虞山1村	55	34	126	—	6	9	141
合计	198	112	244	48	8	22	322
不同佃期比重(%)	—	—	75.8	14.9	2.5	2.5	100

说明：佃户包括佃农及半自耕农。

定期租佃的期限在1—10年之间。

资料来源：满铁：《无锡县》附表六，《松江县》附表六，《常熟县》附表六。

(二)学者们的相关统计分析

这些统计分析涉及两方面内容，一方面是永佃制总体上呈下降趋势，另一方面是田面权依然广泛存在的事实。吴文晖在论及中国租佃

① 曹幸穗：《旧中国苏南农家经济研究》，中央编译出版社1996年，第74－75页。

② 转引自曹幸穗：《旧中国苏南农家经济研究》，中央编译出版社1996年，第75页。

制度时，依据各种调查报告的数据，认为永佃制中地主不能随意换佃，已经占到21%，但已呈没落势。[①] 根据萧铮主编的一系列《民国二十年代中国大陆土地问题资料》的资料，对20世纪30年代的田面权有各种大致的估计[②]：一种认为“一田两主在租佃制度中的比例，（江苏）吴县达到90%，常熟达到80%，无锡达到50%”，另一种认为“吴江县有70%—80%的土地分成田面权、田底权”，第三种认为“大约67%的平湖农民在自己拥有田面权的土地上耕作”，虽然是三个不同的百分比数，却说明了30年代中后期田面权在江苏各县仍然占有相当大的比例。

学者们在指出这种现象的同时，也对此进行了分析，“这种土地的分割所有形态对于田产的转移，以及经营的发展，无疑的是一种有力的障碍，……不过这种田产形式目前已在采取各种方式（如地主收回田面，少数的佃户也在收买田底，最普通的是地主否认田面权强迫收回）变成田底和田面归于合一的形式也就是变成一种比较近代的土地所有形态”。[③] 当然也有更加悲观的看法：随着土地所有权在走向现代化的趋势中越来越趋于完整，永佃制已经开始崩溃。佃农的永佃权一般称为田面权，地主的收租权称为田底权，而中国农村经济的现代化，正如土地买卖中所发生的变化一样，正在逐渐消灭这种永佃制。[④] 这种以土地所有权现代化或田地权、田面权合一的趋势来说明永佃制的所占比例的事实，反映当时部分学者的观点，照此趋势下去，永佃制终

---

① 吴文晖：《中国土地问题及对策》，上海商务印书馆1947年，第260页。

② 转引自白凯：《长江下游地区的地租、赋税与农民的反抗斗争1840—1950》，上海书店出版社2005年，第235页。

③ 陶直夫：“中国现阶段的土地问题”，中国人民大学农业经济系农业经济教研室编：《中国近代农业经济史参考资料论文集》（一），第42页。

④ 王寅生、张锡昌等：“土地所有制的现代化”，转引自章有义：《中国近代史农业资料》第2辑，三联书店1957年，第84页。

将势微。

二、各地永佃权的真实状况

民国二三十年代永佃权的立法变化和司法调整，在现实中改造着传统永佃制、创制着民国永佃权，而三四十年代永佃习惯的些许变化，正是这种改造的表现，只是这种改造正好有利于田主而不利于佃农，于是这种相对理性的法律调整被地主们大肆利用，最终导致一定时期、一定地区内永佃制的范围和影响力有所缩小。“田主为货币积累欲望所驱使，对于事实上之永佃，均想加收押租或改为定期的暂租。于是不得不努力于旧时永佃关系之削弱，如禁止转佃，在可能范围内，并努力于永佃制之取消及永佃权之变为押租关系的暂佃权”。[1]

（一）山西平顺县

据1934年在山西平顺县农村的调查[2]，该县东南一带的山地里，生产力低下，生活极端贫困，因而全部是永佃制，这种永佃制在保留原有永佃习惯的特点外，如“佃农按期交租，享有永久的佃种权，地主不能随意撤回”等，也有了一些新的变化：(1)立有书面契约，载明租额每若干年变更一次(最多为5年)，并随之更换契约。本来，永佃权的租额是不轻易变更的，而这里的租额却要定期变更，而变化的结果多是租额要增加，并且换契约的契纸和手续费还得佃户出，这种变化明显有利于地主，常引起佃户的激烈反对。(2)永佃权虽可转佃，但必须征得地主同意或向地主出若干手续费，且租额不变。这种变化一是为防止佃户趁转佃渔利，一是借鉴了西方永佃权转手时的做法，即事先通知和支付手

① 章有义：《中国近代农业史资料第三辑(1927—1937)》，三联书店1957年，第252页。

② 赵梅生：“山西平顺县农村经济概况”，陈翰笙、薛暮桥、冯和法，《解放前的中国农村》第3辑，中国展望出版社1989年，第80页。

续费的义务[①]，而民国民法中的永佃权转让并无这些义务规定，之所以会有这些变化，也不妨理解为是永佃权立法司法调整后的结果及影响。

（二）浙江省

涉及两个实例，一是30年代崇德县田面权的具体变化，当时正是民法已经颁布实施，而土地法已颁布尚未实施之时，二是40年代末浙江全省的永佃权概况，这时民法和土地法已实施了一段时间。两个例子正好反映出浙江省永佃权前后发展变化的实况。这种变化就是永佃习惯和永佃权法律的冲突与整合，是永佃权立法与司法调整后呈现的一种变化。

实例一：30年代中期，崇德全县租佃都是永佃性质的，其田面权的存在，是铁一般的事实，“佃农只要不欠租，业主就不能撤换佃户或收回自种。永佃在民国十六年(1927年)以前是一种习惯的事实。到后来不免渐渐地起了变化”[②]，这种变化具体表现在：①田面权的限制和削弱。“贱卖图耕”本是产生田面权的一种惯例：佃户保有田面权，地主获得田底权，底面互不干涉。但地主凭借金钱的势力打破了此项惯例，在地主收买田底的契据中明确规定：“地主在需要的时候，随时可以自由向佃户要求买回田面，佃户不得拒绝”。②业主收回自耕的撤佃权。“出租人收回自耕”是土地法明定的撤佃理由之一，该理由实质是对“不欠租，不撤佃”习惯的冲击，但在当地已为地主与佃农共同承认的惯例，当业主要收回自种时，应该在一年前通知佃户，但这最后一年的田租，

---

① 罗马法上的永佃权可以转让，但永佃权人应通知所有人，自通知之日起2个月内所有人无表示时，永佃权人才可以出卖。但转让后，新永佃权人应该支付给土地所有人手续费，作为承认的费用，一般为卖价的2%。参见丘汉平：《罗马法》，中国方正出版社2006年，第240页。

② 刘怀溥：“浙江崇德县农村视察记”(1934年12月)，陈翰笙、薛暮桥、冯和法：《解放前的中国农村》第3辑，中国展望出版社1989年，第359—360页。

佃户可以不交，而这不交田租的做法正是地主因撤佃而对佃户的一种补偿，多少体现田面权的痕迹。

实例二：50 年代初期，在华东军政委员会土地改革委员会的《浙江省农村调查》中，有专门关于“浙江省永佃权情况的调查”，调查内容涉及永佃权的名称、形成和来源、特点和性质等多项内容，展现出浙江省永佃（田面权）的实况，并未有明显的萎缩或崩溃现象。调查表明，永佃权仍相当普遍存在于浙省各地，但名称不同，如嘉兴的“永年田”，绍兴、衢州的“小田、小业田”与“大田、大业田”，温州、平湖的“田皮、田面”与“田心、田底”，兰溪的“小皮与大皮”，江山的“小耕与大耕”，开化的“浮田与实田”，此外还有“小卖、客田、下手田”与“大卖、民田、上手田”等别称。[①] 在农民获得田面权后，地主不能随便撤佃，“农民认为永佃权为自己的一种产业，当作传代的法宝，解放后他们更认为是分田的基础”。[②]

（三）江苏省

1. 田面权存在实况。在 1929 年由国立中央研究院社会科学研究所的调查中，对无锡租佃形式的考察涉及到“灰肥田、借种田、佃田、押田和典田”五类租田[③]，其中与永佃权相关的有 3 种，反映无锡租田形式和永佃制的多样化。其灰肥田（或租米田），田底权属于业主，田面权属于佃户，如拖欠租额超过田面价格时，业主即强行收回；借种田，田底与田面权均属业主，佃户无永佃权；佃田（或盖头田），享有永佃权的佃

---

① 参见华东军政委员会土地改革委员会：“浙江省农村调查”（1949 年 12 月－1950 年 4 月），陈翰笙、薛暮桥、冯和法：《解放前的中国农村》第 3 辑，中国展望出版社 1989 年，第 383－384 页。

② 陈翰笙、薛暮桥、冯和法：《解放前的中国农村》第 3 辑，中国展望出版社 1989 年，第 385 页。

③ 原国立中央研究院社会科学研究所、中国科学院经济研究所：“无锡县（市）农村经济调查报告（1929－1948）”，陈翰笙、薛暮桥、冯和法：《解放前的中国农村》第 3 辑，中国展望出版社 1989 年，第 305－306 页。

户将灰肥田转租第三者耕种,也叫转佃田,数量不多;押田(或活卖田),大都由借债而产生.如债务满期不还,随即转为灰肥田;典田,因借贷关系,将田出典给债主耕种,出典期间,地不起租,钱不生息,满期不赎即行结田。

此外,据1930年,陈翰笙在无锡22个村的调查中,发现当地的田权极为分散,根据调查所得材料,统计出“无锡田权分配表”(表9),其中关于土地所有权,无锡村户中至少有14种:“地主4种,佃农5种,自耕农5种。地主的所有权有全田永业权、全田暂业权、田底永属权及田底暂属权的不同。佃农之中,有纯佃农者、田面权者、享有田面权者、将田面权出租者、田面典出者。自耕农中,有全自耕农者、全田典得权者、只留田面权而田底权已典出者、田底面完全典出者”[①],足见无锡农田的分散和农村地权的复杂状况。

表9 无锡田权分析表[②]

田权的内质		田权的外形	田权外形的俗称				田权的所有者及相互关系
永业权	田底面主业权	不收租,不纳租,自耕自营	自种田		自业田 经粮田 办粮田 自田		永自耕农
暂不耕的永业权	田底面主业权	收盖头租,或盖头租的预租,或收一部分头租的预租而再收一部分的盖头租	自种田		自业田 经粮田 办粮田 自田		永业地主

① 参见《陈翰笙集》,中国社会科学出版社2002年,第34页。

② 同上书,第9页。

暂业权	田底面主业权	不收租，不纳租，自耕自营	卖活田				暂自耕农
不耕的暂业权	田底面主业权	…收花厘租	花厘租田				暂业地主
管缺属权的永业权	田底面主业权	纳普通租	活头灰肥田				缴租自耕农
暂留永业权	田底面主业权	纳花厘租	卖出花厘租田				暂留自耕农
赎取权	田底面主业权	不收租，不纳租，自耕自营	卖活田				虚名自耕农
永属权	田底属领权	收普通租	租田				永属地主
暂属权	田底属领权	收普通租	活租田				暂属地主
暂不耕的永耕权	田面耕种权	收盖头租，纳普通租	灰肥田				收租佃农
永耕权…	田面耕种权	…纳普通租	灰肥田				永耕佃农
暂耕权	田面耕种权	纳盖头租，或纳盖头租的预租或纳一部分盖头租的预租而再纳一部分的头租	借种田	（承种田）（借田）			暂耕佃农

2.新设田面权的。在江苏盐垦区的盐垦公司实行股东分地制，股东按股份比例分配土地所有权，有田底权和田面权的类别，以适应盐区的开垦，由于田权形式的多样化，这类土地分散得非常厉害，以垦牧公司、大有晋公司、合德公司最为典型，如通海垦牧公司二堤乡，其田权分为三种：第一，底面田（佃农无田面权）占39.14%。第二，股东分地后佃农由股东租来之耕地（佃农有田面权），25.69%。第三，公司租给佃

农之耕地(佃农有田面权),35.17%[①],由于田权分配的零散,使得大地主、佃农和众多的小地主都成为公司的股东,足见当时田面权的广泛存在和适用。此外,民国时期,转佃和包佃制也比较流行,转佃和包佃的时间较长的话就有可能是一田两主。广东一带"包佃制"比较流行,富商巨贾整块租进土地,本人不耕种或经营土地,成为二地主或地产公司将土地分批分块转租出去,有的是直接租给耕种者,更多的是租给一批"三地主",出现一批农业垦殖公司,能够进行大规模的农业生产。[②] 而当租期也是长期或永久的话,就有可能形成一田三主。但考虑到民国时期土地分配不均和土地利用的竞争性,从利益最大化来讲,新设的永佃权应该很少了。

3. 田面权的限制和废除。江都一带的永佃田,租额本来很轻,"近年各田主多主张永佃农与普通佃农一律看待,勒令加租"[③],限制永佃权。在江苏盐垦公司的经营方式中,崇划制(永佃制的一种)比较盛行,"佃户出顶首租得公司土地,公司不得辞退,佃户让田给别人来种,来种者需贴'辛力工本',也就是买田面权。行崇划制的公司只有田底权,田面权则属于佃户[④],但这种租佃制度正在发生变化,其主要趋势是"崇划制的废除,佃农向雇农的转化"。

(四) 广西省

广西有永佃权的区域并不很多,在广西苍梧贤德的农村里,还通行

---

① 陈洪进:"江苏盐垦区盐垦公司之股东分地制"(1937 年 3 月),陈翰笙、薛暮桥、冯和法:《解放前的中国农村》第 3 辑,中国展望出版社 1989 年,第 226—227 页。

② 陈翰笙著:《解放前的地主与农民——华南农村危机研究》,冯峰译,中国社会科学出版社 1984 年。

③ 田秋烈:"中国地租的形式和性质",章有义:《中国近代史农业资料》第 3 辑,第 256—257 页。

④ 陈洪进:"江苏盐垦农村经济速写"(1935 年 9 月),陈翰笙、薛暮桥、冯和法:《解放前的中国农村》第 3 辑,中国展望出版社 1989 年,第 215 页。

着“一种永佃的前期形态”[1],即通常所说的“贱卖图耕”:一块田地已经被明确地划分为“田”与“耕”两部分,土地买卖时,有卖田不卖耕与卖田兼卖耕两种方式,前者价贱,卖主可以保持自耕,后者较贵,由买主耕种,说明田与耕的分离非常明显,田面权与田底权各自转让,互不干涉。此外,左县也有“永远批租”的,只要交租,子子孙孙可永耕其田,据民厅视察员韦君说,“左县地租,有长期短期两种,长期者历代承租,地主不能收回或加租,佃户可将其田地转卖,其卖价称为犁头钱,租额甚轻,此等租项多系畲地并无粮赋,俗名为陇租,第五区之集良、渌峒,高顶、唐顶、渠曲、新乐、果怕、西门、学地各村及第二区十胧乡各村,均属此种佃户,全县地主约有二三十户”。[2] 而凤山恩阳以前盛行的永佃制,现正在日渐衰落。[3]

(五) 安徽省

安徽省也继续保有永佃制关系,据 1950 年的调查,“(安徽)太湖驼龙乡租佃关系的永佃权特别多,差不多占总租佃土地的 95%以上,产生永佃权的主要原因,就是农民因受高利贷及苛重的地租剥削而流于破产,因此将自己的土地向公堂或地主作抵押,但又舍不得离开自己的土地,只得忍痛将自己的土地以较低的价格抵押或出卖其所有权,而保留下永佃权”。[4] 而在岳西北山村的租佃关系中,“比较普遍的是‘永佃权’与‘羁庄田’。凡农民取得永佃权的土地,一般均付出相当田价 1/2

---

① 刘瑞生:“苍梧农村杂记”(1934 年),陈翰笙、薛暮桥、冯和法:《解放前的中国农村》第 3 辑,中国展望出版社 1989 年,第 601 页。

② “广西省农村调查——租佃制度调查”(1933 年 12 月),陈翰笙、薛暮桥、冯和法:《解放前的中国农村》第 3 辑,中国展望出版社 1989 年,第 594 页。

③ 薛暮桥、刘瑞生:“1934 年广西农村经济概况调查报告”,陈翰笙、薛暮桥、冯和法:《解放前的中国农村》第 3 辑,中国展望出版社 1989 年,第 617 页。

④ 华东军政委员会土地改革委员会:“安徽省安庆专区农村土地关系”(1950 年),陈翰笙、薛暮桥、冯和法:《解放前的中国农村》第 3 辑,中国展望出版社 1989 年,第 403 页。

以上的'押板金',租额约为土地正产量的1/3—1/2,但如把所付给'押板金'每年的利息合并计算,则此种剥削仍是异常苛重"。[①]

此外,还有不少根据地利用民间习惯上的永佃权制度来保护农民佃权,晋察冀边区就规定:"类似承租承佃之土地,视为承租承佃人取得永佃权。非承租承佃人自愿放弃其使用权者,出租出佃人不得夺租夺佃"。[②]

三、民国永佃权的限制

(一) 民国永佃权限制和打压的方式

永佃权受限和遭打压情况即便是在民法和土地法尚未颁布时就已有显现,"江苏崇明的土地权分底面两种:底权属于业户,面权属于农民。底、面权的价值,常常相等,而底权的权力比面权的权力大得多。如业户在必要时,无论农民愿与不愿,可将面权收为己有;而农民无论如何——除非业户自愿——不得收买底权为己有;换句话就是底权是永久的,面权是暂时的"[③],限制、否定田面权的趋势已现端倪。

而实践中,土地权利人利用法律上的规定和现实中的优势地位,实施一系列强制、侵占和压迫的行为来打压永佃权,具体做法包括:一是对原永佃户权利的限制或剥夺,逐渐使其失去永佃权特性,转化为普通的租佃或是增加许多额外的附加条件来限制佃权,如加收押租金、将长期租约改为定期暂租等,最终使其数量减少和势力减小。二是通过立法采取多项措施,限制建立新设永佃权。如《国有荒地承垦条例》、《裕华垦殖公司承种田亩规则》等。三是禁止一田两主,进一步削弱永佃制关系。因为田面权已是民国永佃制的主要形式,初始永佃本来就已经

---

① 陈翰笙、薛暮桥、冯和法:《解放前的中国农村》第3辑,中国展望出版社1989年,第405页。

② 转引自王立民:《中国法制史》,上海人民出版社2003年,第508页。

③ 章有义:《中国近代农业史资料》第二辑(1912—1927),三联书店1957年,第87页。

变得薄弱，再禁止主要的田面权，永佃制自然呈现“日渐缩减”的状态，永佃权法律关系也日渐势微。下面通过具体例子加以说明：

1. 不承认原有永佃权的。清末民初，浙江的永佃制绝大多数是战后（指太平天国运动）农民所占垦的，经官方明令只许收租不得撤佃，但此类关系大多并无书面契约的规定。在浙江省《征收永佃契税施行细则》颁布后，地主们就利用此机会来推翻那些没有契约的永佃关系，而在浙江省佃业仲裁委员会决议中所看到的，因为没有书面契约无法证明其永佃权存在而遭撤佃的事例，比比皆是。此外，浙江潜县农民通过劳力或投资得来的承佃权，以及出过押租金并立有“永远存照”的批约，也不被浙江省佃业委员会承认，这样曾经的永佃权逐渐变为暂佃权。[①]

2. 禁止“田面权”转让的。江苏无锡惯例，永佃农之田面权可以自由顶替，但近年为各仓厅（租栈）方便征租，栈方代表特警告佃户，未经同意不得出卖“灰肥田”，违者撤佃，取消佃权。[②] 禁止田面权自由转让的做法，明显违反法律的规定。

3. 对永佃户“勒令加租”的。江苏江都（扬州）县，前清军的屯卫田极多，向来由佃农永佃，租额颇轻，近来各屯户（占有屯田的田主）都不愿再墨守成规，将永佃户与普通佃户一样对待，勒令加租，酿成纠纷[③]，这也是对习惯和大理院判例的否定，永佃权租额一般相对固定，加租必须有合理的事由。

4. 田主无故或无理撤佃的。这类纠纷最多，也是田主采用的打压永佃权的最主要方式。浙江定海县、萧山县、诸暨县，广东澄海县等，都有永佃权（实为田面权）“可以自由转让、一般不得无故撤佃”的惯例，但田主以其要自耕、创办农场为借口，或者以佃户将田转佃为由要撤回另

① 参照浙江省，“佃业仲裁委员常会决议案”，1932 年 2 月 11 日。

② 参照《江苏无锡国民导报》，1930 年 12 月 30 日。

③ 参照《上海新闻报》，1930 年 3 月 6 日、4 月 5 日。

佃，明显违反习惯和法条的规定，肆意侵犯佃户的权利，引发诸多纠纷，但县佃业仲裁委员会或省佃业仲裁委员会的仲裁决议却大多站在田主这边，认可田主的撤佃行为。

5. 换东亦换佃(倒东亦倒佃)。浙江杭县惯例，田底田面权完全分开，各自移转，不相牵连。但近来却有因田主出卖田底后，新田主否认事实上的永佃权而强制撤佃的[①]，这是典型的违法做法。

6. 无故增租、夺佃自种的。江西宜春佃农苏东成等人租种的学田原系永佃，“此项田租，原定铁板，无论水旱虫荒，不得减让升合；并非普通田租，按照年岁之丰歉，交纳租谷之多寡可比”，但劣绅刘天瑞却无视原租约的规定，非法增租，使佃农负担过重无法交租，引发纠纷。河北天津之小刘庄等五村农民，向种旗地，得有永佃权，后来租额由每亩八角上涨至三元，更有一些田底主用武力压迫佃农，夺田自种。[②]

（二）民国永佃权限制和打压的事例

民国后期，四川成都平原双流县的一个案例表明了“一田两主”的客观存在，虽然纠纷发生是由于地主欠缴赋税引起的，而真正的原因却是“二地主”(大佃户)又将土地转佃给小佃户而小佃户欠缴租税引起的，这也更加证实了官方反对田面权的现实理由。案件资料主要来源于四川双流县档案馆的档案，李德英之著作《国家法令与民间习惯：民国时期成都平原租佃制度新探》给的标题是“转佃引起的欠税责任转移：地主—佃户—小佃户”，其实讲的就是一田两主的转租事宜，事件过程如下[③]：

---

① 《浙江杭州民国日报》，1930 年 4 月 21 日。

② 章有义：《中国近代农业史资料》第二辑(1927—1937)，三联书店 1957 年，第 254 页。

③ 双流县档案馆原卷号 1249，案卷号 2533，《民国双流县政府双流田赋粮食管理处、双流县税征稽查处关于欠粮办理田赋粮民清单的令、公函、呈文》，转引自李德英：《国家法令与民间习惯：民国时期成都平原租佃制度新探》，中国社会科学出版社 2006 年，第 161—164 页。

1947 年,双流县升平乡四保田家桥田主刘庆和欠田赋被询。刘庆和称曾将租折赋请佃农艾雨之代纳,但艾雨之夫妇没能按期纳粮,欠田赋和租谷共计 10 石,艾雨之因而被双流县田赋征稽处拘押。艾雨之夫妇于是状告小佃户冉吉安欠租,而引出复杂的租佃关系。而冉吉安是在民国前数年佃到艾雨之名下的水田十几亩,差不多 40 余年,而艾雨之也不过 40 岁,由此推断艾雨之与刘庆和,以及艾雨之与冉吉安的租佃关系至少形成于上一代,租佃关系存续的时间相当长,应该是所谓的永佃和一田两主了。1948 年,艾雨之被拘押,后来被保释,小佃户冉吉安被拘押,后被保释但被要求限期完纳欠粮,8 月艾雨之向县府呈报,说冉吉安拒不交付欠租要求催缴。9 月,县政府命令升平乡公所迅速将冉吉安所欠的租米如数扣押,使长达半年的欠租欠税案得以解决。

此案涉及永佃和一田两主的信息如下:(1)案件中的租佃关系包括:刘庆和(地主),艾雨之(大佃农),冉吉安等(小佃户),根据前文所提到的租佃关系存续时间(至少 40 多年,至少形成于上一代),以及大小佃农的称呼,他们之间是典型的一田两主关系。地主是刘庆和,长期放租、收租,与小佃户没有交集,因欠田赋的转佃纠纷发生后,最初只是被县府询问,后来完全与案件无关了,因为与欠租税案件有关的是大佃户艾雨之了,他已成为“二地主”,是他将部分田土再租给小佃户冉吉安,期限也很长,形成永佃权关系。(2)虽然法律上不允许私自转佃和一田两主,但事实上这种情形存在,只要不发生纠纷,不影响田赋的征收,官方对此是默认的。同时也反映出官方否定私自转佃和一田两主的理由:田面权使租佃关系更复杂,几经转手容易使缴税责任转移、容易发生纠纷,影响官府田赋钱粮的缴纳。而一旦发生欠缴事实,官府会不惜动用扣押人质、扣押谷物等各种手段来保障自己权益。

四、永佃权的存废之议

(一)永佃权消亡之观点

由于对租佃制和永佃制度所持的成见,在所有权绝对观念和土地政策导向的影响下,民国相当一部分学者持永佃制腐朽说、没落说等,认为该制度是封建残余,束缚了生产力等,尤其是对一田两主的否定态度更是坚定。据仁井田陞的说法,在明末清初,一田两主发展的时期,限制否定田面权的意识和做法就已经出现。诸如记载一田两主、一田三主的文书中,如顾炎武的《天下郡国利病书》、《江苏山阳收租全案》、《福建省例》、《西江政要》等,"这些书站在政府的立场以官吏意识批判一田两主、一田三主习惯,得出了同样的结论。通过这些批判,一田两主三主习惯的轮廓大体上清楚了。那么,政府为什么非得一概否定、取消这种习惯不可呢?另外,它们与近代所有权的切点在何处呢?"[①]到民国时期,随着西方法律体系的建立和民法基本原则的确立,传统永佃制经由西方永佃权改造成为民国永佃权,并在三部民律中[②]得以体现和肯定,但对"一田两主"的否定是占上风的。"像这样一种租佃制度,在中国仍很普遍,尤其是在广西、福建、浙东和苏南。佃农的永佃权一般都称为田面权,至于地主的收租权则称为田底权。中国农村经济的现代化,正如在土地买卖中所发生的变化一样,正在逐渐消灭这种永佃制。这样一种过程,大概与19世纪末爱尔兰所发生的情况相似。在爱尔兰,直到19世纪中叶,古代的永佃制还有很多残余,但是1921年以

① 仁井田陞:"明清时代的一田两主习惯及其成立",刘俊文译:《日本学者研究中国史论著选译》(第八卷,法律制度),中华书局1992年,第409—410页。

② 三部民律即清末民律草案、民国民律草案和民国民法。

后，这种制度已经完全消灭了"[1]，这是一种比较悲观的看法。

永佃权日渐势微是事实但"永佃权将消失灭绝"的说法并不准确，它其实呈现的是逐渐萎缩的状态。比如永佃权人的权利范围逐渐受到限制，这个限制首先是法律上的禁止转租权，永佃权人只能在土地上耕作，不耕作或畜牧土地的话，就只能转让佃权了。其次，业主可以通过收取押租和预租的方式保留其田底田面权的完整，决不愿通过永租方式割裂其一部分产权。"如以两淮盐垦区域内之裕华垦植公司承种田亩规则为例来分析，第 3 条之规定'要缴纳押租'，第 4 条之规定'不得将领种田亩抬价私自移转'，第 5 条之规定'不得私自转租他人收取二租'，其他条文规定了'收回佃田、自愿退佃、给予佃业优先承购田地的机会'等内容，这些规定反映出制定者不愿树立承佃权的趋势"。[2]

1930 年代，随着民国民法和土地法的出台，以及国民党"平均地权"和"耕者有其田"的土地政策的制定和实施，再加上人们对租佃制的普遍误解，到民国后期永佃权实际生存和运行的空间大为缩减。民国时期就有从经济观点主张废除永佃权制度的："以永佃制实造成土地之双重所有者，致令一所有者（永佃权人）永远受他所有者之剥削，极为不公，且推行"耕者有其田"之政策至于极端，此制于事实亦不能存在云云"。[3] 对此，民国学者曹杰持批评态度，认为"实现耕者有其田"并非就是要打压和废除租佃制、永佃制，应该从法律方面限制"非农夫不得保有农地"，主张以和平方法让不在地农民短期内出售土地给耕作者。通过法律的规定，迫使出租者不得不减轻租额或利率，使富者不愿投资于农地，于是地价低落，小农易于购买。相比之下，民法之"永佃权"章

---

① 王寅生、张锡昌等："土地所有制的现代化"，转引自章有义：《中国近代史农业资料》第 2 辑，三联书店 1957 年，第 84 页。

② 参见唐启宇："永佃制有无存在之价值"，《地政月刊》，第 3 卷第 5 期，1935 年。

③ 曹杰著：《中国民法物权论》，周旋勘校，中国方正出版社 2004 年，第 112 页。

中没有像土地法那样赋予耕地人请求征收耕地之权，也没有限制出租人的最高出租额为37.5%，于佃农保护不利。[①]

（二）永佃权继续存在之意义

作为租佃制成熟形态的永佃制和民法物权之永佃权，是租佃关系的稳压器和调节器，可以一定程度缓解土地问题和租佃关系，使小农经济得以延续发展数千年。二者独特的两权分离模式更能调动业佃双方的生产积极性，各取所需，各得其所，具有强大的调节和稳压功能，永佃权制度本身的衍生更替和发展演变，以及这其中的发展变化和改造创新，正是永佃权制度的现实意义和价值所在，针对永佃权“消亡”的观点，很有必要批驳一番。

永佃制下的业佃关系对保护佃户是有利的，尤其是一田两主制下的业佃关系。传统的“业主占优佃户居下”模式在有些地方被“佃户占优”所取代，业主拥有田底权、收租权和完粮的义务，永佃租额一般是固定不变的，而官方所征收的田赋却是逐渐增加的，有些业主在缴纳完田赋及附带的义务外，所剩无几，想加租又是不可能的，这就对业主非常的不利了，这大概也是民国民法和土地法之永佃权内容变化的原因之一。相比之下，佃户却是处于非常有利的地位，拥有田面权之转让和转佃权，其出租和转让的价值没有限定，有时可能获得较高的回报，并且田面权的负担明显小于田底权，因田底权的租额是相对的，要缴纳田赋外才可用，所以很多佃户被高额的田赋所吓到，有的业主想转让田底权给佃户的而佃户可能还并不情愿购买。

也有学者从永佃权的经济和社会价值来分析之。经济上，永佃制

---

① 《土地法》第177条：“地租不得超过耕地正产物的收获总额37.5%，约定地租超过37.5%者，应减为37.5%，不及37.5%者，依其约定，出租人不得预收地租和收取押金”。《佃农保护法》第2条规定：“佃农缴纳租项等，不得超过所租地收获量40%，实际交纳数量，与各地地方政府会同当地农民协会按照当地情形规定之”。

有增加生产力的效用。永佃制下的佃农握有部分所有权,辛勤耕作、改良土地使得地力渐近、地价日渐增高,田面价值甚至超过田底,江苏南通通海垦牧及大有晋两公司之地近已售至40元一亩,业主田地价值不到一半。社会价值方面,享有田面权的佃农社会地位高于普通佃农,在江南地区享有若干亩田面权的有被称为富户大族,永佃制能使佃农置庐舍、安世家,长驻垦地、生活安定。[①] 费孝通也认为,“永佃制似乎保护了贫农不致因乡村工业需要资金而迅速失去土地权。不应把永佃制当作历史遗存来研究,而应把它作为耕种者与投资者利益的调节来看待,是不在地主制整体的一个部分。这也可用华南所做的观察来说明”。[②]

从永佃制的传统文化内涵言之,永佃制与小农经济和宗法伦理观念有着密切的联系,佃农即使拥有的只是“长耕、世耕、永耕”这类耕作权,也会视同己业,不会轻易出手转让,最多也是“贱卖图耕”或“价购田面权”,这也是永佃制能够延续发展的内在动因。“有田面权的佃户介于完全业主(田底田面具有)和非业主(田底田面全无)之间,取得田面权,田面权人就享有永远耕作的权利并且不要担心业主另佃他人;为何佃户不一起具有田底田面呢?一方面是有些田底权人不愿抛弃祖宗遗留之产业而成为败家不肖之子,购买田面者也没有更多资金再来购买田底,这是中国社会的常态。另一方面,有田底者愿意抛弃祖宗遗留之产业而保有田面的,是因为田底负担过重不愿买进,此中国社会之变态也。佃户即便没有完全的土地所有权但能享有部分之产权,比之完全没有任何产权者,也还是小胜一筹的。如果租佃制度能够继续存在的话,那永佃制度则更有存在的价值!③

---

① 唐启宇:“永佃制有无存在之价值”,《地政月刊》,第3卷第5期,1935年。

② 费孝通:《江村经济:中国农民的生活》,江苏人民出版社1986年,第139页之注释6。

③ 唐启宇:“永佃制有无存在之价值”,《地政月刊》,第3卷第5期,1935年。

概言之，永佃权作为东西方共有的一项制度，有着悠久的发展历史，制度最初都表现为一种租佃性质的债权，后来才慢慢发展成为民法上的一种用益物权。中国和西方永佃权都从最初的民间习惯上升为法定的他物权，看似是大致相同的发展轨迹，但在具体内容和发展阶段上却有着明显的差异。中西方永佃权制度的相似性，也为民国永佃权的发展演变提供了现实基础。由于主客观因素的影响，中西方永佃权呈现出各自不同的发展命运，西方永佃权在现代日渐势微，因而有永佃权“衰落消亡”之说，中国永佃权在历经曲折发展之后，新永佃权（20 世纪 80 年代改革开放后出现的“土地承包经营权”）正方兴未艾，焕发着蓬勃的生命力，中西方永佃权不同的发展命运，说明不能对永佃权的发展趋势妄下判断。

第六节　中国台湾的永佃权：永佃权的继续发展

一、1950 年代中国台湾地区土地改革

历经抗日战争、解放战争，民国土地政策和法规的实施受到不少的影响，而民国后期的土地政策已经开始由“二五减租”向“扶植自耕农”转变，客观上影响到永佃权的实施和适用范围。1950 年代，国民党在台湾省开始进行土地改革，大力推行“耕地三七五减租”、“公地放领”和“耕者有其田”三大政策，土地改革最初是从减轻佃农田租开始的，通过《三七五减租条例》的颁布实施，减轻佃农负担，然后是政府的公地放领，通过政府的贷款，让农民购买土地，成为真正的自耕农。这期间，相继颁布了《台湾省私有耕地租用办法》及其施行细则、《耕地三七五减租条例》、《实施耕者有其田条例》、《实施耕者有其田条例台湾省施行细

则》、《平均地权条例》等一系列土地法规,其中直接涉及永佃权的法规主要是《耕地三七五减租条例》,再加上原有的民法、土地法,共同构成中国台湾50年代永佃权的立法例,为适应新的时势和变化了的土地政策,新颁布的《耕地三七五减租条例》的内容正好反映了这种的变化。

根据《耕地三七五减租条例》和《实施耕者有其田条例》的规定,出租之农地除地主部分保留外,其余由政府征收后再转发放现耕农民承领,以实现农民有田自耕,“条例的颁布实施使民法物权编永佃权制度调剂‘土地所有’和‘土地利用’之经济作用,大为降低;惟该实施耕者有其田条例之内容,究仅限于农地,且地主尚保留部分耕地,而永佃权除耕作外另包括畜牧事业在内,故永佃权至今仍有继续存在之必要”。[①]

二、《耕地三七五减租条例》的内容和变化

(一)《耕地三七五减租条例》的内容

“耕地三七五减租”作为台湾土地改革的第一步,其主要目的在于减轻租额,保障佃农权益,促进耕地利用,为实现耕者有其田做准备,其内容较之民法和土地法有所变化,体现明显的保护承租人的倾向。依该条例第28条规定,即“本条例之规定,于永佃权之耕地准用之”,在耕地三七五减租条例施行区域(即台湾省),该条例同样适用于永佃权耕地。简言之,对永佃权的法律适用而言,民法、土地法是普通法,耕地三七五减租条例是特别法,依据特别法优先于普通法原则,减租条例的内容要优先适用于永佃权。该条例的主要内容包括[②]:(1)耕地租额,以主要作物正产品全年收获总量为准,不得超过37.5%,以减轻承租人负担。(2)耕地租佃期间,不得少于6年,以安定承租人的工作与生活。

① 郑正忠:《判解民法》,五南图书出版公司1999年,第498页。

② 陈铭福:《土地法导论》,五南图书出版公司2000年,第278页。

(3)耕地租约应一律以书面为之，并申请登记，以保护承租人的权益。(4)明定终止租约及收回自耕之要件，以确保承租人之耕作机会。(5)明定出租人之罚则，以制止出租人有害承租人之行为如土地所有人以暴力威胁方法强迫永佃权人放弃永佃权者，处3年以下有期徒刑。(6)明定耕地租佃发生争议之调解与调处，以利承租人之免于讼累，即乡镇耕地租佃委员会和县市的耕地租佃委员会。此外，条例同样肯定了永佃权人的优先承买权、承典权；规定土地所有人不得预收佃租或收取押租，条例施行前收取的，应分期返还永佃权人或由永佃权人于应缴佃租内分期扣除；规定灾歉减免佃租之方法。

(二)《耕地三七五减租条例》的变化

该条例的变化主要体现在租额方面：(1)耕地三七五减租条例施行区域之永佃权的租额。永佃权租额在民法中没有限制，由主佃双方在契约中设定，而依减租条例第2条的规定，耕地租额不得超过主要作物正产品全年收获总量37.5%，原约定租额超过37.5%的，要减为37.5%，不及37.5%的，也不得增加。因而，该条例实施区域内的永佃权之租额不得超过37.5%，使原有永佃权租额的规定失效，减轻了佃租，客观上有利于永佃权人利益。(2)其他地区永佃权之租额。依据土地法第110条之规定，地租不得超过地价的8%。(3)依该条例第11条第3款："耕地因灾歉致收获量不及三成时，应予免租"，与民法第844条的减免租额条款(因不可抗力致收益减少或全无时，允许减免租额)相比，对永佃权人更为有利。

三、中国台湾地区土地改革对永佃权的影响

《耕地三七五减租条例》是在台湾地区50年代特定的历史条件下颁布和实施的，是在地主强势、佃户弱势的背景下所采取的一项减租政策，减轻了佃农负担，保障佃农权益，取得良好的社会效果，为七八十年

代台湾经济的腾飞打下了良好的基础。但“耕者有其田”政策的实施,也直接导致佃农数量的减少和自耕农的增加,佃户包括永佃户的数量大为减少,客观上使永佃权调节土地所有与土地利用的经济作用大为降低,也使得永佃权存在运作的机会大为减少。土地改革后的地主和佃农之地位和能力已经发生转换,“地主与佃农之强弱角色,或已互易。纵未互易,原本弱势之佃农,或已成为强势而无需再予积极保护”[①]。

另一方面,土地改革的成功,促进了台湾工商业的快速发展,到1963年,“工业生产净值首度超过农业生产净值,到1996年,农业生产净值所占比例仅有3.3%,工业生产净值所占比例达35.7%,其余61.1%为服务业生产净值”[②],农业已不占据台湾经济的主导地位,依法新设的永佃权不多,而原有的永佃权关系又在不断地减少,最终导致永佃权存在实例的减少,永佃权,甚至租佃制度,似乎逐渐失去其存在的社会基础,因而台湾曾有废止《耕地三七五减租条例》的建议,但立法机关并未采纳,而是对该条例进行了修正,并于1973年颁布了《农业发展条例》,用“委托经营”方式来进行农业生产。[③]。在赵冈先生看来,其实质是一种租佃制,只是顾及面子,才以“委托经营”的名称来代之。

此外,《平均地权条例》中,为实现耕者有其田政策,对土地使用的诸方面作出限制,其中就包括对租佃制的限制。该条例第76—78条的规定:出租耕地经依法编为建筑用地时,为收回自行建筑或出售作为建筑使用时,可以终止契约。对此给承租人带来的损失,出租人应给予补偿。如果承租人拒不返还耕地时,由政府移送法院裁定后强制执行,不

---

① 陈铭福:《土地法导论》,五南图书出版公司2000年,第278页。

② 中国台湾《“行政院”农委会1996年业务报告》,1997年3月,第3页。

③ 中国台湾地区现行《农业发展条例》规定了农业生产的几种类型,其中就包括农业用地租赁和委托代耕的方式,前者指土地所有权人将其自有农业用地之部分或全部出租与他人经营农业使用者。后者指自行经营之家庭农场,仅将其农场生产过程之部分或全部作业,委托他人代为实施者。二者都是租佃制方式的回归。

受《耕地三七五减租条例》保护承租人的条款限制。可想而知，这些规定进一步动摇了永佃权在台湾社会的存在根基，永佃权在这种政策法规的大背景下，难免会趋于衰退。总之，今天中国台湾地区民法中的永佃权事例及影响，从大方面来说肯定是势微了，小的方面来看也不必完全否定其存在的价值和意义。

第三章　永佃权的当代意义：与土地承包经营权的比较

西方永佃权与传统永佃制之移植整合而成的民国永佃权，历经近代的发展演变，随着1949年新中国的成立而分开发展各有其所。中国大陆地区的永佃权随着国民党“六法体系”的废除失去存在发展的土壤，暂时消失在人们的视野中。中国台湾地区的永佃权随着国民党的南下反而有了继续发展的机会，在1950年代的台湾地区土地改革中有所创新和发展，实现了农民的“耕者有其田”，永佃权虽然不再多出现在人们的视野中，但其改名换代的“委托经营”等方式，无论是“农业用地租赁”还是“委托代耕”都取得适时的效果，其实质是租佃制方式的回归。永佃权随着近现代国家的建立和近代法律改革，在一些国家和地区失去发展的机会，有些即便还保有制度本身，但发展壮大的机会微乎其微，所以才会有“永佃权消亡”的说法。但另一方面，应该看到永佃权在特定国家和特定地区的新发展和新变化，虽然不再冠有“永佃权”的名号，但不妨认为是其变迁的类型或新的发展阶段，这就是永佃权的当代意义所在。

1949年至今，我国建立了社会主义法律体系，土地制度也经历了从“地主土地所有”到“农民土地所有”再到社会主义的“土地公有制”，即国家所有和集体所有的变化，这种变化是新中国政府土地政策和法规主导实施的结果，1949年以来的土地权属立法正是这段时期土地制度发展和变迁的历史写照。新中国的土地权属经历了一个复杂曲折的演变过程，第一阶段是以“1950年《土地改革法》”为标志，废除地主土地私有制，建立农民的土地所有制，使土地所有权和土地使用权合二为一；第二阶段是1952年以“合作社和人民公社运动”为标志，变农民土地私有为生产队集体所有，使土地所有权和土地使用权再次分离，在实践中也引发一系列土地问题；第三阶段是20世纪80年代改革开放以后，以“家庭承包经营责任制的建立”为标志，通过法律方式赋予农民土地承包经营权，使土地所有权从“三级所有、队为基础”的模式变成村集体所有，村集体经济组织是土地的所有者，而土地使用者为农民个人或农村家庭。1986年《民法通则》将土地承包经营权放在“财产所有权和与财产所有权有关的财产权”中加以规定，2002年《农村土地承包法》对农地承包问题作了全面规定，国家保护承包方依法、自愿、有偿地进行土地承包经营权的流转，2007年《物权法》在“用益物权”篇专章设置“农村土地承包经营权”，正式确立了“土地承包经营权”的物权属性，完成了几十年来土地承包经营权由债权到物权化的进程。80年代，土地承包的实践活动打破了农村土地使用的单一沉闷局面，引发土地制度新一轮的实践变革和理论探讨，农村土地问题始终是各界所关注和研究的对象，并且这种关注和探索一直在持续，所以才有今天的“三农”问题，而在此过程中，沉寂半个世纪的永佃权以其独特的经营模式和灵活的调节功能再次浮出历史尘埃，重新展现在人们的视野中。

第一节 1950年代的土地改革与土地经营

一、“土地改革”时期的地权关系：耕地农有、自主经营

（一）土地改革的法律实践

1950年6月，《土地改革法》的颁布使中国大陆开始了大规模的土

地改革运动,这次土改运动继承和发扬了1931年的《中国土地法大纲》的精神,通过剥夺地主土地、无偿分配给农民的做法,来实现"耕者有其田"。这段时期颁布的其他土地政策法规主要有:1950年6月的《关于土地改革问题的报告》、《土地改革法》、1950年11月的《城市郊区土地改革条例》等[①],尤其是《土地改革法》提出了土地改革的方针和政策,明确规定"废除地主阶级封建剥削的土地所有制,实行农民的土地所有制,借以解放农村生产力,发展农业生产",并采取"依靠贫农、雇农,团结中农,中立富农,有步骤、有分别地消灭封建剥削制度,发展农业生产"的土地改革总路线,土地改革完成后,"由人民政府发给土地所有证,并承认一切土地所有者有自由经营、买卖及出租其土地的权利",《土地改革法》赋予了广大农民土地所有权,也是千百年来农民们一直梦想拥有的东西。

(二)土地改革的巨大影响

1952年,土地改革结束,废除了地主土地所有制,初步建立农民个人的土地所有制,实现了"耕者有其田"。虽然这次土改是政府运用强制性力量自上而下推动实施的,但它废除了地主土地私有,使土地的所有权和使用权合二为一,实现了农民对土地在法律上和实体上的所有权,解决了千百年来亘古未决的土地占有问题,农民生产积极性空前地高涨。性质上而言,"耕地农有"实质是"农民的土地私有",满足了几千年来小农阶层对土地追求的最高理想。通过这次土改,地主土地私有被农民土地私有所替代,地主和佃农间曾经复杂的地权关系,转变为单一的农民土地所有关系,租佃制似乎失去了其继续存在的平台,土地权属关系由曾经的复杂趋向单一,租佃制、雇主经营被自主经营所代替,一时间在政治上和经济上都取得良好的效果。

---

① 参见邹玉川:《当代中国土地管理》上册,当代中国出版社1998年,第22—25页。

二、从“合作社”到“人民公社”时期的地权关系：集体所有、集体经营

(一) 农业合作社时期的地权关系

土地农有、集体经营，是农业合作社时期的地权关系。土改完成后，农民个体和家庭经营成为农村土地经营的基本形式，并形成了以“中农为主体”的生产模式，农民生活水平有了较大的提高，但农民间的贫富差距也开始拉大。1952年，政府开始引导农民走合作化的道路，最初是组成临时互助组和常年互助组，然后再由互助组发展到初级合作社，最后发展到高级合作社，地权关系也由最初的农地私有、家庭自主经营逐渐过渡到农地私有、生产队集体经营。

1. 从互助组到初级合作社

初级合作社是由农民自愿组成的互助组发展而来，建立在农民土地私有的基础之上，并未触动“农民土地所有和家庭经营”的根基。1951年9月通过《中共中央关于农业生产互助合作的决议(草案)》，各地开始普遍试办“实行土地入股、统一经营、按劳力和土地分配”的初级农业生产合作社，采取在劳动力、畜力和资金上协作互助的方法来组织农业生产，土地改由集体统一经营和使用，但农民仍拥有对土地和牲畜的所有权，土地所有权和使用权开始了初步的分离，短暂的两权合一模式又回退到两权分离的模式。

2. 从初级合作社到高级合作社

1956年，《农业生产合作社示范章程》和《高级农业生产合作社示范章程》的出台①，掀起高级合作社的高潮。在高级社里，社员个人私有的土地无偿转为合作社集体所有(但仍保留原有的坟地、宅基地不入

① 参见邹玉川：《当代中国土地管理》上册，当代中国出版社1998年，第46页。

社),取消土地报酬,土地集体所有,集体经营,实行集体劳动和完全的按劳分配,分离的两权又回归统一了。历史上看,高级合作社实质就是变土地“农民私有、集体经营”为“集体所有、统一经营”的土地制度,到1956年,农业合作化基本实现,农村范围内基本消灭了土地私有制,集体所有制占据主导。

(二) 人民公社时期的地权关系

“三级所有、队为基础”的集体所有制,是人民公社时期的地权关系。1956年以后,随着高级合作社的推广,又开始了人民公社化运动,社员的自留地、自留山被全部收归公有,农民的土地私有逐渐被改造成集体所有。到1962年,全国普遍建立了较为稳定的“三级所有、队为基础”的集体土地所有制,三级所有即“人民公社、生产大队、生产小队”所有,生产队在名义上拥有对土地的所有权,但其权利却受到严格的限制。1962年《农村人民公社工作条例修正草案》明确规定:生产队所有的土地,包括社员的自留地、自留山、宅基地等,一律不准买卖和出租。“在这种所谓的‘三级所有’的土地制度下,土地的产权实际上被分割了,国家、集体和个人都享有一部分权利。但由于产权主体不确定,尤其是土地的直接经营者权利过于弱化,土地经营的效率十分低下”。[①]这种“生产队集体劳动、集体分配劳动成果”的经营方式,挫伤了农民生产的积极性,土地生产经营的低效率随之产生,各种土地问题和纠纷不满又开始出现。

概言之,从“合作社”到“人民公社”的变迁,又是一次典型的强制性制度变迁,但实施效果却与第一次强制性的变迁(即50年代的土地改革运动)大相径庭。由于人为地缩短了土地私有转变为集体所有的合理期间,由于过多关注国家和集体的利益,忽视农民的真实意愿和感

① 陈剑波:“人民公社的产权制度”,《经济研究》,1994年第7期。

受，由于是政府主导的而非农民自发创新的制度变迁，其效果的反差自然难以避免。土地“三级所有”，本身就是一个模糊的产权规定，表面上农户、生产队、生产大队和人民公社之间，似乎都享有对土地一定的产权，但是彼此之间的产权界限不清、权责不明，使得人民公社集体制下的生产效率极低，引发新的农村土地问题，中国土地制度的探索之路继续在行进中。

第二节 1980 年代以来的土地改革与土地承包

一、“承包”与“承包户”的法律实践

50 年代的人民公社化运动虽已过时，但其确立的集体土地所有制却延续下来，对中国今后的农地使用制度发生着重大的影响。1980 年以来的农村土地权属，也相继经历了“集体所有、包产到户、承包期限长期不变的土地承包(契约阶段)→《农村土地承包法》出台、承包经营权的物权化倾向强化→《民法通则》、《物权法》通过、土地承包经营权物权化”的转变。农村土地权属变化的起点是来自于民间自发创新的大胆实践，在农业生产停滞不前、农民生活艰难的困境下，部分省区开始了包产到组、包干到户的试验。1978 年安徽省凤阳县小岗村部分农民冒着“割资本主义尾巴”的危险，搞起了“包干到户”，这便是“家庭联产承包责任制”的雏形，这个民间自发的雏形在农村实践中大受欢迎。1980 年 9 月，中央著名的 75 号文件，对土地承包的形式予以肯定，包干到户在分配上实行农户“交够国家的、留够集体的、剩下是留给自己的”做法，实现了生产者的权、责、利的紧密结合，从根本上打破了农业生产经营和分配上的“大锅饭”，使农民有了真正的自主权，因此受到各地农民

的广泛欢迎。到1984年底,全国已有99%的生产队,96.6%的农户实行了包干到户的联产承包制。此后,家庭联产承包责任制不断得到巩固和完善,广大农村逐步走上富裕的道路,而1983年《民法通则》中对"农村承包经营户"民事主体地位的确认,从法律上肯定了承包制度,使"承包户"的合法权益得到法律的保护,促进了土地承包制度的大力发展。

(一) 农村土地承包的实践活动

农村土地承包制是中国农村一项基本的政策和制度,它的出现使农村土地经营主体和经营方式发生了变化。农村土地经营方式经历了从"生产队→不联产责任制→联产责任制→包产到组→包干到户"的转变①,最后确立了土地集体所有、农户家庭经营的基本形态。农地经营主体由生产队到农民承包户的变化,表明土地经营方式的变化,表明集体经营方式的解体和小农家庭经营方式的还原,使原来看似两权合一的集体产权制度发生变化,使农民真正拥有了土地的经营权和自主权,这不禁让人对"单一产权"、"单一经营模式"产生一些质疑,虽然呈现出两权分离的状态,但实施效果却很一般。

农地经营主体由生产队到农村承包户的变迁,完全是另一种性质的制度变迁,它不同于前两次官方主导的制度安排,是农民在现实压力下自发性的创造,某种意义上,是小农租佃经营方式的回归。土地承包经营由于明晰的权责关系,良好的实施效果,被官方所认可和推广,它改变的是土地经营的权属关系,不变的是集体土地所有关系,真正实现了两权分离,农地产权关系由模糊到逐渐明晰,某种程度上又是小农经济的回归,传统的一家一户再次成为土地经营的基本单位。由规模化的集体经营变为一家一户的小农经营,似乎在走回头路,在走低效率的生产方式,但它却是农民自己的创新和发现,诸多理论和实践也充分证

---

① 张红宇:《中国农村的土地制度变迁》,中国农业出版社2002年,第53页。

明，小农模式更适合中国的国情，租佃式经营也有极高的生产率[①]，小农(家庭)经营并不是封建和落后的代名词，适合国情的和能促进生产力的制度才是最好的选择。

(二) 农村土地承包的法律规范

农村土地承包制的广泛实施，一方面是农村土地制度自发性创新的结果，另一方面是中央政府不断出台的政策和法律指导的结果。农村土地承包政策法规的建立和完善是 80 年代以来农村土地改革发展历程的最好见证。严格意义的承包法规主要出现于 80 年代后，之前的主要是政策性规定，即使在 90 年代后，在有了土地承包的民事法规之后，政策的主导性作用还是居于首位，这不仅容易引起“政策多变”的负效应，而且这些政策很容易在实际执行中被误读、歪曲乃至剑走偏锋。90 年代以来，政府加强了土地承包的立法建设，逐步改变了重政策轻法律的倾向，完善了土地承包经营的法律法规。

1. 80 年代以来的土地承包政策

(1)1980 年《关于进一步加强和完善农业生产责任制的几个问题》。该文件要求对包产到户、包干到户做出明确规定，如包产到户的土地不准买卖，并保持较长时间内的稳定，以有利于生产。(2)1982 年至 1986 年中央五个一号文件，即中央制定的关于全国农村工作的政策性文件。这五个文件分别为 1982 年《中共中央批转全国农村工作会议纪要》、1983 年《中共中央关于印发当前农村经济政策的若干问题的通知》、1984 年《中共中央关于 1984 年农村工作的通知》、1985 年《中共中央、国务院关于进一步活跃农村经济的十项政策》、1986 年《中共中央、国务院关于 1986 年农村工作的部署》，通过这一系列政策的出台，中央

① 有关小农经济和租佃经营的特点，可以参见黄宗智：《长江三角洲小农家庭与乡村发展》，中华书局 2000 年；张五常：《佃农理论——应用于亚洲的农业和台湾的土地改革》，商务印书馆 2002 年。

对各地普遍建立的家庭联产承包责任制予以肯定和总结推广,并重申“联产承包责任制和农户家庭经营长期不变”的政策,决定延长承包期(期限一般在15年以上),以进一步稳定和完善土地承包制度。

2.90年代以来的土地承包政策

针对土地承包实践中存在的问题,这时期的政策主要转向以延长农户土地承包期和允许土地承包经营权流转为主要内容,试图通过土地承包经营权的物权化措施,进一步改革农地使用制度,完善土地承包经营权制度。(1)1993年《中共中央、国务院关于当前农业和农村经济发展的若干政策措施》。确立了以家庭联产承包为主的责任制和统分结合的双层经营体制,成为我国农村的一项基本经济制度,决定在原定土地承包期到期后,再延长30年不变,在坚持土地集体所有和不改变土地用途的前提下,经发包方同意,允许土地使用权依法有偿地转让。(2)1994年农业部《关于稳定和完善土地承包关系的意见》。重申将土地承包期再延长30年的政策,一定条件下允许承包方在承包期内对承包标的依法转包、转让、互换和入股,纠正了乡村实践中对“土地承包制30年不变”的错误理解。(3)1996年《国务院办公厅关于治理开发农村“四荒”资源,进一步加强水土保持工作的通知》,肯定开发“四荒”的经验,规定承包、租赁、拍卖“四荒”使用权,最长不超过50年。(4)1997年《中共中央办公厅、国务院办公厅关于进一步稳定和完善农村土地承包关系的通知》。进一步明确和肯定上述政策,促进了土地承包关系的发展。(5)1998年《中共中央关于农业和农村工作若干重大问题的决定》。再次提出要长期稳定以家庭承包经营为基础的、统分结合的双层经营体制,切实保护农户的土地承包权、生产自主权和经营收益权并使其成为独立的市场主体。(6)2002年《中共中央关于做好农户承包地使用权流转工作的通知》。针对承包地使用权流转过程中的问题加以规范,要求土地流转必须按照政策和法规进行,不能随意解除承包合同。应该说，上述80、90年代的土地政策的制定和实施，以及实践中的经验教训，为后来的土地承包立法打下良好的基础。

3.80年代以来的土地承包立法

(1)宪法的规定。1984年宪法确定“村集体”作为农村土地所有者的身份，使农地制度建设从国家转移到村集体手中，进一步下放了农村集体土地的使用权。1993年《宪法》规定了“农村家庭联产承包制”是社会主义劳动群众集体所有制经济，给予其宪法上的肯定。

(2)民法的规定。1986年《民法通则》将土地承包经营权放在“财产所有权和与财产所有权有关的财产权”中加以规定，第80条第2款规定了公民、集体依法对集体所有的或国家所有由集体使用的土地享有承包经营权，承包双方的权利和义务由承包合同加以规定。第81条第3款规定了公民、集体依法对集体所有的或者国家所有由集体使用森林、山岭、草原、荒地、滩涂、水面享有承包经营权。但法条并没有明确承包经营权的物权或债权属性，司法实践中视其为债权，采用债权性的保护手段，未能对承包人提供充分的权利保护。《民法通则》第27、28条中还确立了“农村承包经营户”的民事主体地位，承包户依法享有民事主体的权利，保护了农户的合法权益。

(3)土地管理法的规定。1988年《土地管理法》第12条、1998年修正后的《土地管理法》第14条①，规定了土地承包的期限为30年，双方权利义务关系由承包合同具体规定，使长期以来的土地承包政策具有了法律的强制约束力，以债权对土地承包经营权加以确认和保护。

(4)土地承包法的规定。2002年《农村土地承包法》对农地承包问

---

① 《土地管理法》第14条：农民集体所有的土地由本集体经济组织的成员承包经营，从事种植业、林业、畜牧业、渔业生产。土地承包经营期限为30年。发包方和承包方应当订立承包合同，约定双方的权利和义务。承包经营土地的农民有保护和按照承包合同约定的用途合理利用土地的义务。农民的土地承包经营权受法律保护。

题作了比较全面的规定。该法将土地承包分为“家庭承包”和“其他形式的承包”,折射出强烈的物权化立法倾向,使得农村土地承包关系彻底摆脱了行政性内部合同的影子,土地承包经营权有可能真正成为农民可以依法处置和支配的财产权,而不再是以往模糊不清、无法掌控的有限权利。其总则明确规定:“国家保护承包方依法、自愿、有偿地进行土地承包经营权流转”,并专设“土地承包经营权的流转”一章,对土地承包经营权的流转原则、流转方式、流转程序及流转合同管理等都作出了明确规定。

(5)物权法将土地承包经营权由债权变为物权。2007 年的物权法,在“用益物权”篇中专章设置“农村土地承包经营权”,正式肯定了“土地承包经营权”的物权属性,完成了几十年来土地承包经营权由债权到物权化的进程,明确规定土地承包经营权的内容、取得、流转以及承包合同的内容,明确规定土地承包经营权人依法对其承包经营的耕地、林地、草地等享有占有、使用和收益的权利。条文中并没有采纳“永佃权”、“农地使用权”的提法,而是采纳不很规范却是原创的“承包经营权”,使农地权的民事法律调整进入了一个新的阶段,而土地承包经营权与历史上的永佃权形异神同。

二、地权经营形态的发展变化[①]

在土地所有权相对固定的前提下,如何做到两权分离或两权合一,如何使地尽其利,实际涉及的是土地经营问题。我国历史上有过均田制、租佃制、永佃制和雇工经营等多种方式,也有其各自的实施效果,而 1949 年以来我国农村土地经营方式,大多是各地自发性的土地制度创

① 此标题下的内容参考借鉴了邹玉川:《当代中国土地管理》上册,以及宋红松:“中国农地使用制度研究:农地承包制的变迁与创新”(《中国房地产法研究》第 2 卷)的内容。

新，各地土地问题和土地背景的差异性，必然导致土地经营权的多样化，土地承包经营只是其中之一而已。在诸多经营形态中，土地承包经营权之所以能够推广适用，保持长久的生命力和影响力，并最终以法律的形式肯定下来，既有制度内在的发展动力因素，也有官方主导性的认可和推广，换句话说是"内外结合、内外兼修"的结果。土地承包制是解决农地问题的现实和合理的选择，而其他各类农地经营形态并不具有普适性。土地承包经营的制度性安排已不同于最初那种强制性制度安排，是民意和官方的有效结合，实践已经证明，80 年代以来确立的土地承包经营是中国最主要和最主流的农地使用方式。

（一）均田制和两田制

均田制和两田制是土地承包的具体方式。均田承包是指在村集体成员之间按一定标准来均分土地，并随着村集体人口数量和结构的变化对土地进行再调整，它是家庭承包责任制的基本形态，也是农村最基本最普遍的农地经营形式。在最初的均田制之外，又出现了两田制，即将承包耕地分为口粮田和责任田，前者按人口平均分配，只交农业税和社会服务费用，后者通过招标竞争承包给专业农户实行规模化经营。两田制明确了集体土地所有者、经营者及其产权关系，在承包地的分配上兼顾了公平和效率，扩大了耕地的经营规模，但也有明显的局限性，逐渐被禁用。

（二）土地租赁

土地租赁指土地承包者向土地所有者交纳租金，土地承包经营权进一步分离为承包权和使用权，土地原始承包人保留土地承包权，而将土地使用权有偿转让，实质更接近土地租赁。通过稳定承包权，耕地 30 年，果园、林地等 50 至 70 年不变的做法[①]，来搞活使用权，承包期间

---

① 参见 2002 年《中共中央关于做好农户承包地使用权流转工作的通知》。

使用权可以转让、转租、交换或入股等,逐步建立集体土地使用权市场。租赁制使土地的决策权掌握在土地经营者手中,可以灵活适时地调整土地,但其适用的范围和条件比较高,发展有所限制,也有不少问题,如带来了地方上的土地财政问题。

(三)“四荒”土地使用权的拍卖

此种方式是为鼓励有效治理荒山、荒坡、荒滩、荒沟等“四荒”地,由村集体在地方政府的支持下,将四荒地的土地使用权长期拍卖给购荒者,其特点在于购荒者主体资格不限,农户、个体户、机关团体和企业都可以购买,土地使用权可以继承、转让和入股等,使用期限也比较长,为50—100年。此种使用权因有完整而稳定的产权界定和预期收益,激发了农民购荒、治荒的积极性,但其适用范围只限于四荒类的土地。[①]

(四)土地股份合作

此种方式最初由乡镇企业改制开始,逐渐延伸到农林牧渔业,最后发展到土地上。土地上的股份合作也是由南方集体林区的开发利用逐渐延伸到耕地的开发上来。其具体运作方式如下:将土地、劳力、资金、技术等生产要素折价入股,合作经营;个人、联户、社区集体经济组织、机关企事业单位均可合股;入股自愿、股权平等、利益共享、风险共担;股权可以继承、转让或馈赠。这种方式是在土地所有权、承包权、使用权三权分离的基础上,将所有权、承包权价值化,明晰了产权关系,调动了生产积极性。[②] 但其实施的基础条件要求很高,只能在部分地区实行,不能全国性地推广。

(五)反租倒包

此种方式建立在土地承包经营权的基础上,由农民将承包经营取

---

① 参见1996年《国务院办公厅关于治理开发农村“四荒”资源,进一步加强水土保持工作的通知》。

② 参考邹玉川主编:《当代中国土地管理》上册,当代中国出版社1998年,第183页。

得的权利反过来租赁给村社组织，村社组织将整块土地再租给工厂或者种粮大户，获得土地分红。这种方式在福建等地适用较多，因为福建三资企业比较多，很多农民不靠土地生活，而是在乡镇企业里工作。这种方式提高了农地的利用效率，解决了农民土地权利流通的问题，但也产生了许多环境问题。

第三节　当代永佃权与土地承包经营权

从产生的时代和生存环境来看，当今的土地承包经营权与曾经的永佃权形式上似乎关联不大，但仔细回顾农村土地承包经营权的发展历程，就会发现两者之间的内在关联。民国永佃权随着六法全书的废除而在大陆失去了展现的舞台，传统的永佃制在永佃权的打压下仍然呈现顽强的生命力，但也随着解放初期的土改运动失去了存在的根基，制度层面上的永佃权在 1949 年之后是消失了，实质层面的永佃权在 1980 年代后却是重新回归，焕发新的生命力。农村随之实行的是“土地农有、自主经营”的耕者有其田政策，随后开展实行的合作社和人民公社化运动，使农村土地由“耕地农有”向“生产队集体所有”转变，但这种土地集体所有、共同劳动的生产方式并没有带来预期的生产效益，导致农业生产的徘徊不前，农村土地使用模式经历着严峻的考验，在现实的困境和生存的压力下，土地承包经营制应运而生，其产生看似是一种突然的迸发，其实背后是传统永佃制度的支撑，是永佃权和土地承包经营权之间的共性使然。

一、原创自发的土地制度：土地承包经营权和永佃权的共性

土地承包经营权为何会在诸多土地制度创新中脱颖而出呢，其中

必有一些内在因素,而原创自发则是首要因素。土地承包经营权实质是改变原有的土地经营模式,采用把土地经营权发包给农民的方法,实行以农民家庭为单位的分户承包经营,包产到户、包干到户的土地承包最初就是由农户自发首创的,随后才被官方认可推广。这不妨认为是对民间原创的认可,而这种原创其实是来自于传统永佃制的习俗,是经济发展对传统永佃的自然选择。历史的巧合也罢,历史的必然也罢,说明永佃制并没有腐朽过时而是在新时代的背景下焕发出勃勃生机。细细究来,土地承包经营权和永佃权在诸多方面存在共性,性质上的共性不言自明,都是民法上的一种用益物权、都经历了由债权向物权的过渡,更深层次地说,两者其实是同一制度的不同发展阶段,或是同一个制度在人为中断后的延续发展,两者在发展变化上也有相似性,只是在名称和内容上有所变化而已,难怪有学者会认为它就是一种新型永佃权。①

(一) 两者比较的共性基础

1. 法律关系主体的对应和相似。在两者所属法律关系主体中,一方是土地所有人,另一方是土地耕作人或土地使用人,使用或耕作他人土地都要付出一定的对价。永佃权关系下的主佃双方是土地所有人(出租人)和永佃权人(耕作人),所有人不限主体资格,包括私人、国家、寺庙等,比如罗马法上的永佃权最初就产生于公有土地上,后来才扩展到私有土地上,我国宋代的公田、明代的屯田、清代的旗地、学田上都实行过永佃制,说明永佃权并非只出现于私田上。土地承包经营权下的承包双方是发包人(农村集体经济组织)和承包人(农民或农户),发包人即集体土地的所有者,承包人即土地的耕作人,土地承包关系主要建立在集体或国有土地的基础上。

---

① 杨立新、尹艳:“我国他物权制度的重新构造”,《中国社会科学》,1995年第3期。

2.法律关系客体基本相同。两者客体所指向的对象都是农用地，土地主要用于农牧业生产，非用于其他目的。永佃权的客体主要是用于耕作或畜牧的耕地、草场等（而罗马法上的永佃权土地也有用于建造房屋的），承包经营权的客体是用于种植业、林业、畜牧业、渔业生产的土地，即集体所有的耕地、森林、山岭、草原、荒地、滩涂、水面等。

3.法律关系内容的“名不符实”。永佃权的主要内容是租佃，是所有权人将土地永久地租佃给永佃权人耕种使用，永佃权人定期支付租金；土地承包经营权是所有权人将土地长期地包给承包人使用，承包人支付承包费。虽然有“租佃”和“承包”在字面上的差异，但二者都是为使用耕作他人土地而为的一种经营和收益，实质内容相同。而长期性的土地权利，完全符合土地本身的自然属性和经济功能的发挥，有利于农业生产的发展。

（二）土地承包经营权与初始永佃之共性：债权性

1.权利义务都由契约规定。初始的永佃制即永佃，主要来源于民间习俗，书面或口头契约履行的基础是主佃间的信任和恩情关系。土地承包经营权的前身——家庭联产承包经营制，产生于发包方和承包方的承包合同，债权属性非常明显，“从我国农地使用制度变迁的历史看，土地承包制最早的雏形包产到户，严格地说是国家、集体和农户之间通过契约建立起的劳动组织形式和产品分配形式，……这种制度具有很浓的债权性质”。[①] 土地永佃契约或承包契约，使土地所有权和使用权开始分离，尤为重要的是使土地耕作者获得了生产经营自主权，自主安排生产和经营，按期交纳租金或承包费，享有对土地长期或永久的使用权。

---

① 宋红松：“中国农地使用制度研究——农地承包制的变迁与创新”，《中国房地产法研究》第2卷，第334页。

2.契约双方间的特殊关系。初始永佃中的主佃双方之间在经济契约关系之外,多有着深厚且复杂的人情关系,如开荒加工、世代承耕、久佃成业、贱卖图耕、旗地、学田等,这种长远的或似恩情的关联不可忽视。而农民或农户主要基于村集体成员的身份享有土地承包经营权,包括对农村土地的分配权、使用权和转让权,早期承包权主要体现的是集体经济组织和社员之间的人身性关系,尤其某些特殊权利只有集体成员才能享有。①

3.自发性的土地制度。土地承包经营权和习惯上的永佃和一田两主,都是中国原创性的概念制度,都非物权法上的标准术语,以西方的法言法语来看待这些概念,自然是不标准和不规范。近代民法中的永佃权是标准的他物权概念,民国时期的永佃权术语是继受西方的本土化产物。

(三)土地承包经营权与民国永佃权之共性:物权性

1.确定的物权属性。永佃权是一种典型的他物权,古代罗马法、近现代西方民法和国民党民法中都予以明确的宣示,永佃权人享有物权保护的一切措施,享有使用收益、自由处分以及排除他人不法干涉的权利。而承包经营权最初是一种债权,在90年代"延长土地承包期、稳定土地承包权"等一系列政策后,物权化的色彩愈加浓厚,直到《物权法》中明确认定其为一种用益物权。作为一种法定的物权,永佃权和土地承包经营权之法律关系皆由法定,权利的产生、设定、消灭等都要依法进行。

2.权利功能的复合性。永佃权下的租佃关系稳定、租额固定,有利于保护耕作权,保护佃户的利益,民国永佃权还具有保障佃农、实现"耕

① 如早期的土地承包经营权只能由村社集体成员享有,并在权利的流转方面对受让方的主体资格有所限制,受让方只能是村社集体组织成员,其他主体和城镇居民不能成为受让者。

者有其田”的政策意图。农村土地承包经营权更是农村集体组织成员享有的国家赋予的一种保障性权利，除基本的保障功能外，还担负着多重特殊功能，如农地的有效利用和土地资源的合理配置，农民的生存保障和粮食短缺、人口和就业等问题。

3. 发展历程的相似性。传统永佃制经历了“初始永佃、过渡和一田两主”三个发展阶段，从债权性的永佃发展到准物权性的一田两主，最后被改造成法定的永佃权。而土地承包经营权经历了从人民公社的共同劳动到包产到户，从最初的行政性调整到土地承包合同，从债权性的承包经营权到物权性的土地承包经营权的变化，不仅权利属性愈加明确，其权利范围也逐步扩张，从限制地权流转到相对放松、从无偿使用到有偿使用，都是权利性质变化的体现。

二、农地政策的新导向：长期或永久的土地承包经营权

（一）纠正对永佃权的误解：学者观点述评

既然土地承包经营权和永佃权有诸多的共性，为何没有在物权法中采纳永佃权？而是采纳了与其相似，同样不规范却原创的承包经营权？立法者的选择自有其考虑，而部分学者对永佃权所带有的偏见和误解，多少影响到人们对永佃权制度的理解和创新。其代表性观点认为，永佃制是封建剥削关系的代名词，是封建腐朽的制度，事实上，永佃权不为封建社会独有，现代资本主义社会中也有其原型或新型代表。永佃权的立法例虽在现代民法典中不常见到（目前仅见于日本、意大利、中国台湾地区等），但其现代变化的类型依然存在，如台湾的委托经营，德国的地役权等，正如赵冈所言：“租佃制的这项功能是难以取代的，所以租佃制能够长期存在。……现代史上确有几个国家和地区以政府的力量消除了租佃制，但是不久就发现留下的难题无法克服，便又悄悄地恢复了租佃制。在 20 世纪 50 年代，日本及中国台湾都曾强力

推行土地改革,实行耕者有其田的产权制度,但是很快就发现由此导致的小农场制度无法推动农业生产的现代化。日本与中国台湾地区不得不进行第二次土地改革,改变土地法规,允许恢复租佃制,以求扩大农场的经营规模”。但是为了‘面子’,都不使用‘租佃制’一词,而以委托‘委托经营’等名称代之”。[①] 尽管物权法中没有永佃权的字样,有意割断历史联系,找不到多少传统和习惯的影子,但其制度的事实存在和运用与近代中国永佃权制度的联系却是不容回避的。这种永佃权制度上的变迁和延续,有其必然或偶然的因素在作祟,当时就有学者认为:“在未来的物权法或民法典中,是否规定永佃权制度,这要取决于立法者的认识。也许出于某种历史和现实的考虑,会回避使用‘永佃权’这个语词,但即使回避,也无法漠视它(永佃权)的当代价值”。[②]

(二)永远不变的土地承包经营权:集体永佃权

正因为土地承包经营权和永佃权有诸多的相似和关联,土地承包经营权才会有“新永佃权”、“国有永佃权”、“集体永佃权”的说法,就不难理解温家宝总理为何多次在公开场合提及“农村土地经营权永远不变”[③]。总理的话语,不仅是指我国农村实行的家庭承包经营制度长期稳定不变,也是指农民对现有承包地的承包权长期稳定不变,表达了中央政府准备进一步强化农民土地财产权利、真正实现农村土地制度改革预期目标的决心。因而这里将土地承包经营权理解为集体永佃权,

---

① 赵冈:《永佃制研究》,中国农业出版社 2005 年,自序第 2—3 页。

② 周子良:“永佃权的历史考察及当代价值”,《现代法学》,2002 年第 2 期。

③ 在 2005 年 3 月 14 日的国务院总理答记者会上,针对外国记者提出的“您认为把土地产权还给农民是可能的吗?”,温家宝总理有如下精彩的回答:“中国的改革是从农村开始的,农村的改革是从土地的经营权开始的。农民的土地是集体所有。我们在改革开始的时候就实行了家庭承包经营的基本经济制度。就是说农民拥有对土地的生产和经营的自主权,以后这个权利不断得到延长,现在我可以直接回答你:农民对土地的经营、生产自主权长期不变,也就是永远不变”。2006 年温家宝再次表达了类似的意思:“农民的土地经营权有长期保障,永远不变”。

无论从历史发展变迁，或是官方的政策导向，都是合情合理的。“农村土地经营权永远不变”这个说法，貌似与中国古代的永佃制度非常相似，当然要将这个说法最终变为现实并非那么容易，还要从中国传统土地制度及其思想观念中追根溯源，从我国古代土地法律制度中去找寻“农村土地经营权永远不变”的传统观念和实践基础，深入系统地了解中国古代和近现代农村土地制度的演变历程，寻求促进农村土地制度发展的因素和内在规律，也许会对现行农村土地利用制度产生积极的影响。这是一个大课题，需要专题研究，远非本书所能胜任。

第四节　土地公权结构下的承包经营权与私权结构下的永佃权

永佃权制度在古代东西方都曾存在过[①]，有着各自辉煌的发展历程和良好的社会效果，租佃制特有的功能，在其中发挥着不可或缺的作用，其灵活性和协调性，可以充分适应市场的需求和变化，具有长久的生命力。由于主客观因素的影响，东西方永佃权呈现出各自不同的发展命运，西方永佃权在现代日渐势微，因而有永佃权衰落消亡之说，中国永佃权在历经曲折发展之后，新永佃权（土地承包经营权）正方兴未艾，焕发着蓬勃的生命力。中西方永佃权不同的发展命运，说明不能对永佃权的发展趋势妄下判断，而要对这个问题真正理清的话，就要从中西方永佃权的发展历程入手，从不同土地权利结构下永佃权的发展着手，分析政府和市场在永佃权制度发展中所起的作用，比较一下永佃权生存和发展环境的不同影响。本书出发点是从土地问题入手来分析永

① 为行文叙述方便，本标题下内容不再严格区分永佃制和永佃权的概念差异，而是笼统将二者称为“永佃权制度”。

佃权在中国产生和发展的实况，重点则是民国永佃权的发展演变，因此本书的归宿也将通过对中国永佃权制度发展的回顾，对不同权利结构下永佃权发展变化的比较，以期对当代土地权属（永佃权）的制度构建和价值意义作进一步的探索。

我国古代土地私权的产生和发展状况在第一章中已有介绍，土地私权的萌芽和确立、土地私权的发展和深化，呈现出个人对土地的占有日益加强而国家对土地标的物的控制日益减弱的态势，私人之间的买卖土地行为逐渐为国家所认可，汉朝土地私人所有制法权结构正式建立起来，土地兼并也在此基础上发展和扩张，土地自由买卖的历史，也是土地兼并发展的历史。宋朝以后，随着“不立田制、不抑兼并”政策的实施，土地私有获得长足的发展，无论在数量上还是影响上都占据了主导地位，而在此基础上产生发展起来的租佃权、典权、抵押权、佃权等土地权利更为丰富和发达，初步形成土地私权主导下的土地权属结构，我国永佃制习惯正是在此背景下产生和发展起来的。

我国农村土地承包经营权的发展变化在第三章中已有表述，农村土地所有形态经历了从“土地农民私有”到“生产队、村集体所有”的转变，形成土地集体所有制下的农村土地公有制度，土地经营形态也由“生产队集体经营”转变为“农村家庭承包经营”，在农村土地上形成了土地承包经营权、宅基地使用权等多种权利，这些权利的内容和行使多少要受到集体土地所有权的限制，形成土地公权主导下的土地权属结构，农村土地承包经营权正发轫于此。从这个意义而言，土地私权结构下的永佃权多少带有自发的影子，土地公权结构下的土地承包经营权更多体现的是官方的主导和推广，这或许是近代永佃权，与当代土地承包经营权在权源上的差异之一吧！现在还有人认为永佃权是陈旧的、过时的，孰不知几经考验的近代法律制度具有超时空的现代意义。如何纠正和克服永佃权制度在人们观念上的误区和障碍，寻求土地公权力与私权利的平衡，是个值得研究的话题。

本节中的土地公权和土地私权①，是笔者从公权和私权角度对土地权属结构的一种区分，试图以此来分析不同权利主导下永佃权的生存发展背景。土地公权侧重土地制度中与国家利益相关的内容，体现国家对土地的分配、使用和收益管理关系，表现为征税权、征地权、土地出让权和划拨权等。土地私权侧重土地制度中与个人权益相关的内容，表现为私人或团体间土地的典卖、抵押和租佃等权利。二者之间必有一方占据主导，这就有了土地公权结构和土地私权结构的区分，土地公权结构下的土地权利，必然受到国家公权的较多介入和干预，表现在立法上就是土地权利行使的有所限制。土地私权结构下的土地权利，尤其是个人团体间的土地私权则较少受到干预，为土地权利的行使提供了广阔的发展空间。

一、比较的理论分析：传统与现实

前三章的论述，让我们对传统与现实中的中国永佃权制度有了一个清晰的轮廓：从范畴而言，永佃权是经由固有法、继受法到混合法，从法源而言，是经由习惯到国家法，从发展历程而言，是经由永佃制到民国永佃权再到土地承包经营权；从时间上而言，经由古代到近代再到现代，中间辗转数千年，虽然曲折冲突不断，却依然绵延不绝。由“传统永佃制→民国永佃权→土地承包经营权”的历史演变，其中既有自发自觉

---

① 私权与公权是西方法律术语，关于二者的划分有三种观点：“法定说、关系说、利益说”。由此，公权可以理解为“因公法上许可所生之权利”，是“因统治关系而发生的权利”，是“以国家生活上之利益为内容”的一种权利。私权，可以理解为“因私法上许可所生之权利”，是“私法上的权利，系由非统治关系而发生的权利”，是“以社会生活之利益为内容”的一种权利。由于我国古代并无公私法的划分，也无明确的公私权概念，但古代民事习惯的发达状况，其大量“户婚、田土、钱债”的乡规俗例已然具有“私权”的特征。用西方术语来分析有深刻习惯背景的永佃制难免有些牵强附会，而本文的落脚点只是想借用这套西方术语来分析传统永佃制习惯所具有的现代法律特征，以便对其生存背景和发展样态作出更好的解释说明。

的制度创新,也有政府强有力的主导和构建意图,最后体现为制度自发性的历史回归。政府的功能和市场的作用,发挥与否和发挥到多大程度等,是永佃权制度演变过程中至为关键的两个因素,土地的所有形态并不绝对影响永佃权制度的发展,关键还是政府和市场在其中所起的作用。政府所制定颁布的土地政策和土地法规,是否直接影响到土地权利的内容和行使,而市场自身主导性的发挥与否,很大程度上决定着制度发展的长远和内在生命力。

因此,政府的主导调控和市场的自主创新,是永佃权发展历程中不可或缺的两个因素,二者若能很好地配合运作,将会促进制度的发展,反之,就会影响甚至阻碍制度的发展。某种程度上,政府与市场二者又是相对立的,过多强调政府的管理调控,势必影响到市场作用的发挥,而市场天然具有的盲目性和自发性,也不利于制度的健康发展,一定程度上又有赖于政府的宏观调控。现代政府之触角已延伸到社会生活的各个领域,其功能发挥与否,发挥到多大程度,对制度的发展有着截然不同的效果,现代永佃权制度的构建和运行过程中应充分考虑到二者之间的不同功能和影响。

(一) 政府的功能

1. 传统社会中的永佃制

中国古代的民间习惯虽然不能在国家制定法中找到踪迹,却真实地存在于乡土社会中,无论是天子脚下的朝廷高官,还是荒郊僻野的乡民,对这套事实上的民事法律都是了然于胸,用之有余的。被古代朝廷一直视为细事的“户婚、田土、钱债”,相当于现代法律体系中的民事法律,若要将二者一一对应的话,“户婚－亲属继承,田土－物权,钱债－债权”[①],也是说得通的。正是这些被统治者忽视的细事构成一个与国

① 梁治平:《清代习惯法:社会与国家》,中国政法大学出版社 1996 年,第 43 页。

家法全然不同的体系——习惯(法),不管官方是承认同意,还是默认无奈,它是数千年来中国事实上的民法,而当这些民间习俗发展到明清时期已颇具体系,甚为发达。若以现代西方术语来分析习惯上的永佃制,可将其定性为习惯法上的“私权”,虽然这种说法不够规范。永佃制作为我国土地制度的一种特殊形态,是租佃制发展演变的结果,其产生没有任何主观上的构建意图,其发展也没有得到官方有意识的主导和规范,反而是官方的限制禁止居多(如对田面权的态度、对转租转佃的禁止)。由于广袤的乡土民间不在官方直接管制之下,这为永佃制习惯的发展提供了广阔的发展空间,正是在此基础上,传统永佃制得到长足的发展,使唐宋间初始的永佃,经由过渡形态的永佃制,迅速过渡到宋元以后的一田两主,在这里政府发挥的是不作为和不过多干预的功能。

相比之下,古希腊之永佃权习惯,由于国家权力的介入,较早地由习惯上升到国家法,很早就具有国家规范的功能,其习惯上的永佃权人之权利义务上升为法定的权利义务,并未受到官方过多的干预限制,古希腊罗马法上的永佃权也是产生发展于土地私权的结构下,促进了古罗马帝国的农业生产和经济发展,西方永佃权在较长时期内保持了这种比较自由的发展态势。而当历史发展到20世纪,在国家利益和社会化思潮的影响下,私权逐渐受到公权的干预,“所有权绝对原则”被修正,“契约自由”让位于格式合同,私权的行使不能侵犯到他人利益等等,私权已经受到公权的诸多影响,随着私法“公法化”的凸显,私权中的“公权意识”也日益彰显。永佃权作为典型的私权,自然也受到不少影响。20世纪50年代,中国台湾地区和日本的土地改革,就是典型的政府主导行为,政府试图通过一系列土地政策和法规的颁布实施,消除租佃制,实行“耕者有其田”制度,部分法规对土地租佃权多有限制,甚至危及永佃权人的根本利益,使永佃权赖以存在的基础逐渐丧失,直接导致永佃权在这些国家和地区内的日益势微。

2. 民国永佃权

当永佃制习惯发展到中华民国时,永佃和一田两主开始受到来自各方的干预和调整。民国永佃权正如上文中所指出的,是一个包容性概念,既有法典上的永佃权,也有实际存在的永佃制习惯(主要是田面权),其发展演变更是官方主导性意图的体现。南京民国政府以德国和日本民法典为蓝本,在《中华民国民法》中引入永佃权概念,试图用其来规范和调整复杂的永佃制,构造出一个西方意义的永佃权法律体系,打破了传统永佃制独立生存的环境,国家权力和政策意识开始介入其中,永佃制受到诸多打压和限制。而国民党为实施"平均地权、耕者有其田"的土地政策,采取"保障佃农、减轻地租"的做法,颁布"二五减租"条例,颁布《佃农保障法》,废除包租和包佃制,这些举措势必会影响到一田两主制的生存空间。民国官方鉴于"所有权绝对"理念和对"耕者有其田"政策的考虑,对永佃制习惯从立法和司法上进行全方位的改造和调整,官方主导的这些措施,一定程度上得以实现,这番冲突调整使清末民初以来一直盛行不衰的永佃权开始呈现萎缩状态,民国三四十年代永佃权在比例和范围上的减少就是不争的事实。

3. 农村土地承包经营权

新中国砸烂"伪法统"的 1950 年代,中国大陆实行的农村土地改革,废除地主土地所有制,建立了农民的土地所有制,使租佃制彻底丧失存在的根基,永佃权也失去存在的舞台。六七十年代,农业生产遭遇到严重的困难,在压力和困境下,民间的自发创新意识蓬勃生起,农村土地承包制的前身——家庭联产承包责任制,甚至是更前身的"包产到户、包干到户",就是典型的自发创新土地制度,其渊源可以追溯到传统社会的永佃制习惯,其实质是租佃制的复兴,其使生产经营方式由集体经营转变为家庭农户承包经营,有效地实现集体土地所有权与农户家庭承包经营权的分离，调动了农民的生产积极性，促进了农业生产，获得双赢的局面。鉴于这种经营方式良好的效果，官方予以认可和推广，在官方一系列政策和法规的指引下，土地承包经营权这一自发性的土地制度成为主导性的土地制度，也正因如此，承包经营权制度从一开始就受到诸多规范限制，带有典型的官方政策色彩：

(1)土地承包经营权的法律性质问题。最初的家庭联产承包责任制是典型的农户与农村集体组织的承包合同制，这种承包权也是典型的债权，承包人的权利范围受制于承包合同的规定，承包人的生产经营自主权没有得到充分的发挥，实践中发生多起发包人违反承包合同、侵犯承包人合法权益的事件，直到 1986 年的《民法通则》初步确认承包经营权以财产权的性质，但保护方式还是债权模式，到 2002 年的《农村承包法》中使土地承包经营权的物权性质更为明显，直到 2007 年的《物权法》，才正式确认土地承包经营权的用益物权的性质，在法律文本上完成了土地承包经营权的性质定位。

(2)土地承包经营权的流转问题。土地承包经营权从债权领域进入到物权领域，基本上是在国家公权的指引下进行的，虽然物权法上的土地承包经营权是典型的私权，但其内容却折射出明显的公权色彩，其权利行使受到政策因素的诸多限制，体现鲜明的土地公权结构下的权利特征。物权法中的土地承包经营权体现出较多的政策性考虑，权利的流转性有待以后的逐步放开。正如《物权法草案》说明所指出的："考虑到目前我国农村社会保障体系尚未全面建立，土地承包经营权和宅基地使用权是农民安身立命之本，从全国范围看，现在放开土地承包经营权、宅基地使用权的转让和抵押的条件尚不成熟"。[①] 物权法第 128

① "关于《中华人民共和国物权法（草案）》的说明"，http://www.gov.cn/2007lh/content_545775.htm，2007 年 3 月 8 日。

条对其流转作出规定:“土地承包经营权人依照农村土地承包法的规定,有权将土地承包经营权采取转包、互换、转让等方式流转。流转的期限不得超过承包期的剩余期限。未经依法批准,不得将承包地用于非农建设”。可见,物权法是禁止土地承包经营权抵押的,因为一旦允许抵押,该抵押权所指向的农村土地势必要进入土地二级市场来流转,有违目前农村土地政策的初衷,不利于农村社会的稳定。现在有些地方搞土地改革试点,通过将农村土地作价入股或参股的方式,开展农村的经济建设开发,但所涉及的土地多是乡村建设用地或宅基地,农用地、耕地不在其范围内。

(二)市场的作用

1.传统中的永佃制。土地私权结构下的永佃制作为自生的一种租佃制,本质上是一种自发创新的土地制度,是市场主导性的制度,有着内在发展的必然,只要这种制度不触及政府的税收利益,官方一般不介入。因而,在市场发挥主导的前提下,永佃制得到长足的发展,由初始永佃发展到成熟的一田两主,甚至一田三主的形态,使传统的土地权属关系更为复杂,租佃权、(永)佃权、田面权的产生,充分说明土地私权结构下永佃权的发展成熟,反映市场主导下制度发展的长久生命力。而当永佃发展到田面权时,由于田面权独特的结构和运作理念,田面的几经转手后会影响到田赋征收和纠纷的发生,于是才有官方的介入和限制禁止田面权的地方规定。另一方面,田面权之分割所有权(双重所有权)的观念,也违背了民法之所有权绝对原则,因而,《大清民律草案》[①]的起草者拒绝了田面权的概念,采用了西方“永佃权”一词,基于同样的理由,《民国民律草案》[②]、《民国民法》[③]都拒绝了田面权,官方的这些

---

① 杨立新点校:《大清民律草案 民国民律草案》,吉林人民出版社2002年。

② 同上。

③ 陶百川:《最新六法全书》,三民书局1981年。

做法反映了市场主导向政府主导的转变，虽然这种转变还不是很明显。

2.现实中的土地承包经营权。中国大陆最初由市场主导产生的农村土地承包制，在政府的认可和推广下迅速地发展，最终成为我国农村一项基本的土地制度，当政府将此制度作为一项基本政策自上而下推广时，体现出制度自发性变迁向诱致性变迁的转变。2007年，土地承包经营权正式入《物权法》，官方对其认可和主导的态度达到最高点，土地承包经营权制度自身也在政府的主导下不断地发展和完善。但在对土地承包经营权进行物权化和法定化的同时，也应该考虑到其在我国各地多样化的生存环境，不能因此限制民间(市场)的自发创新，尤其是具有习惯渊源的创新应该提倡。

传统上的永佃制产生发展于土地私权结构下，较少受到外界的干预，是一种自发性的权利。现实中的土地承包经营权产生发展于土地公权结构下，是官方主导性的权利。由传统之永佃制到民国永佃权再到现代的土地承包经营权，体现永佃权制度从传统向现代的转变，在此过程中，私权观念也经历了从限制到张扬的转变，这种转变对于土地承包经营权的实施和运作，对于保护承包经营权人的权益，极为有利。政府和市场作为基本要素，在不同地权结构下发挥着不同的功能和作用，任何一方完全主导并非有利，市场自发有其盲目性，政府主导有其主观局限性，结合二者的优势，避免二者的劣势，才会有利于制度的构建和运作，永佃权制度在我国的发展历程很好地说明了这点。

二、比较的法律意义:近代私权观念与法律变革

中国传统社会虽然没有“私法”、“私权”这些西方的法言法语，却有事实上的私法和私权，尤其是土地私权非常发达。中国人的私权观念从来就有，只是一直被族权、家长权所压制、遮蔽，让人不敢轻易

言私。[①]"私"与"公"相比,始终处于附属、次要的地位,"先公后私"、"为公去私"、"扬公抑私"等观念都是儒家伦理所提倡的,"私利"、"私财"、"私欲"、私意"等则是其所鄙夷和反对的,而人们私下里对私财、私田却是极为羡慕,极力想争取的,民间那么多的分家析产之争,田土钱债之争,不都是最好的证明吗?明清时期,在国家法不直接触及的习惯(法)领域,这种私权一定程度上得到发展的空间,"婚姻、析产与继承、土地交易、地权形态、土地典当、会及中人制度"等大量民事习惯的形成定型[②],说明习惯法上私权的发达状况。相比之下,西方的私权及私权观念也是起源甚早,比较发达,近代的资产阶级革命和资产阶级启蒙思想家的宣传,使"私权神圣"、"契约自由"等民法(权利)理念深入人心,清末新政,西学东渐,私法、私权、权利开始引入中国,打破长期以来的观念束缚,引发近代以来的一系列法律变革,也开启了中国法制的近代化历程。

(一) 立法中的借鉴与创新

1. 观念上的借鉴与创新。清末以前,我国并无"私权"一词,其最早出现在《万国公法》的条文中,随后陆续在外国法律的翻译文本中见到,1907年《新译日本法规大全之解字》将"私权"定义为"关于各人私事上应享之权利,如身份、财产等之权利是"。[③] 1936年的《法律大辞书》将"私权"定义为"团体或个人相互间所有之私法上之权利而言"[④],共有

---

① "私"相对于"公",有"私自、私家、个人或私人财产"之义,如《诗经·甫田之什·大田》:"雨我公田,遂及我私",已经隐含先公后私的区别。"私"也有带有明显贬义的,如《周官》:"以公灭私,民其允怀"。经济上也有要求先公后私的,《周礼·秋官·司寇·朝士》:"大者公之,小者庶民私之"。参见俞江:《近代中国民法学与私权理论》,北京大学出版社2003年,第98—100页。

② 梁治平:《清代习惯法:社会与国家》,中国政法大学出版社1996年,第67页。

③ 南洋公学译书院初译、商务印书馆编译所补译:《新译日本法规大全》点校本法规解字,商务印书馆2007年,第106页。

④ 郑競毅:《法律大辞书》,商务印书馆2012年,第532页。

12个词条涉及私权，如私权之取得、消灭、丧失，私权之发生、标的、变更，私权主体、私权行为、私权客体、私权能力和私权关系。但《大清民律草案》正文中并无“私权”的字眼，只是在“立法理由书”中用“私权”来解释条文[①]，《大清民律草案》对私权的重视，正如江庸所指出的：“前案（笔者按：指《大清民律草案》）仿于德日，偏重个人利益”[②]。民国时期，“私权”多见于学者的民法教科书，但也有用“民法上之权利”、“权利”一词来指代私权的，其理由在于：“至称为‘权利’而不是‘私权’者，因民法为私法，其规定者当然为私权，无加以标明之必要也”[③]。根据《民国时期总书目法学卷》所提供的资料，目前尚可查阅的民国时期有关“民法总论”的教科书和专著计80余种，这些教科书和专著在论及民法上的权利时，都是以“私权”、“权利”、“民法上的权利”等概念出现在章节的标题和正文中。从清末到民国，虽然“私权”在概念上有统一定论，也一直为学者们所研究和关注。

1949年以后，由于政治和观念因素的影响，“私权”开始与资本主义划上等号，私权、个体权利处于被忽视和压制的地位，引发民法学中的权利概念及内涵的变化，一个重要的表现就是，“私权”概念销声匿迹，私人权利也被国家和集体利益所压制。1980年代后，这种错误的观念开始得到纠正，1986年《民法通则》中开始对“民事权利”作出具体规定，赋予民事主体基本的民事活动资格，实现了人们观念上的又一个大转变，“私”是“公”的源泉和基础，“私权”是人民享有政治权利的前提，一个没有主体资格的人又如何去参与社会活动，参加各类民事法律

---

① 如总则编第二章第一节“权利能力”的按语：“谨按权利即享受私权之能力者，即得为权利或义务主体资格是也”。第二章第五节“人格保护”的按语：“谨按人格权为凡人所享有之私权”。转引自俞江：《近代中国民法学与私权理论》，北京大学出版社2003年，第105页。

② 谢振民编著：《中华民国立法史》下册，张知本校订，中国政法大学出版社2000年，第748页。

③ 吴学义：《中国民法总论》，世界书局1934年4月初版，第23页。

关系呢？对“私权”的尊重和认可逐渐成为人们普遍的共识，“私权化”不等于“私有化”，提倡和重视私权只是在强调和强化个体的私人权利，赋予私人主体更多的权利而已。随着1992年宪法修正案、2002年《农村土地承包法》和2007年《物权法》等一系列法规的出台，“物权”、“用益物权”等概念相继出现，个体权益被重视和尊重的状况得到进一步的肯定和发扬。

此外，作为私权基础的“人格权”也首次出现在几部民律中，《大清民律草案》第51条“人格关系受侵害者，得请求摒除其侵害。前项情形以法律特别规定者为限，请求损害赔偿金或抚慰金”[①]；《民国民律草案》第18条：“人格权受伤害者，得请求摒除其伤害。前项情形，以法律有特别规定者为限，得请求损害赔偿金或抚慰金”[②]；《民国民法典》第18条则与《民国民律草案》类似。“人格权”在几部民律中大致相同或类似的规定反映出彼此间明显的传承关系，人格权条文的设置为相关研究提供了一个平台，更为重要的是使中国的人格权保护不再是观念上的事，而是在立法上和司法上成为可能。

2.法律条文中的借鉴与创新

尽管“私权”在清末民国成为流行的热潮和关注的焦点，但近代三部民法并未加以采用，而是使用了“权利”、“民法上之权利”等词，原因在于这些民律多“仿德国民法概念及体例”，其法条虽未采用“私权”一词，但并无否定私权之意。《大清民律草案》于“总则”编中，开始出现“权利”一词，其第2条规定：“行使权利，履行义务，依诚实及信用方法”，第4条规定：“人于法令限制内，得享受权利，或担负义务”，并在“物权”编中规定了“所有权、地上权、永佃权、地役权、担保物权(包括抵

① 商务印书馆编译所:《民律草案》，商务印书馆1913年。

② 杨立新点校:《大清民律草案 民国民律草案》，吉林人民出版社2002年。

押权、动产质权)”等物权的内容。《民国民律草案》基本沿用此类做法,未使用“私权”而使用“权利”一词,在“物权”编中增设了“典权”。《民国民法》仍旧使用“权利”一词,“总则”编中设“权利之行使”一章,规定权利人不得滥用权利,“物权”编中规定了“所有权、地上权、永佃权、地役权、抵押权、质权、典权、留置权”八项权利。近代三部民律对“权利”的定位,对具体物权的内容设置,清楚地表明官方的立法意图和私权的彰显,三部民律的借鉴创新之处正在于此。法律上的刑民之分,民法中权利章节的设置,民事主体权利的规定等,较之清末以前的状况是一个大进步,第一次在法律上赋予和尊重个体的私权,打破了长期以来的“抑私”观念。总体而言,三部民律在立法内容和立法精神上主要以西法为蓝本,自我创新相对较少,彼此间的辗转反承关系明显,永佃制最终转化为民法上的永佃权。

1950年的土地改革,变地主土地所有为农民所有,实现了耕者有其田,但六七十年代的农村合作社和人民公社运动,又使土地经营形态从初期的农民私有、个体使用变为集体所有、集体经营,事实上损害了农民的土地私权,实践中引发不少弊端,土地承包经营权在此情况下应运而生,变集体所有、集体经营为集体所有、承包经营,体现土地经营权的变化,应该说这种变化是对农民土地私权的一种重视,尽管当时回避这种说法。1990年代,随着宪法修正案的出台以及物权法的起草,私权观念被重提和得到重视,国家制定颁布一系列法律来积极维护私权。2003年宪法修正案第13条、第33条明确规定:“公民的合法的私有财产不受侵犯”,“国家尊重和保障人权”,从理论和实践上解决了公权和私权根本对立的问题,公权和私权关系不和谐的问题也得到了很大的改善。1986年《民法通则》第五章“民事权利”中规定了“财产所有权和与财产所有权有关的财产权、债权、知识产权、人身权”,其第80条规定了“土地承包经营权”的内容,首次在法律上确认其应有地位,是法律赋予农民的自主经营权,进一步完善了农村土地使用制度,2002 年《农村土地承包法》明确规定了土地承包的具体内容和程序,使其更具可操作性,2007 年《物权法》明确赋予承包经营权以用益物权性质,赋予其物权应有的权利救济和保障,使其具有优先于债权的特征,不易被侵犯。相关法条中的发展变化说明私权(权利)从初期的销声匿迹,到改革开放后的逐步复兴,至物权法中达到最高潮,这中间的曲折反复颇值得深思。

(二)司法中的经验与教训

私权观念的引入和深化,近代三部民律对私权的肯定和保护,在观念上带来巨大的变化,在立法上引发权利和物权制度的创新,相应地带来司法实践中的变化和创新,反映一定程度的法官造法,为法官参与相关审判提供舞台,这其中既有值得借鉴的经验之谈,也有深刻的教训。民初大理院,自 1912—1927 年间,共计审理了 2 万余件民事案例,大理院推事在当时法律不足的情况下,大胆适用民事习惯和西方法理来断案,能够适应时势的变化而作出相应的判决,充分尊重当事人的私权,保护权利人的合法权益,在事实、法理上和人情上都取得良好的效果,获得不错的口碑,而关于永佃权的判例,充分体现对永佃制习惯的认可和尊重。相比之下,民国南京政府最高法院的判例活动则略显逊色,其过于遵循西方法理,相对忽略民事习惯,尤其是否定"田面权"的适用,不利于保护佃权人利益,限制打压了民国永佃权的充分发展。新中国的各级人民法院,主要是以《民法通则》、《合同法》和《物权法》等基本法律来规范土地承包经营权制度,但法律所提供的契约保障,不足以保障承包权人的合法权益,发包人中途违约、承包人经营权被侵犯的案件日益增多,这里既有法律本身的缺陷,也有观念上对私权的忽视。鉴于这些法律在解决农村土地承包纠纷案件中存在针对性不强的问题,最高人民法院陆续制定和公布了一系列司法解释,为农民维权提供了更为明确和具体的法律武器，1986年《关于审理农村承包合同纠纷案件若干问题的意见》、1999年《审理农业承包合同纠纷案件若干问题的规定(试行)》、2005年《关于审理涉及农村土地承包纠纷案件适用法律问题的解释》等，对于依法保护农民的土地承包经营权，促进农村经济的发展，维护农村社会的稳定具有重要意义。这些司法解释的出台，有效地解决了具体法律适用的不足，有利于承包权人提出侵权民事诉讼，保护自己的合法权益。

(三)“三农”问题的法律解读视角

农村的落后、农民的贫困、农业生产的低效率，“三农”问题的现状和严重程度正如李昌平在《我向总理说实话》一书中所强调的：“现在农民真苦，农村真穷，农业真危险”，一定程度上反映了农村社会的真实现状。“三农”问题已成为中国社会发展的难点问题，也成为研究关注的热点问题。农村的土地利用、农民的权益保护、农业的生产发展，每个问题都与农村土地制度密切相关，在农村土地集体所有制的基础上，我国现实中的农村土地问题，实质上是农地的开发利用问题，是农地的经营方式问题，如何赋予农民生产经营自主权，发挥农民生产积极性，提高农业生产效率，至为关键重要。农村土地利用问题(即农村地权关系问题)是解决“三农”问题的关键，而“三农”问题的解决之道最终还是落在土地承包经营权上。如何进一步完善和落实农村土地承包权制度，保护土地承包经营权人的合法权益，赋予承包权人更多的经营自主权，减少承包合同纠纷，是具体现实的解决途径，也是解读“三农”问题的一个法律视角。

一方面是现实中的农村、农民和农业问题，要求在法律框架下构建和完善农村地权制度，完善农地使用制度，保护农村土地承包经营权制度，因而在具体的制度设计时应充分考虑农民自身的创新能力，主动倾听农民的心声，不能一味盲目地遵循强制性制度变迁，具体内容方面可以考虑严格限制国家地权,把土地的利益逐步地还给农民,赋予农民长期甚至是永久的土地经营权。另一方面是现实中的对策,国家政策法规的指引和规范作用,要求重视“三农”问题,保护农民权益,关注土地利用,解决农村问题。而物权法中的土地承包经营权的内容设置,并没有充分考虑和挖掘永佃制的习惯因素,土地承包经营权的产生和流转等内容,体现出明显的公权介入意识,客观上不利于保护农民权益。尽管物权法中没有采纳“永佃权”的提法,但其制度的事实存在不容否认,正如有学者指出的:“永佃权是否具有现代价值,最根本的不是看其是否是建立在土地私有或公有制基础上,而是看它是否还具有现代的活力,是否能确实保障农民的根本利益,是否有助于农民生活的改善、社会的稳定、经济的发展等。永佃权作为一种用益物权,使获得永佃土地的农民得到物权而非债权上的保护,可以实现上述目标”。[①] 这是当代借鉴传统永佃制,完善土地承包经营权的意义所在。

---

① 周子良:“永佃权的历史考察及当代价值”,《现代法学》,2002 年第 2 期。

结语　永佃权制度的借鉴意义

一、我国农村地权形态发展的回顾

中国土地制度和土地问题的发展史表明，地权观念并非从来就有，而是经历了从无到有，从单一的土地所有权到多元化的土地经营权，土地权属形态也经历了从公有到私有和公有并存等形态的变化。虽然人类最早的土地权属形态是土地公有，但自秦汉时期土地私权确立以后，私田逐渐侵吞占夺公田，占据土地所有权的主导地位，地权呈现出复杂化、多样化的发展态势。在漫长的历史发展过程中，土地所有权受社会政治和经济的影响，时常处于变动的状态，尤其是私人土地所有权通过典当、质押、分产、租佃等形式，表现为一种活跃而非僵化的土地流转市场，导致租佃权、典权、抵押权的产生。而在此基础上产生的租佃制度，构成传统社会中土地经营的主要形态，使土地所有权和使用权开始分离，而土地私权自宋朝以后占据了绝对主导地位，进一步促进租佃制度的成熟和发达，发展到后期更是出现了“永佃”这一土地制度的特殊形态，(永)佃权也因此萌芽，到明清时期更是发展出“一田两主”制，体现土地经营权形态的成熟和完善。清末民国时期，以西方永佃权为蓝本，官方对传统永佃制进行改造，在立法和司法实践中作了很有意义的大胆尝试，改造后的永佃权继续存在和适用，取得一定的社会和法律效果，充分说明这种制度的发展和变化是土地制度发展的必然，是适应土地经营权的发展趋势。因此这种土地制度在今天还有其存在的价值。

我国自改革开放以来实行土地承包经营制，赋予农民一定的土地经营权，调动了农民生产的积极性，但在十多年的实践中这种制度逐渐显现其弊端，尤为严重的是对土地承包经营权的性质和保护规定得模糊不清。不管是有意的回避或无心的疏忽，都是对这种重要权利的忽视，直接影响到农民的生产积极性，即使物权法中已对其性质和内容有明确的规定，但农村地权的发展完善活动并未停止。我们通过对中国农村地权形态发展的回顾，总结各朝各代的经验教训，以期对未来的物权立法有所裨益。

二、从习惯到成文法的永佃权

我国永佃权制度经历了从传统到现实的发展演变，具体制度上经历了“永佃——田两主—清末民国永佃权—土地承包经营权”的演变阶段。永佃制习惯产生发展于土地私权结构下的传统社会，自成一派，至明清时期发展成熟，保持了很好的租佃制度功能。近代则受制于外来的永佃权，被其改造替代，其习惯效应逐渐被削弱。传统的永佃制和民国的永佃权虽然都是基于土地私有的产生发展基础，但政府的态度和做法已使永佃权制度发生了些许变化，经历由繁盛到萎缩的转变。而同样是政府的介入，新中国永佃权制度的发展演变却是另一番局面。

1950 年代的土地改革，使租佃制丧失存在的根基，永佃权制度也归于消失，但现实的困境却又在近 30 年促生了土地承包经营权，并使其成为一项基本的土地制度。租佃制经历由消灭到再生的过程，由最初的自发创新，到后来的政府主导，形成公权结构下的土地承包经营权，利弊兼有。政府的及时介入和引导，可以避免市场的盲目性，指导制度的良性健康发展，但也容易抑制民间的制度创新，限制权利的市场化流转，尤其是容易形成单一化、固定化的农地使用模式，不能适应各地复杂多变的土地状况，不利于解决农村土地问题。事实上，土地承包经营权仅靠单一的物权化、法定化模式，不能解决所有问题，应该适当考虑民间的自发创新，考虑到制度的最初缘起——永佃制习惯、永佃权立法（民法典专章），从源头活水中去找寻有价值的制度观念和条文运作，丰富我国地权形态的改革思路，这也是永佃权制度从传统到现实转变过程中，带给我们的些许思考和借鉴，仅凭几部法规中的条文规定，试图一劳永逸地解决现实中的土地问题，只能是立法者主观上的良好愿望而已。

三、土地承包经营权永久存续的操作性：借鉴永佃权

虽然我国现行法律制度中并未采纳“永佃权”的概念，而是代之以“土地承包经营权”，但土地承包经营权在具体内容上与永佃权似乎如出一辙，渊源相承，因而有“集体永佃权”、“新永佃权”之称。虽然土地承包经营权没有采纳永佃权之永久无期限的做法，但事实上的土地承包经营权却有长期化，甚至永久化的趋势，是事实上的“永佃权”。随着新中国土地承包制度的发展和完善，土地承包经营权的期限经历一个变化的过程，呈现长期化的发展趋势。20 世纪 80 年代初和 90 年代初是承包期“15 年不变”的规定和承诺，在 15 年承包期到期后是“再延长 30 年不变”的政策规定。进入 21 世纪后，土地承包期愈加呈现长期化的趋势，2002 年《农村土地承包法》和 2007 年的《物权法》则作出“耕地”30 年、“草地”30－50 年、“林地”30－70 年的承包期规定，特殊林木的林地承包期，经国务院林业行政主管部门批准还可以延长。而作为家庭承包制基本形态的均田承包，占据了全国农户承包土地总面积和农户总数的绝对多数，在均田承包制中，农村集体经济组织内部的社员，基于成员权身份享有土地承包经营权，按照相关法律的规定，土地承包经营权人有权将土地承包经营权采取转包、互换、转让等方式流转，虽然没有明确给予权利人无期限的权利，但实际上农户享有的是永

久的权利，只要他们不抛弃这种集体经济组织成员身份，就可世代享有此块土地的承包权[①]，正如2006年温家宝在新闻发布会上所强调的，要使“农村土地经营权永远不变”。[②]

土地承包经营权事实上的永久化，将会带来一个不可避免的社会现象——“二地主”，我国农村的土地承包经营权的结构和运作，与传统社会的“一田两主”制颇为相似，实际派生出一个新的阶层，即“二地主”，农村集体经济组织作为土地所有权人，是田底主，将土地承包给农民使用收益，并收取一定的承包金，而拥有土地承包经营权的农民，依法享有相当大的经营自主权，承包权可以依法转包、出租、互换、转让或以其他方式流转，相当于一田两主制下的田皮权流转，使农民成为事实上的二地主，虽然“二地主”这个提法还不够科学，虽然这个“二地主”目前还没有强大的政治和经济实力，还不可能与昔日的二地主相提并论。

当事实上的“二地主”现象出现时，同样会引发一个非常现实的问题——“土地分配”的公平问题。随着近几年城市化的发展和农村土地的开发，农村地价上涨，经济发达地区“二地主”的潜在身价更是日益看涨。一些地方处于经济利益强制或半强制要求农民交出土地，转变身份，非法乱占耕地、违法强拆的事件时有发生，这其实是对二地主的一

---

① 均田制承包是按照人口平均、劳动力平均和按人口、劳动力各占一定比例平均三种方式将农村土地分配到户，形成社区内人人享有土地经营的格局，尤其在农村二、三产业不发达，农户经济收入主要依靠土地产出的地区更是如此。参见张红宇：《中国农村的土地制度变迁》，中国农业出版社2002年，第80页。因此这种承包制下的农村社员大多拥有承包地（即责任田），除非去外地务工者或自愿放弃的，有的地方奉行“增人不增地、减人不减地”的政策，有的则是在一定期限后依据人口的变化作相应的调整，但作为农村社员总会拥有一块属于自己的承包地，虽然这种承包地有法律上的期限限制，而事实上的农村承包地可以归农民世代享有。从这层意义而言，土地承包经营权呈现永久无期化的发展趋势，也符合目前土地承包经营权长期化和稳定化的政策导向。

② 2006年3月14日，温家宝在十届人大四次会议举行的记者招待会上回答英国《金融时报》记者提问时，表示要给农民的土地经营权以长期保障，“永远不变”。http://news.xinhuanet.com/house/2006－03/15/content_4304362.htm.

种打击。那些出于各种原因曾经放弃该项权利的农民(如离开农村到外地务工者)可能不再享有此权利,或者说此项权利正逐渐被削弱和剥夺,而随着农村土地的日益紧俏升值,这种利益分配上的不公更加明显,如何妥善解决此类土地分配和纠纷问题,如何看待新形势下的二地主,以及他们可能获得的额外土地收益,是某些地方已经发生或今后将会遇到的现实问题。这个问题不解决或解决不妥当,将成为阻碍中国社会发展的一个重大课题。清末民国时期的永佃权制度有借鉴完善的参考价值。

参考文献

一、史料汇编

1. 商务印书馆编译所:《民律草案》,商务印书馆 1913 年。

2. 郭卫编:《大理院判决例全书》,会文堂新记书局 1931 年。

3. 郭卫编:《大理院解释例全书》,会文堂新记书局 1932 年。

4. 最高法院判例编辑者委员会:《最高法院判例要旨》,大东书局 1944 年。

5. 刘霨凌:《司法院解释要旨分类汇编》,大东书局 1946 年。

6.《中国经济年鉴》第一编、续编,上海商务印书馆 1935 年。

7. 土地委员会:《全国土地调查报告纲要》,1937 年。

8. 地政署:《地政法规汇编》,1944 年。

9. 前南京国民政府司法行政部编:《民事习惯调查报告录》上册,中国政法大学出版社 1998 年。

10. 施沛生编:《中国民事习惯大全》,上海书店出版社 2002 年。

11. 谢振民编:《中华民国立法史》下册,张知本校订,中国政法大学出版社 2000 年。

12. 陶百川:《最新六法全书》,三民书局 1981 年。

13. 杨立新点校:《大清民律草案 民国民律草案》,吉林人民出版社 2002 年。

14. 南洋公学译书院初译、商务印书馆编译所补译、何勤华等点校:《新译日本法规大全》点校本第一卷,商务印书馆 2007 年。

15. 严中平:《中国近代经济史统计资料选辑》,北京科学出版社 1955 年。

16. 李文治编:《中国近代农业史资料》,北京三联书店 1957 年。

17. 章有义编:《中国近代农业史资料》第一至三辑,三联书店 1957 年。

18. 梁方仲编:《中国历代户口、田地、田赋统计》,上海人民出版社 1980 年。

19. 张治本编 林纪东续编:《最新六法全书》,台北大中国图书公司 1981 年。

20. 怀效锋主编:《清末法制变革史料》,中国政法大学出版社 2009 年。

21. 北京图书馆编:《民国总书目》,书目文献出版社 1990 年。

22. 内政部年鉴编纂委员会:《内政年鉴》,上海商务印书馆 1936 年。

23. 洪焕椿编:《明清苏州农村经济资料》,江苏古籍出版社 1988 年。

24. 中国社会科学院历史研究所宋辽金元研究室点校:《名公书判清明集》(上下册),中华书局 1987 年。

二、专著

(一)民国著作

1. 陶希圣:《食货》1－6 卷,食货社 1937 年。

2. 国民政府主计处统局编:《中国租佃问题之统计分析》,上海正中书局 1946 年。

3. 吴文晖:《中国土地问题及对策》,上海商务印书馆 1947 年。

4. 洪瑞坚:《浙江之二五减租》,正中书局 1935 年。

5. 杨幼炯:《近代中国立法史》,商务印书馆 1936 年。

6. 胡长清主编:《各国民法条文比较》(总则编),上海汇文堂新记书局 1937 年。

7. 蔡枢衡:《中国法律之批判》,重庆正中书局 1942 年版。

8. 朱子爽:《中国国民党土地政策》,重庆国民图书出版社 1943 年。

9. 吴学义:《中国民法总论》,世界书局 1934 年。

10. 梅仲协:《民法要义》,中国政法大学出版社 1998 年。

11. 梁启超:《梁启超法学文集),中国政法大学出版社 2000 年。

12. 曹杰:《中国民法物权论》,周旋勘校,中国方正出版社 2004 年。

13. 丘汉平:《罗马法》,中国方正出版社 2004 年。

14. 郑玉波:《民法物权》,台北三民书局 1988 年。

15. 李祖荫:《比较民法》,朝阳学院 1933 年。

16. 地政部统计室编:《地政统计提要》,1947 年。

17. 江庸:《趋庭随笔》,朝阳学院出版部 1934 年。

18. 陈承泽、陈时夏译:《物权编》,商务印书馆 1913 年。

(二)现代著作

1. 傅筑夫:《中国古代经济史论丛》,三联书店 1980 年。

2. 费孝通:《乡土中国》,北京三联书店 1985 年。

3. 赵冈:《永佃制研究》,中国农业出版社 2005 年。

4. 赵冈:《历史上的土地制度与地权分配》,中国农业出版社 2003 年。

5. 樊树志:《中国封建土地关系发展史》,人民出版社 1988 年。

6. 李埏:《中国古代土地国有之史》,云南人民出版社 1997 年。

7. 戴炎辉:《中国法制史》,三民书局 1979 年。

8. 周枏:《罗马法原论》,商务印书馆 2000 年。

9. 费孝通:《江村经济:中国农民的生活》,江苏人民出版社 1986 年。

10. 郑競毅:《法律大辞书》,商务印书馆 2012 年。

11. 黄宗智:《过去和现在:中国民事法律实践的探索》,法律出版社 2009 年。

12. 黄宗智:《法典、习俗与司法实践:清代与民国的比较》,上海书店出版社 2003 年。

13. 黄宗智:《清代的法律、社会与文化:民法的表达与实践》,上海书店出版社 2001 年。

14. 周远廉、谢肇华:《清代租佃制研究》,辽宁人民出版社 1986 年。

15. 杨国桢:《明清土地契约文书研究》,人民出版社 1988 年。

16. 梁治平:《清代习惯法:社会与国家》,中国政法大学出版社 1996 年。

17. 高王凌:《租佃关系新论——地主、农民和地租》,上海书店出版社 2005 年。

18. 金德群:《中国国民党土地政策研究》,海洋出版社 1991 年。

19. 薛暮桥、冯和法:《中国农村论文选》,北京人民出版社 1983 年。

20.《孙中山选集》,人民出版社 1981 年第 2 版。

21. 荣孟源:《中国国民党历次代表大会及中央全会资料》下册,光明日报出版社 1985 年。

22.《清代土地占有关系与佃农抗租斗争》,中华书局 1988 年。

23. 王键:《西法东渐——外国人与中国法的近代变革》,中国政法大学出版社 2001 年。

24. 曹幸穗:《旧中国苏南农家经济研究》,中央编译出版社 1996 年。

25. 陈翰笙、薛暮桥、冯和法:《解放前的中国农村》第 3 辑,中国展望出版社 1989 年。

26.《陈翰笙集》,中国社会科学出版社 2002 年。

27. 陈翰笙:《现代中国的土地问题》,国立中央研究院 1933 年。

28. 王立民:《中国法制史》,上海人民出版社 2003 年。

29. 蒲坚主编:《中国历代土地资源法制研究》,北京大学出版社 2006 年。

30. 赵晓耕:《中国古代土地法制述略》,中国和平出版社 1996 年。

31. 俞江:《近代中国民法学与私权理论》,北京大学出版社 2003 年。

32. 中国人民大学农业经济系教研室:《中国近代农业经济史参考资料》(一),中国人民大学出版社。

33. 张生:《民国初期的民法近代化:以固有法与继受法的整合为中心》,中国政法大学出版社 2002 年。

34. 张生:《中国近代民法法典化研究(1901—1949)》,中国政法大学出版社 2004 年。

35. 陈旭麓:《近代中国社会的新陈代谢》,上海人民出版社 1992 年。

36. 虞和平:《商会与中国早期现代化》,上海人民出版社 1993 年。

37. 易继明:《私法精神与制度选择——大陆法私法古典模式的历史含义》,中国政法大学出版社 2003 年。

38. 郑振满:《明清福建家庭组织与社会变迁》,湖南教育出版社 1992 年。

39. 李文治:《明清时代封建土地关系的松懈》,中国社会科学出版社 1993 年。

40. 江平、米健:《罗马法基础》,中国政法大学出版社 1987 年。

41. 张红宇:《中国农村的土地制度变迁》,中国农业出版社 2002 年。

42. 中国第一历史档案馆、中国社会科学院历史研究所:《清代地租剥削形态》,中华书局 1988 年。

43. 邹玉川:《当代中国土地管理》上册,当代中国出版社 1998 年。

44. 乌廷玉:《中国历代土地制度史纲》上下册,吉林大学出版社 1987 年。

45. 傅衣凌:《明清农村社会经济》,三联书店 1961 年。

46. 赵晓耕:《中国传统法律文化研究(第三卷)身份与契约:中国传统民事法律形态》,中国人民大学出版社 2011 年。

47. 李德英:《国家法令与民间习惯:民国时期成都平原租佃制度新探》,中国社会科学出版社 2006 年。

48. 王利明:《物权法论》,中国政法大学出版社 2008 年。

49. 高富平:《中国物权法:制度设计和创新》,中国人民大学出版社 2005 年。

50. 白凯:《长江下游地区的地租、赋税与农民的反抗斗争 1840—1950》,上海书店出版社 2005 年。

51. 〔意〕彼德罗·彭梵得:《罗马法教科书》,黄风译,中国政法大学出版社 1992 年。

52. 郑正忠:《判解民法》,五南图书出版公司 1999 年。

53. 森田学满:《清代中国土地法研究》,牛杰译,法律出版社 2012 年。

54. 陈铭福:《土地法导论》,五南图书出版公司 2000 年。

55. 张五常:《佃农理论——应用于亚洲的农业和台湾的土地改革》,商务印书馆 2002 年。

56. 赵冈、陈仲毅:《中国经济制度史论》,新星出版社 2006 年。

57. 台湾"教育部"主编:《中华民国建国史》第二篇民初时期㈢,国立编译馆 1985 年。

58. 刘俊文:《日本学者研究中国史论著选译》(第八卷,法律制度),中华书局 1992 年。

59. 潘维和:《中国近代民法史》,中国台北汉林出版社 1982 年。

60. 潘维和:《中国历次民律草案校释》,中国台北汉林出版社 1982 年。

61. 王伯琦:《近代法律思潮与中国固有文化》,中国台北法务通讯社 1989 年第 4 版。

62. 〔美〕艾伦·沃森:《民法法系的演变及形成》,李静冰、姚新华译,中国政法大学出版社 1992 年。

63. 〔意〕朱塞佩·格罗索:《罗马法史》,黄风译,中国政法大学出版社 1994 年。

64. 〔美〕诺内特、塞尔兹尼克:《转变中的法律与社会》,张志铭译,中国政法大学出版社 1994 年。

65. 黄源盛:《民初法律变迁与裁判》,中国台北政治大学法举丛书(四十七)。

66. 〔日〕滋贺修三、寺田浩明、岸本美绪、夫马进,王亚新、梁治平编:《明清时期的民事审判与民间契约》,王亚新、范愉、陈少峰译,法律出版社 1998 年。

67. 史尚宽:《物权法论》,中国政法大学出版社 2000 年。

68. 费正清编:《剑桥中国晚清史》,中国社会科学出版社 1985 年。

69. 黄宗智:《华北的小农经济与社会变迁》,中华书局 1986 年。

70. 曹全来:《中国近代法制史教程》,商务印书馆 2012 年。

71. 黄宗智:《长江三角洲小农家庭与乡村发展》,中华书局 2000 年。

三、期刊、论文

1. 唐启宇:"永佃制有无存在之价值",《地政月刊》第 3 卷第 5 期,1935 年。

2. 田秋烈:"中国地租的形式和性质",《中国近代农业经济史参考资料》㈠,中国人民大学出版社。

3. 王世杰:"大理院与习惯法",载《法律评论》第 168 期。

4. 陶直夫:"中国现阶段的土地问题",《中国近代农业经济史参考资料论文集》。

5. 刘怀溥:"浙江崇德县农村视察记"(1934 年 12 月),《解放前的中国农村》第

3 辑。

6. 陈洪进："江苏盐垦区盐垦公司之股东分地制"(1937 年 3 月),《解放前的中国农村》第 3 辑。

7. 田秋烈："中国地租的形式和性质",《中国近代史农业资料》第 3 辑。

8. 王药雨："东三省租佃制度"(1931 年),《解放前的中国农村》第 3 辑。

9. "广西省农村调查——租佃制度调查"(1933 年 12 月),《解放前的中国农村》第 3 辑。

10. 薛暮桥、刘瑞生："1934 年广西农村经济概况调查报告",《解放前的中国农村》第 3 辑。

11. 董康："民国十三年司法之回顾",载《法学季刊》第 2 卷第 3 期。

12. 郑天锡："大理院判例研究",载《法律评论》第 36 期。

13. 刘恩荣："论大理院之解释与其判决",载《法律评论》第 37 期。

14. 华东军政委员会土地改革委员会："浙江省农村调查"(1949 年 12 月－1950 年 4 月),《解放前的中国农村》第 3 辑。

15. 华东军政委员会土地改革委员会："安徽省安庆专区农村土地关系"(1950 年),《解放前的中国农村》第 3 辑。

16. 杨立新、尹艳："我国他物权制度的重新构造",《中国社会科学》1995 年第 3 期。

17. 高桥芳郎："宋代官田的'立价交佃'和'一田两主制'",《日本中青年学者论中国史》(宋元明清卷),上海古籍出版社 1995 年。

18. 周子良："永佃权的历史考察及当代价值",《现代法学》2002 年第 2 期。

19. 仁井田陞："明清时代的一田两主习惯及其成立",刘俊文,《日本学者研究中国史论著选译》(第八卷・法律制度),中华书局 1992 年。

20. 寺田浩明："关于清代土地法秩序'惯例'的结构",《日本中青年学者论中国史》(宋元明清卷),上海古籍出版社 1995 年。

21. 黄源盛："民初大理院司法档案的典藏整理与研究(1912－1927)",载台湾政治大学《法学评论》第 59 期。

22. 刘广安："传统习惯对清末民事立法的影响",载《比较法研究》1996 年第 10 卷第 2 期。

23. 苏号朋："民法文化:一个初步的理论解析",载《比较法研究》1997 年第 11 卷第 3 期。

24. 梁慧星："从近代民法到现代民法",载《中外法学》1997 年第 1 期。

25. 杨日然："清末民初中国法制现代化之研究",载杨日然主编《法理学论文集》,中国台北月旦出版社 1997 年版。

26. 朱勇:“中国近代民法的发展”,载《中国法律》1998 年第 3 期。

27. 王兰萍:“土地承包经营权的法律完善”,《中国人民大学学报》1996 年第 5 期。

28. 王兰萍:“论我国土地使用权和用益物权”,《山东师大学报》1997 年第 2 期。

29. 华有根:“大清民律草案的修订宗旨及其思想影响”,载《法学研究》1988 年第 3 期。

30. 孙谦:“晚清民法观念的变化”,载《学术界》1995 年第 5 期。

31. 俞江:“《大清民律(草案)》考析”,载《南京大学法律评论》1998 年春季号。

32. 张生:“民国《民律草案》的起草及其主要成就”,载《法律史论丛》第 8 辑,法律出版社 2001 年。

33. 赵晓力:《中国近代农村土地交易中的契约、习惯与国家法》,《北大法律评论》第 1 卷第 2 辑,法律出版社 1999 年。

34. 宋红松:“中国农地使用制度研究——农地承包制的变迁与创新”,《中国房地产法研究》第 2 卷。

35. 陈剑波:“人民公社的产权制度”,《经济研究》1994 年第 7 期。

36. 米璨:《清末民初永佃制扩展及衰落的新制度经济学分析》,《财政研究》2004 年第 3 期。

37. 邹亚莎:“从一田两主到永佃权:清末民国民法对永佃制的继承和改造”,《政法论坛》2010 年第 6 期。

38. 李文军:“物权逻辑与社会本位:民国永佃权制度的价值意蕴与规则建构”,《南京大学法律评论》(2012 年春季卷)。

四、英文部分

1. Alle, Mark A. (1994), Law and Local Society in Late Imperial China, Stanford University Press, 1994.

2. Bohannan, Paul, “Law and Legal Institutions”, in The Sociology of Law. ed. , by Whiliam M. Evan, the Free Press, 1980.

3. Ehrlich, Eugen, “The Sociology of Law”, in Harvard Law Review Vol. xxxvl. 1992, No. 2.

4. Holmes, “The Path of the Law”, in The Mind and Faith of Justice Holmes. ed. , by Max Lerner, New York, 1943.

5. Redfield，Robert，“The Social Organization of Tradition”，in Peasant Society：A Reader. ed.，by Jack N. Potter. Boston，1967.

后　　记

离开人大七年后重习此稿，感慨万千，七年中历经不少变化，地域从北京到长沙最终到广州，身份从学生又回复到老师，但阅历和才识并没有随着年岁增长而渐长多少，倒是遇到一些小挫折，当然没有被打垮，所以继续前行在此道路上。

深知自己并非聪颖，更非很努力之人，兴致上来时勤奋异常，过了这段时间便会松懈懒散，所以这篇博文也是拖沓这么久才得以修改确定出版，个中原因完全在于自己。

论文虽然成稿，但心中的遗憾也不少，写作过程中深感学识和经验的欠缺，以及学海无涯苦作舟的漫漫长路，也坚定了前行下去的决心。由于时间仓促和资料有限等原因，论文匆匆出稿，不足之处甚多，只能留待以后的修正。在此，由衷地向对我的论文提供指导和帮助的师友表示感谢。

首先，感谢我的导师中国人民大学法学院赵晓耕教授。当初的选题就是赵老师提出来的，自己觉得题目有点小，只能通过挖掘材料才能写出新意，选题还兼跨法律史和民法，搞得不好两头都不讨好，自己最初就是这样的想法，现实很残酷，既非热点，也非宏观大气的题目。但在写作的过程中逐渐改变了自己当初的想法，深知在导师帮助下我才选了一个非常有钻研价值的题目。同时，我也感谢中国人民大学法学院叶秋华教授、马小红教授和王云霞教授三年来的指导和帮助，尤其是在论文开题过程中的不吝赐教，为我的论文写作提供了宝贵的改进建议。还有已经过世的曾宪义先生的谆谆教诲一直令我难忘。

其次，感谢商务印书馆的王兰萍老师，一次法律史年会的偶然相识，很意外也很荣幸她对这个选题感兴趣，并纳入到“中国法律史学文丛”系列中，并提出许多中肯的修改意见，期间不断地鼓励和鞭策我，最终才得以出版。

当然，还要感谢我的亦师亦友的好友李蓉、王平原、谭蔷和刘湘琛，人大的同学李喜蕊、陈祖芬、朱洪波、朱兰兰、粟丹、陈璐、李文静和张筱慧等，她们的友爱给我关怀和温暖，相互的讨论不时激发出思维的灵感与火花，与她们的相处，让我重新体验到美好的学生时光，让我回想起中国政法大学经济法系 90 级 3 班 1604 的好友们，邓智慧、关丽、蒋泓和姚子颖。最后，感谢多年来一直支持我的家人，他们的关心和鼓励是我前进的动力。

2015 年 1 月于广州大学城